U0090229

臺灣歷史與文化 研究輯刊

十 四 編

第 7 冊

遷移、嬗變與認同：
1960 年代後加州蒙特利公園市到聖蓋博谷華人移民社區之發展與轉變

洪 玉 儒 著

花木蘭文化事業有限公司

國家圖書館出版品預行編目資料

遷移、嬗變與認同：1960 年代後加州蒙特利公園市到聖蓋博
谷華人移民社區之發展與轉變／洪玉儒 著 — 初版 — 新北市：
花木蘭文化事業有限公司，2018〔民 107〕
目 4+198 面：19×26 公分
（臺灣歷史與文化研究輯刊十四編：第 7 冊）
ISBN 978-986-485-590-2（精裝）
1. 華僑 2. 移民史 3. 美國加州
733.08   107012692

ISBN-978-986-485-590-2

9 789864 855902

臺灣歷史與文化研究輯刊
十四編　第七冊
　　　　　　　　　　　　　　　ISBN：978-986-485-590-2

遷移、嬗變與認同：
1960 年代後加州蒙特利公園市到
聖蓋博谷華人移民社區之發展與轉變

作　　者　洪玉儒
總 編 輯　杜潔祥
副總編輯　楊嘉樂
編　　輯　許郁翎、王筑　美術編輯　陳逸婷
出　　版　花木蘭文化事業有限公司
發 行 人　高小娟
聯絡地址　235 新北市中和區中安街七二號十三樓
　　　　　電話：02-2923-1455／傳眞：02-2923-1452
網　　址　http://www.huamulan.tw 信箱 hml 810518@gmail.com
印　　刷　普羅文化出版廣告事業
初　　版　2018 年 9 月
全書字數　192314 字
定　　價　十四編 16 冊（精裝）台幣 38,000 元　　　
版權所有·請勿翻印

遷移、嬗變與認同：
1960年代後加州蒙特利公園市到聖蓋博谷華人移民社區之發展與轉變

洪玉儒 著

作者簡介

洪玉儒為台中清水人。加州大學河濱分校（UC, Riverside）歷史博士，目前為中國文化大學史學系助理教授，開設世界史與西洋近代史等課程。作者研究領域為美國移民史、美國華人史、族裔關係與美國社會運動等。

提　　要

　　1965 年美國新移民法通過，促使華人大量移民美國，開啓美國華人社會發展的新時期。華人新移民普遍具備高教育水平、雄厚經濟實力與專業技術背景，使其發展有別於傳統華埠住民，呈現開放多元型態，其中位於洛杉磯縣（Los Angeles County）郊區之蒙特利公園市（Monterey Park）於 1970 年代末期，已建立全美第一個華人「族裔郊區社區」（ethnoburb），並於 1980 年代後逐步擴展至聖蓋博谷（San Gabriel Valley）全境，成爲美國華人新移民社區發展的典型代表，深受矚目。本書即就 1965 年至 2010 年左右，華人社區由蒙特利公園市到聖蓋博谷發展的脈絡，並就其遷移、經濟發展、政治參與及社會文化活動等面向進行討論。

　　本書研究課題有四：其一，探索華人社區由蒙特利公園市發展至聖蓋博谷全境之趨勢，並分析其人口與社會結構；其二，論述由蒙特利公園市到聖蓋博谷華人經濟圈之建構與發展，探討當地華人地產業、銀行業、餐飲業、旅館業、零售業與電腦業發展情況，並介紹重要的華人經濟性社團；其三，針對方興未艾的華人參政課題，以蒙特利公園市華人參政困境、轉機與成就切入，次第探究聖蓋博谷華人參政趨勢及可能面臨的挑戰；其四，著重聖蓋博谷華人適應及認同美國社會的過程，並以中文學校、華文傳媒、華人宗教組織、同鄉會與校友會等發展，反映當地華人「文化社區」（culture community）的建構與遠景。

目

次

表　次

圖　次

第一章 緒 論

　　自 1850 年代始，美國華人移民歷經排華風潮、禁止移民時期，至 1965 年美國新移民法通過，華人移民方獲得公平移民機會，其後 40 餘年間，新移民大量移入，美國華人人口由 1960 年的 23 萬人，至 2000 年增至 287 萬人，成長超過 10 倍，其中華人新移民佔 75%。〔註1〕除人口數值激增外，華人新移民移入美國，亦改變美國華人社會原貌。首先，華人新移民普遍具備高教育水平、雄厚經濟實力與專業技術背景，再加上來源地眾多，使其有別於早期華人移民，在社會適應與同化進程上更加迅速；其次，華人新移民不再以華埠為中心，其工作型態已與美國主流職業市場接軌，在專業領域中表現更形亮眼。其居住模式亦追隨美國郊區化趨勢，在各大都市郊區逐步建立華人郊區社區，其中位於加州洛杉磯縣郊區之聖蓋博谷（San Gabriel Valley），為全美華人最大聚居地，亦為美國最具代表性之華人新移民郊區社區典型。

　　聖蓋博谷（以下簡稱聖谷）位居洛杉磯縣郊區，住民由多元族裔組成，其中華人人口約佔 14%，其代表性都市如蒙特利公園市（Monterey Park），華人更佔該市總人口數 50%以上，為美國罕見之華人高度集中區域。再加上聖谷華人住民 96%為新移民，〔註2〕其居住遷移、商業行為、政治參與及社會文教活動等，均足以為美國華人移民群體表率，更是觀察新移民涵化於美國社會之重要指標。

〔註 1〕吳前進，《美國華僑華人文化變遷論》（上海：上海社會科學院出版社，1998），頁 104。

〔註 2〕Wei Li, "Building Ethnoburbia：The Emergence and Manifestation of the Chinese Ethnoburb in Los Angeles' San Gabriel Valley," *Journal of Asian Aemrican Studies* 2（1），（1999），p.9.

　　本書以作者 2007 年完成之碩士論文爲主體，曾獲僑務委員會「96 學年度僑委會華僑事務研究碩博士論文獎」。撰寫過程中作者曾進行爲期一個月的實地考察，當時蒙市布格麥爾紀念圖書館（The Monterey Park Bruggemeyer Library）正值改建，書籍與報刊等資料，或封箱暫存，或移往它處，查詢不易。蒙市歷史學會多由當地白人耆宿組成，雖保存包括口述歷史在內的早期珍貴史料與圖片，但缺乏華人移民資料系統性整理。聖谷其他都市華人移民資料，或未有相關單位匯整，或零星散落，亦有類似困擾。故作者當時以在地華人報刊爲主，佐以各華人社團組織訪談與會刊資訊補充。此外，由於華人移民遍佈聖谷，其中主要聚居區域約有 16 個都市，範圍廣闊，各都市市府及相關單位，多如繁星，資料蒐集及行文取捨，即頗爲難。因此，本書僅就蒙市作深入介紹，著重由蒙市到聖谷整體發展趨勢。

　　美國華人社會歷史變遷爲美國學界近年關注焦點，聖谷華人移民社區在經濟、政治與社會文化方面的顯著成就，更爲少數族裔移民在美同化之重要個案研究對象。作者 2008 年赴美攻讀博士，與美國華人與台灣移民社區之接觸與交流更加深入，亦從一旁觀者成爲當地華人社區的參與者，曾擔任 2014 年出版，超過六十萬字的《南加州華人三十年史話》一書執行編輯，並在就讀博士到現今擔任教職期間，發表多篇美國華人史與移民史相關論文。

　　本書共計六章。第一章爲緒論，鋪陳各章節之內容。第二章則探討聖谷華人移民社區之形成與發展。本章先以聖谷最早建立之蒙市華人社區進行討論，由蒙市早期歷史角度切入，呈現蒙市多元族裔社區背景，述及蒙市吸引華人新移民的誘因與華人社區建立情況；其次，則就華人移民歷經 4 階段遷移與移民，最終擴展並建立全聖谷華人社區的過程進行說明；最後則以美國人口普查資料，探討聖谷華人移民人口、家庭與社會特質。

　　第三章則先探究與聖谷華人社區同步成長之華人經濟活動。首先論述由蒙市到聖谷華人經濟圈之建構與發展；其次則探析當地華人地產業、銀行業、餐飲業、旅館業、零售業與電腦業等之發展情況；最後則介紹聖谷華人經濟性社團之成立與貢獻。

　　第四章則針對華人立穩聖谷後，展開之參政活動進行討論。首先以蒙市華人參政爲主題，詳述蒙市華人參政優勢、困境與成果，並介紹蒙市傑出的華人政治人物；其次，探究並歸納聖谷華人整體參政趨勢及在政治上可能面臨之挑戰；最後介紹聖谷華人全國性與地區性政治團體運作情形，及對當地華人參政之影響等。

　　第五章則著重聖谷華人社會與文化活動面向。首先，說明聖谷華人社會適應與同化情況，並舉華人青少年與長者具體案例佐證之；其次，就聖谷華人在中文學校、華文傳媒、華人宗教組織、同鄉會與校友會等，在社會文教方面之貢獻作詳細說明，並佐以筆者親身訪談其中若干組織的具體實例；最後則歸納聖谷華人文化社區之建構、運作與遠景。

　　第六章爲結論，筆者總結本文研究觀點，從政治、經濟、社會與文化層面，肯定聖谷華人社區對華人移民同化上的貢獻，及其所代表之郊居族裔社區之正面意義，並勾勒聖谷華人社區未來在美國華人社會所扮演之重要角色。

第二章　移民社區之形成與發展

　　聖蓋博谷（San Gabriel Valley）位於洛杉磯縣以東，北鄰聖蓋博山脈（San Gabriel Mountains），南界朋地山脈（Puente Hills），東至聖伯納蒂諾（San Bernardino），西抵洛杉磯市。由於位處洛杉磯縣郊區，聖谷地區交通便利，周邊地區穿梭 7 條高速公路，擁有 4 座大小機場，佔地約 400 平方英哩，包括 30 多個自治或非自治都市，〔註1〕並設有「聖蓋博谷政府聯合會」（The San Gabriel Valley Council of Governments），提供各都市就特定議題如環境水源保護、垃圾處理、雙向警察協助、公共服務培訓等進行協商。〔註2〕

　　聖谷 2010 年約有 180 萬居民，其中 40 萬左右爲亞裔人口，華裔人口則約有 24 萬人，爲全美華裔人口高度集中區域之一，《洛杉磯商業周刊》（Los

---

〔註1〕聖谷地區之自治都市（incorporated city）多由民選議會組成，自行收稅，且有權決定市政發展；非自治區域（unincorporated areas）多開發較晚，人口較少，故由當地居民組成諮詢議會（advisory town councils），行政上受「洛杉磯縣監督委員會」（Los Angeles County Board of Supervisors）管轄，司法警察權則由「洛杉磯縣警察局」（Los Angeles County Sheriff's Department）掌理，非自治區域可經由當地居民公民投票，決定是否成爲自治都市，如臺裔移民頗眾之哈仙達崗即於 2003 年經公民投票，否決建立自治都市提案。

〔註2〕「聖蓋博谷政府聯合會」透過「聖蓋博谷管理議會」（San Gabriel Valley Governance Council）運作，並設有各委員會，針對特定議題進行討論。「聖蓋博谷管理議會」由 9 位議員組成，議員遴選來自 4 方面：（1）聖谷各都市分作 4 個都市群（city clusters），每都市群遴選 1 位議員代表；（2）「聖蓋博谷政府聯合會」指派 1 席議員；（3）相關議題之社區代表出任 2 席議員；（4）「洛杉磯縣監督委員會」指派 2 席議員。「聖蓋博谷政府聯合會」由於不具徵稅權，會員都市加入或退出亦操之於各都市，故「聖蓋博谷政府聯合會」決策對其會員都市並無約束力。參見「聖蓋博谷政府聯合會」網站，網址：http://www.sgvcog.org/。

Angeles Business Journal）曾形容當地為「中國谷」（China Valley），可見其盛況。其中蒙特利公園市早在 1970 年代末期，即已建立華人移民社區據點，為全美最早之華人郊區社區。築基於此，聖谷各都市於 1980 年代後，陸續建立華人社區。因此，筆者在本章將先敘述蒙市華人社區建立始末，擴而探討華人在聖谷移民定居狀況，同時解析聖谷華人移民社區人口與社會結構。

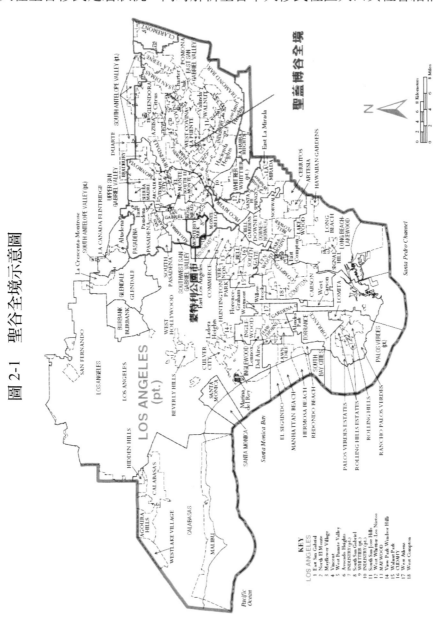

圖 2-1　聖谷全境示意圖

資料來源：筆者自製。原圖取自 U.S. Census Bureau Home Page，網址：http://www2.census.gov/geo/maps/general_ref/cousub_outline/censk_pgsz/ca_cosub.pdf，參閱日期：2007 年 3 月 5 日。

第一節　蒙市華人社區之建立

　　蒙市位於洛杉磯市東面，為西聖谷主要都市之一，佔地 7.73 平方英哩，人口約 6 萬人，住民由多元族裔組成。1970 年代晚期，蒙市華裔住民已近 8 千人，多數為新移民，建立學者 Timothy Fong 所稱美國「第一個郊區華埠」（The First Suburban Chinatown），亦為美國華人新移民社區中最具代表性之一。

圖 2-2　蒙市地理位置

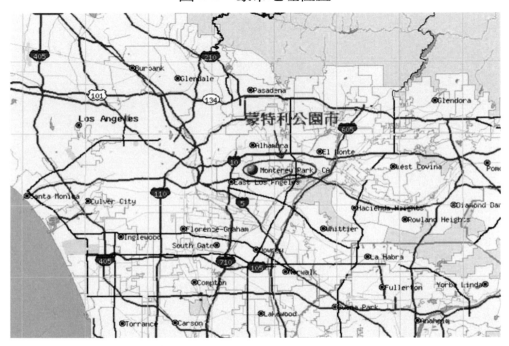

資料來源：筆者自製，原圖來源：網址：http://www.city-date.com/city/Monterey-park-California.html。

一、蒙市建市及早期歷史

　　學者 Timothy Fong 曾將蒙市歷史區分為三個時期：（一）二次世界大戰前：該階段蒙市歷經建市及促進發展時期（Its incorporation period），人口組成幾為歐裔白人；（二）二次世界大戰至 1970 年初，該時期各族裔新移民漸次移入蒙市，多元族裔社區逐漸成形；（三）1970 年代末至今，華人移民逐漸成為蒙市多數住民，並主導市政發展走向。〔註 3〕

─────────────

〔註 3〕Timothy Patrick Fong, *The Unique Convergence：A Community Study of Monterey Park, California*, p.15.

早在 1771 年，西班牙神父 Angel Somero 與 Pedro Cambo 即在蒙市附近建立天主教在聖谷的第 4 個教區。1810 年西班牙國王將今日蒙市北部山陵地帶的 3 萬英畝土地賜給魯戈（Don Antonio Maria Lugo）。魯戈與其子孫擁有該地近 50 年，直至 1866 年在財務危機下，魯戈家族將 5,000 英畝土地售予義大利移民企業家瑞畢圖（Alessandro Repetto），其人致力於整頓該地，重新疏通道路，經營牧場，頗為有成。1879 年，前美國陸軍郵務人員理察·嘉偉（Richard Garvey）購置今日蒙市平地區域 5,000 英畝土地。理察·嘉偉開創當地第一條正式道路（60 呎寬），發展第一座儲水系統，興建高達 54 呎堤壩，灌溉了近 1,000 英畝

圖 2-3　魯戈

資料來源：網址：http//www.rims.k12.ca.us

田地。由於這些貢獻，理察·嘉偉被尊稱為「蒙特利之父」（Father of Monterey），直至今日，蒙市主要道路嘉偉大道（Garvey Ave.）依然以之命名。〔註 4〕

在瑞畢圖及嘉偉等人建設下，當地已具都市雛型。1906 年蒙市前身，包括部分瑞畢圖牧場及嘉偉牧場之「雷莫納區」（Ramona Acres）由於物產資饒，即被稱為「美國最肥沃土地」（the most healthful place in America），〔註 5〕其後「詹斯投資公司」（Janss Investment Company of Los Angeles）大量購買「雷莫納區」，並以平價方式發展小區塊土地，使當地人口遂逐漸增加。〔註 6〕

1916 年由於污水處理廠抗爭，「雷莫納區」住民開始積極建市，〔註 7〕並於

〔註 4〕Timothy Patrick Fong, *The Unique Convergence：A Community Study of Monterey Park, California*, p.16；Margaret Dean and Anna Edwards,*The Story of Monterey Park*（leaflet, published by Historical Society of Monterey Park）, p.13.

〔註 5〕Timothy Patrick Fong, *The Unique Convergence：A Community Study of Monterey Park, California*, p.16.

〔註 6〕Timothy Patrick Fong, *The Uniuqe Convergence：A Community Study of Monterey Park, California*, p.16.

〔註 7〕1915 年，帕莎迪納市（Pasadena）以 15 萬元，購得 600 英畝瑞畢圖牧場，並欲與阿罕布拉市（Alhambra）與南帕莎迪納市（South Pasadena）共同出資，

1916 年 5 月 29 日完成建市。1916 年 6 月 2 日，新市府委員會將新建市命名為「蒙特利公園市」。「蒙特利」之意為山崗，指該市位於山崗。「公園」表明主張建市者欲使該地成為公園，而非污水處理廠。1 個月後，蒙市市府委員會通過法案，否決污水處理廠提案。蒙市果決獨立建市舉措，為其贏得優良名聲。〔註 8〕

　　1916 年後，蒙市雖獨立建市，然而至 1919 年時，蒙市人口僅 5,000 人，為小農場市鎮，每個小農場佔地僅 1 至 2 畝，多自給自足。值得一提者，當時亦有少數日裔家庭定居蒙市南端「橫濱村」（Yokohama Village），其租借土地，以種植果樹、蔬菜與花卉為生。

　　1920 年代在「羅夫特斯地產公司」（Loftus Land Company）主導下，蒙市的建設一度大有進展，然而 1929 年美國經濟大蕭條，都市發展停擺，其後 20 年間，蒙市發展處於低盪階段，雖偶有主張建設者挺身而出，如 1939 年蒙市商會領導人之一的布格麥爾（Mancha Bruggemeyer）主張建立公共中心（civil center），但該計畫不久即遭擱置。其時，蒙市雖有少數商家，如位於嘉惠爾大道（Garfield Avenue）上的「愛德華戲院」（Edwards Theater）、位於嘉偉大道（Garvey Avenue）的「嘉偉五金行」（Garvey Hardware Store）」，及位於嘉偉大道與嘉惠爾大道交會附近的「奎瑞茲摩托車行」（Ed Kretz Motorcycle）等。但大體而言，蒙市又回復至典型農業城鎮。直至 1940 年，只有 8,513 名住民。〔註 9〕

　　二次大戰後，由於戰時經濟發展及戰後就業法案通過，使南加州經濟重新復甦，蒙市房地產業因之景氣回升，新住屋計劃再次發展，促使工、商業活動更加活絡。在工業方面，1951 年蒙市併入「蒙特利派斯路」（Monterey Passroad）兩側 20 英畝土地，1957 年再併入 80 英畝土地，使「蒙特利派斯路」一帶，發展成輕工業集中之「蒙特利工業園區」。〔註 10〕至今「蒙特利派斯路」仍為蒙市主要輕工業所在地，聚集汽車業、食品製造業等多家製造廠，美國最大華人報紙——《世界日報》總部亦設於該處。

　　　　在該地興建污水處理廠。「雷莫納區」住民則群起反對，由「雷莫納改進協會」（Ramona Acres committee）號召對抗，與鄰近的蒙地貝婁地區（Montebello）合作，提出建市申請，藉以否決污水處理廠提案。參見 Monterey Park 75th Anniversary Committee and Historical Society of Monterey Park, *Reflections, From 1916 : Monterey Park's Past, Present and Future*, p.102.

〔註 8〕Monterey Park 75th Anniversary Committee and Historical Society of Monterey Park , *Reflections, From 1916 : Monterey Park's Past, Present and Future*, p.102.

〔註 9〕Gene Scott Gruver, *Monterey Park in the Forties*, pp.1～3.

〔註 10〕蒙特利公園市政府，《蒙特利公園市市政服務指南》（洛杉磯：蒙特利公園市政府，2003），頁 103。

1950 年代，蒙市商業活動亦蓬勃發展，年營業額高達 1,500 萬美金之「史卡德食品製造公司」（Scudder Food Products），為蒙市當時最大商家，影響力遠及加州各地。其他商業活動，如廣受歡迎的「巴黎餐廳」（Paris' Restaurant）與藥局「米德堂」（Midtown Pharmacy），亦於 1950 年代相繼開設於嘉偉大道。至 1950 年代末期，隨著嘉偉大道與嘉惠爾大道發展已然飽和，大西洋大道（Atlantic Blvd.）逐漸取代舊有的嘉偉大道與嘉惠爾大道商圈，成為新興商業活動集中地區。1958 年佔地 14.7 畝的「大西洋廣場」（Atlantic Square）及數年後於該地區開設之「普拉多購物中心」（Prado Shopping Center）的出現，象徵大西洋大道商圈的崛起。各種新式餐館、商店、銀行與商業辦公室等皆以此兩家商場為中心，大西洋大道商圈迅速成為蒙市新商業與零售業的重心。〔註 11〕

1950 年代後蒙市快速發展，配合美國當時出現的郊區化趨勢（suburbanization）〔註 12〕，再加上鄰近洛杉磯都會區，促使都市人口大幅成長，包括為數頗眾，居住於東洛杉磯市（City of East Los Angeles）之拉丁裔、洛杉磯西部的日裔，皆相繼遷入蒙市。1960 年代後，蒙市被認為是友善且溫和的中產階級郊區社區，〔註 13〕原居住於洛杉磯華埠之華裔，亦因此遷居當地，使蒙市華人住民人數由 1950 年代的 23 名，增至 1960 年的 346 人。〔註

〔註 11〕 Timothy Patrick Fong, *The Unique Convergence：A Community Study of Monterey Park, California*, pp.45～46.

〔註 12〕 美國郊區化趨勢乃因應美國 1920 年代至二戰前巨型都市出現所作的回應。美國郊區化現象經歷了 4 個階段：（一）萌芽階段—首先搬入郊區的都是富有階層；（二）形成階段—大量中產階級開始搬入新的郊外開發區居住，但仍每日至市中心工作，購物和娛樂；（三）發展階段—居住郊區化和工業郊區化；（四）成熟階段—郊區的自立程度越來越高，由單一的居住功能變成具有各種城市功能的就業中心。美國郊區化自 1950 年代開始明顯出現，究其原因：交通和通訊技術的發展、社會經濟結構的改變、政府的鼓勵郊區化政策、建造商在郊區艙建設成本較低、美國的文化傳統等。陳雪明，〈美國城市化和郊區化歷史回顧及對中國城市的展望〉，《國外城市規劃》，2003 年第 1 期，頁 53～55。

〔註 13〕 1962 年蒙市曾發生一起頗受矚目的種族衝突事件。CORE（the Congress of Racial Equality）組織指控蒙市地產發展商拒絕售屋予一對黑人夫妻（黑人先生為物理學教授）。蒙市高地住民協會（the Monterey Highlands Home Owners Assn,Inc.）對此事表示中立立場，但少數高地住民持反對態度，甚至遊行抗議。但大體而言，當時蒙市族裔衝突情況相對和緩，再加上墨裔居民頗眾，蒙市因此被稱為「墨裔比佛利山」（Mexican Beverly Hills），當地拉丁裔、日裔及少數華裔多與歐裔住民和平相處。Timothy Patrick Fong, *The Unique Convergence：A Community Study of Monterey Park, California*, pp.22～23.

〔註 14〕 Wei Li, *Spatial Transformation of an Urban Ethnic Community From Chinatown to Chinese Ethnoburb in Los Angeles*, p.133～134.

14）

　　1960 年代後，蒙市工、商業活動已具初步規模，位處郊區之中產階級住家型態，則吸引少數族裔中產階級移入，因此改變都市人口結構，逐漸由清一色歐裔白人住民，轉換為多族裔人口組成，1960 至 1970 年代間，歐裔人口比例由 1960 年 85.4%大幅降至 1970 年的 50.5%，相對亞裔人口比例，由 1960 年的 2.9%提高到 1970 年的 15.3%，其中日裔仍居亞裔族群之冠，計有 4,627 人，佔人口比例 8.7%；華裔則居第二，增長至 2,202 人，佔人口比例 4.1%。故 1970 年代初，蒙市已初步建立少數族裔社區雛型。

圖 2-4　蒙市主要街道分佈

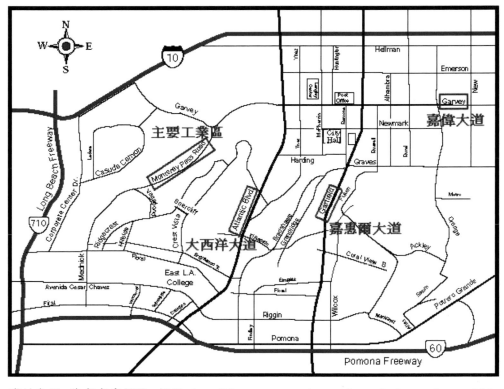

資料來源：蒙市市府網站，網址：http://ci.monterey-park.ca.us/home/index.asp?page=885。

二、蒙市華人社區的形成

（一）蒙市吸引華人移民之主客觀因素

　　1965 年美國移民法修訂，注重家庭團聚與專業人士的吸納，促成大量華

人移民美國，其中南加州由於氣候溫和與較佳就業機會，向為華人移民落腳美國首站，根據臺灣僑委會 2005 年美國僑民追蹤報告顯示，歷年臺灣美國僑民約有 37%選擇加州作為赴美第一個居住的州（參見圖 2-5），而洛杉磯地區之蒙市，具備優越先天條件，加上各主客觀有利因素，益增其對華人移民之吸引力：

1、華埠已非適當居住地點

歷經搬遷，1938 年「羅省華埠」建立於洛杉磯市北百老匯街（N. Broadway）一帶。如同全美各地華埠般，1970 年代末，「羅省華埠」亦面臨土地狹小、人口擁擠及環境不佳等負面因素，再加上地價高昂，住民又以粵僑為主，對華人新移民而言，華埠相對不佳的居住與工作環境，並不具吸引力。此外，華人新移民多為中產階級背景，移民美國乃為追求更優質的生活品質、居住環境、商業選擇與子女受教機會等，因此順應美國郊區化趨勢，目光自然轉向洛杉磯縣郊區地區，蒙市即為上上之選。

圖 2-5　臺灣非美國出生僑民移民美國第一個居住地（1965～2005）

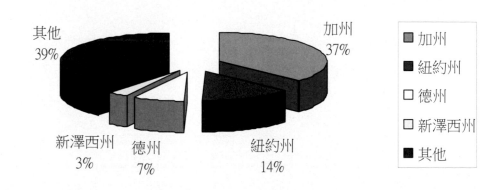

資料來源：中華民國僑務委員會，《臺灣移居美國僑民長期追蹤第三（2005）年調查報告》，A-31。

圖 2-6　羅省華埠景觀　　　　　圖 2-7　羅省華埠商場

資料來源：筆者拍攝。　　　　　資料來源：筆者拍攝。

2、蒙市的便利性

蒙市地理位置優越，交通設施十分完善，都市周圍共有 3 條高速公路：10 號高速公路（San Bernardino Freeway）在北、60 號高速公路（Pomona Freeway）在南、710 號高速公路（Long Beach Freeway）在西，公路網四通八達，距洛杉磯市中心（downtown）與華埠車程皆僅 15 分鐘，因此無論在市中心工作，或至華埠購物、消費，均十分便利。

3、蒙市華裔地產商的宣傳

早在 1950 年代，由於高地（Highlands）新式住宅吸引與地產商鼓吹，蒙市已有爲數不少之日裔中產階級居民。1970 年代晚期，謝叔綱（Frederick Hsieh）〔註 15〕、高衡（Winston Ko）等華裔地產商，在蒙市大力發展地產業，當時蒙市商業用地 1 平方呎只需 5 美元，價錢低廉，地產商大量收購，蓋置

〔註 15〕謝叔綱爲香港移民，在美國完成大學教育。原本於洛杉磯市政府水電局擔任副工程師，後來發現地產業獲利極豐，因此轉投入地產業，並考取地產銷售員執照。1972 年謝氏在蒙市買下第一筆房產。幾年後，蒙市兩位最大的地主去世，他旋以便宜價格買這些土地，創辦「文華實業置地公司」（Mandarin Realty Co.），從此事業一帆風順。謝叔綱眼光敏銳，在蒙市有計畫推動炒地皮開發計畫，並透過強力宣傳，吸引港臺移民。在其一手策劃下，蒙市「小臺北」（Little Taipei）之名，傳遍各地。1990 年代後，謝叔綱逐漸撤出在蒙市投資，轉往中國與東南亞地區發展。1999 年謝氏因中風去世，享年 54。參見胡明揚，〈洛杉磯蒙特利公園市的發跡傳奇——謝叔綱炒熱了「小臺北」〉，頁 144～145；Myrna Oliver, "Developer Who Saw Monterey Park as 'Chinese Beverly Hills' Dies," *Los Angeles Times*（August 12, 1999）.

大廈、公寓，賺取暴利，其對象瞄準華人新移民，對蒙市華人社區建立，大起推波助瀾之效。1977 年，意氣風發的謝叔綱，在蒙市商會集會上公開聲稱：「蒙市將成為華人新移民的麥加（Mecca）」，之後謝氏在臺灣、香港之報紙、雜誌刊登廣告，大規模宣傳：「在蒙市你將可同時享受美國式的生活品質與臺北的便利」，將蒙市形容為「華人比佛利山」（Chinese Beverley Hills）。後繼的華裔地產商、地產經紀等紛紛投入，甚至挨家挨戶拜訪，出高價購買當地白人住宅，形成所謂蒙市「臺灣症候群」（Taiwan Syndrome）〔註16〕。白人住民紛紛以高價將地產售出，轉至其他城市購置更好房產。因此，在野心勃勃的地產商、開發商、地產經紀人有計畫推動及部分貪得無饜白人住民配合下，蒙市迅速成長為華人移民定居之新熱門地點。許多來自臺灣或香港移民均受到地產商宣傳影響而選擇蒙市定居。〔註17〕

4、蒙市理想的教育環境

華人移民一向重視子女教育，尤其臺灣新移民，對美國教育環境更加嚮往。鑑於臺灣高度升學壓力，使許多華人家長憧憬美國自由教育體系，造就小留學生現象。南加州臺灣旅館業大王王桂榮曾言：「若佛經裡所說的天堂在西方，對小學生來說美國就是天堂。」〔註18〕一語道破許多臺灣移民家長的心聲。因此，新移民選擇定居地點，學區是否優良，則為重要考量因素。蒙市市內包括 4 個中小學區，均享有極佳名聲，足以提供優質教育環境，再加上鄰近公私立學校林立，著名大學如加州大學洛杉磯分校、加州理工學院（California Institute of Technology）、南加州大學（University of Southern California）、帕莎迪那學院（Pasadena City College）、東洛杉磯學院（East Los Angeles College）等，均座落左近，對有心栽培子女的華人移民而言，深具吸引力。

5、蒙市多元族裔包容之吸引力

相較於洛杉磯區域多數以白人為主之社區型態，蒙市以包容多元族裔聞名，從早期日裔社區橫濱村、保障備受歧視猶太裔美國人定居，到 1960 年代

〔註16〕 「臺灣症候群」為洛杉磯時報創造的新名詞，指華裔地產發展商在蒙市大肆購買資產與土地，並轉賣予來自臺灣新移民，以賺取暴利。

〔註17〕 Timothy Patrick Fong, *The First Suburban Chinatown：The Remaking of Monterey Park, California,* pp.31～34；胡明揚，〈洛杉磯蒙特利公園市的發跡傳奇——謝叔綱炒熱了「小臺北」〉，頁 140～146。

〔註18〕 王桂榮，《王桂榮回憶錄——一個臺美人的移民奮鬥史》（臺北：遠流出版社，1999），頁 3。

接納拉丁裔或墨裔新移民，少數族裔移民均能在蒙市獲得平等對待，1970 年代蒙市已有為數頗眾之華裔住民，對心存種族歧視之懼的華人新移民而言，蒙市該項特質難能可貴，更是促使許多華人新移民選擇落腳蒙市的重要因素。

6、風水說

「蒙特利」（Monterey）一詞，西班牙文意指「帝王山」（King's Hills），用來指稱蒙市高地（Highlands）區域。對於向來講究依山傍水與重視風水學的華人移民而言，蒙市高地居高臨下，為風水學上理想居所，帝王山意涵更為吉兆，可帶來福運，「華人比佛利山」說法亦顯高貴。再者，高地地形對臺、港移民而言具有幾分親切感，頗似家鄉故景。以上種種思維，對華人新移民皆有吸引力，促使其優先考慮定居蒙市。〔註19〕

上述 6 項因素，使華人新移民將蒙市列為至美後優先定居都市，蒙市華人人口於焉增長迅速，1980 年蒙市華人人口即已超過 8 千人，1990 年代後更突破 2 萬人，佔蒙市全市人口比例 4 成以上，成為蒙市最大族裔群體，並使蒙市成為全美華人人口比例最高之都市。蒙市華人社區規模日漸擴大，各類型華人店家包括超市、餐廳、銀行、糕餅店、旅館、影碟出租、藥材舖陸續開設，充斥蒙市全境，各種華人社團組織亦落腳蒙市。1980 年代後蒙市基本上已取代「羅省華埠」，成為洛杉磯地區華人生活、娛樂、政治及社交中心。

（二）蒙市其他族裔住民反應

1970 年代末期華人大量移民蒙市，徹底改變蒙市原有風貌，最明顯者為歐裔住民比例日降，1980 年其人口比例降至 25.0%，落於拉丁裔與亞裔之後，至 1990 年，更低落至 11.7%，遠遜於亞裔與拉丁裔，淪為蒙市少數族裔。反之，亞裔人口以等比級數增長，從 1970 年到 1990 年間，亞裔人口成長 325.7%，其中華裔在 1970 至 1990 年間，成長更達 897.8%。蒙市商人 Wesley Ru 曾言：「一開始是地產商，接著是貿易公司、大投資者，最後則是數以千計富有的移民」〔註20〕，蒙市因此成為南加州著名的「小臺北」（The Little Taipei）。

華人大量進入蒙市，引發當地住民反彈。對蒙市許多歐裔或少數族裔住民來說，其定居蒙市需經數代努力，在社會階梯晉升，方能立足此中產階級

〔註19〕Li Wei, *Spatial Transformation of an Urban Ethnic Community from Chinatown to Chinese Ethnoburb in Los Angeles*, p.141.

〔註20〕Timothy P. Fong, *The First Suburban Chinatown：The Remaking of Monterey Park, California*, p.48.

郊區社區，但華人新移民違反其認知之移民典型，完全沒有經過移民該有奮鬥歷程，直接與之平起平坐，令其心憤不平。再加上華人新移民並非弱勢的移民群體，而是積極強勢作風的社區改造者，各種華人相關事務，從住家、建築、商家、廣告看版、中文到生活習慣，全然剝蝕蒙市原居住民生活百態，徹底改變過往以歐裔白人為主，平靜的蒙市中產階級社區。「史卡德食品製造公司」為繁榮的華人超市替代；「愛德華戲院」為謝叔綱收購，改建為「文華戲院」，專門播放中文電影；為當地重要集會場所，頗富盛名的「巴黎餐廳」〔註21〕，亦於1988年關門停業。這些強勢作風，使原有住民心生疑懼，蒙市社區領袖費博孔恩女士（Avanelle Fiebelkorn）曾悲嘆表示：「我覺得好像身在另一個國家，我一點都沒有家的感覺。」另一對在蒙市居住超過40年居民Fry夫婦則表明：「在自己家鄉，我們好像是陌生人，我們一點都感覺不到屬於這裡。」〔註22〕該氣氛不只在歐裔住民圈中瀰漫，其他族裔長期居民亦存類似想法。拉丁裔出身，曾任蒙市市長的David Baron即表示樂見多族裔社區，而非純華裔社區；〔註23〕蒙市一位日裔美國人更發出悲鳴：「華人到底從哪冒出來?這裡已不再是我們的家鄉了。」〔註24〕而面對劇變，蒙市部分長期居民選擇將房產賣出，移居到其他都市如東聖谷各都市、橙縣（Orange County）與鳳凰城（City of Phoenix）等，其他不願離開之歐裔居民，則選擇對抗，因而激起1980年代蒙市嚴重的族裔衝突。

綜言之，1980年代後，蒙市華人社區逐漸壯大，提供華人定居郊區社區成功典型。另一方面，隨著華人持續移入，1980年代中期後，華人新移民定居選擇已不再全然設限蒙市，而以蒙市華人社區成功經驗，進行複製，放諸聖谷全境。筆者在下一節中將擴及討論華人移民在聖谷定居遷移情況。

〔註21〕「巴黎餐廳」為蒙市歐裔住民重要聚會場所，如著名之Kaffee Klatch即以該餐廳為固定聚會地點。所謂Kaffee Klatch為蒙市市府高級官員與重要地方人士間不定期聚會的組織，許多政策往往由此決定，是蒙市早期極具影響力的組織。參見Mark Arax, "Monterey Park Nation's 1st Suburban Chinatown Series：Asian Impact," *Los Angeles Times*（April 6, 1987）；Berkeley Hudson, "Paris' Restaurant Closes Doors, Ends Era for Monterey Park," *Los Angeles Times*（Dec. 29, 1988）.

〔註22〕Marx Arax, "Selling out, Moving on," *Los Angeles Times*（April 12, 1987）.

〔註23〕Timothy P. Fong, *The First Suburban Chinatown：The Remaking of Monterey Park, California*, p.65.

〔註24〕Mark Arax, "Selling Out, Moving On," *Los Angeles Times*（April 12, 1987）.

表2-1　蒙市各族裔比例變遷，1960～2000

	1960	1970	1980	1990	2000
歐裔	85.4	50.5	25.0	11.7	7.3
拉丁裔	11.6	34.0	38.8	31.4	28.9
亞裔/其他	2.9	15.3	35.0	56.4	63.5
非裔	0.1	0.2	1.2	0.5	0.3
總計	100.0	100.0	100.0	100.0	100.0

資料來源：John Horton, *The Politics of the Diversity Immigration, Resistance, and Change in Monterey Park, California*（Philadelphia, PA：Temple University Press, 1995），p.12；U.S. Census Bureau：American Factfinder，網址：http://factfinder.census.gov/。

表2-2　蒙市亞裔人口狀況，1970～2000

族裔	1970		1980		1990		2000	
	人數	比例（100%）	人數	比例（100%）	人數	比例（100%）	人數	比例（100%）
華裔	2,202	27.1	8,082	42.4	21,971	63.0	24,758	66.68
日裔	4,627	56.9	7,533	39.6	6,081	17.4	4,433	11.94
菲裔	481	5.9	735	3.9	1,067	3.1	871	2.34
韓裔	118	1.5	1,011	5.3	1,220	3.5	862	2.32
越南裔	—	—	731	3.8	2,736	7.8	3,101	8.35
其他	700	8.6	954	5.0	1,823	5.2	3,100	8.35
總計	8,128	100.0	19,046	100.0	34,898	100.0	37,125	100.0

資料來源：Timothy Patrick Fong, *The Unique Convergence：A Community Study of Monterey Park, California*, p26；U.S. Census Bureau：American Factfinder，網址：http://factfinder.census.gov/。

第二節　聖谷華人社區變遷

　　蒙市華人社區建立，為華人新移民在聖谷建立灘頭堡，並鼓舞華人移民在聖谷進一步移居趨勢。學者 Wei Li 曾指出聖谷華人社區發展歷經三個時期：（一）萌芽時期（budding）：1960～1975年；（二）成長時期（blooming）：1975～1990年；（三）成熟時期（maturing）：1990年～至今，〔註25〕證明聖谷華人移民遷移模式與社區擴張。事實上，聖谷共有30餘個都市，其地理環境、居住品質、教育資源等，頗與蒙市近似，提供華人移民居住多樣選擇，〔註26〕並增加華人移民在聖谷遷移流動性。筆者探訪聖谷當地社區人士，佐以文獻資料核對，歸納聖谷4波主要華人移民階段及區域：

　　1970年代末期至1980年代初，以蒙市華人社區為中心，鄰近之阿罕布拉市（City of Alhambra）與柔似蜜市（City of Rosemead）亦湧現大量華人移民。根據美國移民局調查華人移民抵美第一站郵遞區號統計顯示，1983至1990年間，前10位華人移民選擇郵遞區號，蒙市（居第2位）、阿罕布拉市（居第4位）與柔似蜜市（居第6位）均列於其中（參見表2-3），顯示阿市與柔市亦為華人優先選擇都市，其華人社區建立時間約與蒙市相若，盛況則稍不如蒙市，但同蒙市關係密切，來往頻繁。因此，以蒙市為中心，包括阿市、柔市與另一蒙市隔鄰聖蓋博市（City of San Gabriel）等，可視為聖谷華人第一波移民區域，亦為《洛杉磯時報》所指稱華人移民初進入美國之「門戶」（ports of entry）〔註27〕。至1980年代初，此第一波華人移民區域即已建立以臺、港裔移民為主之堅實華人社區。

〔註25〕 Wei Li et al., *Chinese-American Banking and Community Development in Los Angeles County*, p.787.

〔註26〕 聖谷並非美國政府正式行政區域，主要為地理劃分之經濟區域。聖谷各都市依其地理位置，約可區分為：（1）西聖蓋博谷：包括蒙市、阿罕布拉市（Alhambra）、柔似蜜市（Rosemead）、聖蓋博市（San Gabriel）及稍北之亞凱迪亞市（Arcadia）、聖瑪利諾市（San Marino）、帕莎迪那市（Pasadena）與南帕莎迪那市（South Pasadena）等；（2）中聖蓋博谷：包括艾爾蒙地市（El Monte）、天普市（Temple City）、南艾爾蒙地市（South El Monte）等；（3）東聖蓋博谷：包括鑽石吧市（Diamond Bar）、胡桃市（Walnut）、西科維納市（West Covina），非自治區域之哈仙達崗（Hacienda Heights）、羅蘭崗（Rowland Heights）及重工業集中之工業市（Industry city）等。大體而言，聖谷為洛杉磯地區開發較晚區域，許多都市在華人為首之移民進入後，方獲得較佳發展，其開發順序大體由西聖谷往東聖谷發展。

〔註27〕 Mark Arax, "San Gabriel Valley Asian Influx Alters Life in Suburbia Series：Asian Impact：First of Two Articles," *Los Angeles Times*（April 5, 1987）.

　　蒙市爲中心之第一波華人移民圈，在華人持續移入後，逐漸出現地價高漲、種族衝突及華人社區飽和等負面現象，而部分華人移民立穩腳根之餘，亦思遷居品質更優渥社區，促成聖谷第二波華人移民階段。該階段約出現於1980年代中期，以座落於西聖谷稍北之亞凱迪亞市（City of Arcadia）與聖瑪莉諾市（City of San Marino）爲主要移民區域。亞凱迪亞市與聖瑪莉諾市由於都市規劃良好，環境優美，城市綠化度高，犯罪率低，居民多爲高薪的白人中產階級，故向以高水平住宅社區著稱。再者，該處爲聖谷最佳學區所在，學校師資、教育經費均居聖谷之冠，對生活水平較高，重視子女教育之華人移民而言，極具吸引力。以筆者親身訪談經驗，1980年代中期，臺裔移民移居該地者極眾，主要原因即對當地學區與生活環境傾心嚮往。亞凱迪亞市與聖瑪利諾市現仍爲臺裔移民衷情都市。

　　另一方面，鄰近亞凱迪亞市與聖瑪利諾市之帕莎迪那市（City of Pasadena）與南帕莎迪那市（City of South Pasadena），以及居於中聖谷之艾爾蒙地市（City of El Monte）等，由於地緣接近，約同時或稍晚，亦出現規模不等之華人移民社區。其中，帕莎迪那市與南帕莎迪那市屬商業性都市，主要吸引華人企業家及商人進駐；爲數眾多的華人專業人士如律師、醫師等，亦選擇在該處開業。艾爾蒙地市則位於蒙市之東，交通十分便利，且距蒙市極近，當地雖爲墨裔深化都市，但房價遠較亞凱迪亞市與聖瑪利諾市低廉，對華人移民頗具吸引力。〔註28〕許多華人社團均設籍艾市，如僑委會洛杉磯第二華僑文教服務中心、臺福教會、臺裔長者居住之鶴園公寓（Flamingo Garden）及各類華人媒體、華資家俱公司及演藝社團等，均設籍於此。

　　大體而言，以亞凱迪亞市與聖瑪利諾市爲中心，兼及帕莎迪那市、南帕莎迪那市與艾爾蒙地市等區域，可視爲聖谷第二波之華人移民圈。聖谷第二波華人移民現象，一方面爲第一波華人移民圈之擴大，顯示華人移民持續進駐聖谷趨勢，另一方面亦標示當地華人移民追求更好生活品質、教育環境憧憬，更代表華人移民已跨越移民過渡期，進入社會適應與同化階段。因此第二波華人移民社區的建立已顯示其獨立性與自主性。

〔註28〕艾爾蒙地市建市於1921年，1960年間，人口僅3萬人，1990年突破10萬，此後人口增加速度減緩，2004年人口爲11萬6000人，是聖谷華人城市中少有10萬以上居民的都市。艾市亞裔人口將近2萬人，爲該市僅次於西語裔的族裔。

聖谷華人第三波移民約發生 1980 年代晚期，移民區域已由西聖谷地區轉移至地價相對低廉、空間相對寬廣之東聖谷各都市，包括天普市（Temple City）、鑽石吧市（Diamond Bar City）、胡桃市（City of Walnut）、西科維納市（City of West Covina）與科維納市（City of Covina）等，即成為華人移民青睞的對象。事實上，由第二波華人移民區域之相對地理位置觀之，華人遵循從華埠向郊區發展路徑，東進策略已成趨勢，東聖谷各都市雖多處於沙漠地帶，住民頗稀，但都市規劃不受老舊市區限制，極具發展潛力，交通亦頗暢達，當地各族裔相處又較為緩和，某些個別都市如鑽石吧，其都市規劃、教育評鑑、生活品質等並不遜於亞凱迪亞市等西聖谷優質都市。諸如此類誘因，促進第三波華人移民產生，並擴大聖谷華人社區的分佈。

聖谷第四波華人移民階段約發生於 1980 年代晚期至 1990 年代初，主要聚集於東聖谷之哈仙達崗（Hacienda Heights）與羅蘭崗（Rowland Heights），其中尤以臺裔移民居多。根據 2000 年美國人口普查資料，哈仙達崗與羅蘭崗臺裔移民人口數，在聖谷各都市中位居 2、3 位（參見表 2-4），僅次於亞凱迪亞市，而筆者與多位臺裔移民訪談得知哈仙達崗與羅蘭崗臺裔住民多由西聖谷遷居當地，且臺裔社區在當地發展甚盛，臺裔生活型態處處可見。如位於羅蘭崗科里瑪路（Colima Rd.）之「太平洋廣場」（The Pacific Square）、「香港廣場」（Hong Kong Market Square），富樂屯路（Fullerton Rd.）上之「鑽石廣場」（Diamond Square）等，均可見各式臺裔商家及小吃。〔註29〕如今哈仙達崗與羅蘭崗常被稱呼為「小臺北」、「小高雄」，儼然取代往昔蒙市地位，領袖當地臺裔移民社區。

綜言之，華人移民歷經四波移民階段，於 1990 年前後已分佈全聖谷，建立美國華人學者 Wei Li 主張之「族裔郊區社區」（ethnoburb），其移民區域明顯由西聖谷往東聖谷腹地深入，逐步建立華人社區據點。1990 年代中期後，中國移民亦加入聖谷華人移民行列，其中包括為數眾多之非法移民。中國移民初期受限語言與工作能力，多定居已發展成型之西聖谷第一波華人移民圈，此過程一定程度上加快西聖谷臺、港裔移民售出土地與房產，轉往東聖谷的趨勢，並使西聖谷都市逐漸由臺、港裔移民轉變為中國移民為主體之華

〔註29〕Maria W. L. Chee, *Taiwanese American Transnational Families：Women and Kin Work*（N.Y.：Routledge & Francis Group, 2005），p.70.

人社區，如蒙市「小臺北」之名，已漸漸被「小上海」、「小北京」、「小神州」
等所取代。〔註30〕

　　至 2000 年後，中國移民在聖谷的擴張有加速趨勢，且遵循筆者前述四波
移民階段進程，亦較臺、港裔移民積極迅捷，不但在西聖谷地區勢力日盛，
同時在東聖谷地區亦方興未艾，各種產業與商家與日俱多。1992 年，洛杉磯
地區（多數在聖谷）來自中國投資金額已高達 1 億美金，1993 年，蒙市商會
在 6 個月內被 385 位來中國商人邀請座談；〔註31〕任職於聖谷「太平洋棕櫚
大酒店」一位主管則表示，2003 年在工業市（City of Industry）申請開發商家
中，90%以上為華人商家，其中多數為中國移民開設之公司、工廠與倉庫。聖
谷重工業所在地之工業市每天有 8 萬人上班，中國移民佔相當比例；東聖谷
各種具中國特色商家，如雨後春筍般成立。以餐館為例，羅蘭崗的天津狗不
理包子、大上海、三家村、廣州酒家等，皆為中國風味餐館。〔註32〕中國移
民在聖谷日益優勢地位，使美國作家提默門（Kenneth R. Timmerman）甚至戲
稱聖谷為中國第 23 個省。〔註33〕

　　總言之，1970 年代晚期至今，華人移民社區已遍佈聖谷全境。臺、港裔
移民為先鋒，中國移民繼之，使華人移民由西聖谷擴張至東聖谷地區的動力
未曾停歇，其擴張版圖近年更有跨出聖谷態勢。部分較富有之東聖谷臺、港
裔住民，已轉移至橙縣（Orange County）、爾灣市（Irvine）及奇諾市（City of
Chino）等地，而其在西、東聖谷空缺則由後繼之臺、港、中國裔移民填補。
此種華人移民遷移模式，擴大華人社區範圍與影響力。

〔註30〕1990 年代，蒙市臺裔移民眾多，且極有影響力，如今已是中國移民為主的都
　　　　市。《洛杉磯時報》在 2003 年 8 月 13 日，曾有專文探討洛杉磯地區中國移民，
　　　　認為中國移民人數的增長已具有左右社區發展的潛力，該報並指出 2002 年來
　　　　自中國的移民已是來自香港的 10 倍，來自臺灣的 6 倍，且 2003 年人口統計
　　　　中，聖谷人口為 180 萬人，亞裔占 40 萬 7 千人，臺裔為 3 萬 651 人，遠不
　　　　及「非臺裔華人」，後者總數高達 212,861 人。因此，該文亦提及聖谷某些居
　　　　民建議，蒙市外號現應從「小臺北」改成「小北京」或「小上海」。同樣地，
　　　　2006 年蒙市副市長劉達強（David Lou）曾公開宣稱：「蒙市已非小臺北...已
　　　　經轉變為小神州。」參見 David Pierson, "Mainlanders Make Mark Among
　　　　Chinese Emigres", *Los Angeles Times*（August 13, 2003）；《臺灣時報》（洛杉
　　　　磯），2006 年 7 月 5 日，B1 版。
〔註31〕Yen-Fen Tseng, *Suburban Ethnic Economy：Chinese Business Communities in Los
　　　　Angeles*, pp.156～157.
〔註32〕《世界日報》，2004 年 7 月 8 日，B2 版。
〔註33〕Jane Mack-Cozzo, "Sino-California," *American Enterprise*, p.47.

圖 2-8　聖谷四波華人移民區域

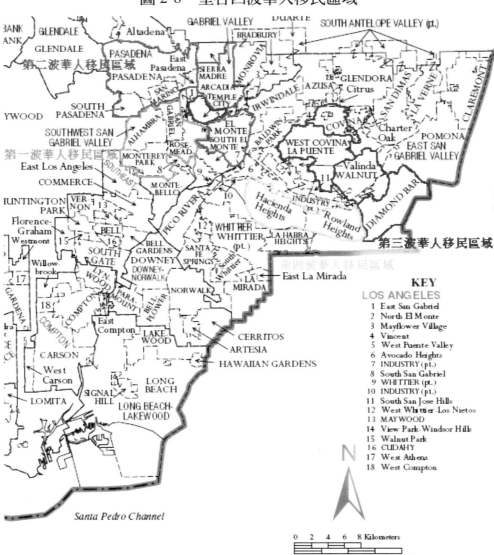

資料來源：筆者自製。原圖取自 U.S.Census Bureau Home Page，網址：http://www2.
census.gov/geo/maps/general_ref/consub_outline/cen2k_pgsz/ca_cosub.pdf。

圖 2-9　聖谷主要街道圖

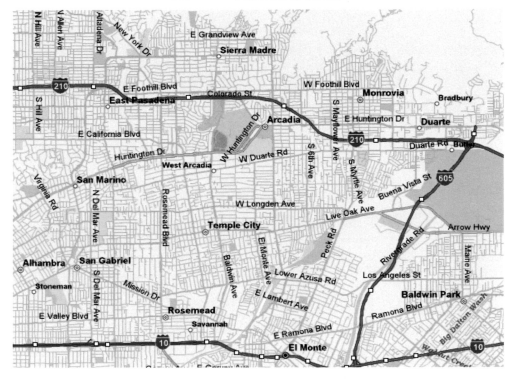

資料來源：網址：www.sauveriegel.com/markets/default_sgv.htm。

表 2-3　美國華人移民選擇地點─以郵遞區號區分（1983～1990 年）

郵遞區號	中　國	臺　灣	香　港	合　計
10002 New York, NY	13,943	437	2,248	16,628
91754 Monterey Park, CA	2,479	2,328	768	5,575
11373 Flushing, NY	2,786	1,116	551	4,453
91801 Alhambra, CA	1,426	1,301	464	3,191
11355 Flushing, NY	1,550	1,245	322	3,117
91770 Rosemead, CA	1,014	486	288	1,788
90701 Artesia/Cerritos, CA	529	1,077	83	1,689
94112 San Francisco, CA	1,118	77	276	1,471
94015 Dale City, CA	678	171	400	1,249
60640 Chicago, IL	362	56	58	476

資料來源：轉引自 Timothy P.Fong, *The First Suburban Chinatown：The Remaking of Monterey Park, California*, p.32.

第三節　聖谷華人社區人口與社會結構

聖谷華人新移民歷經近 30 年漫長之發展，已成功建立華人移民社區典範，並改變聖谷地區人口與社會結構。本節主要依據 2000 年美國人口普查資料，進一步探討聖谷華人社區人口與社會結構情況：

一、人口數變化與分佈

在華人移民快速進入洛杉磯地區之大趨勢下，聖谷成為洛杉磯地區華人人口增加最快速地區之一。1980 年，聖谷 16 個華人主要都市總人口數為 2 萬 4 千人，1990 年成長為 11 萬 8 千人，至 2000 年更增至 20 萬人以上，佔洛杉磯縣 2000 年華人人口總數近 6 成，足見聖谷已成為洛杉磯縣甚至南加州重要的華人聚集地。

華人在聖谷人口分佈，主要分佈於聖谷 16 個都市（參見表 2-4），且由 1980 年至 2000 年間各都市人口變遷，足見其遵循筆者第二節論述之四階段移民區域。首先，由 1980 年人口普查顯示，蒙市無論在華人總數或人口比例上皆一枝獨秀，較位居第 2 的阿罕布拉市高出一倍，因此 1980 年代，蒙市乃聖谷華人社區重心所在殆無疑義。而第一波華人移民圈「蒙市—阿罕布拉市—柔似蜜市」華人人口總數達 1 萬 3 千多人，佔 16 個主要聖谷都市華人人口 53.9%，更顯見其為聖谷華人社區重心所在。至於西聖谷北部及東聖谷地區雖已有華人定居，但相較於第一波華人移民圈盛況，人口數仍屬稀落景象。

至 1990 年代，聖谷華人分佈已有所變化。蒙市雖仍為聖谷華人人口數與比例中最高者，然而 1980 年的絕對優勢已不復見，此因聖谷 4 階段移民已大致完成，聖谷華人人口分佈更加平均化。因此，「蒙市—阿罕布拉市—柔似蜜市」雖仍高居華人人口數前 3 位，且該 3 市華人人口數均超過該市總人口 20%，較之 1980 年，人口數絕對值亦成長 4 倍，若再加上緊鄰之聖蓋博市及蒙地貝婁市（City of Montebello），依然超過聖谷總華人數之半數，成為西聖谷顯著的優勢少數族裔（majority minority），但聖谷其他都市人口成長亦不遜色。以第二波華人移民圈為例，亞凱迪亞市在 10 年間人口增加 6 千多人，人口成長率高達 1474.8%；聖瑪利諾市、艾爾蒙地市、帕莎迪那市及南帕莎迪那市等同樣有類似人口爆長情況。東聖谷諸都市如天普市、鑽石吧、胡桃市、科維納、西科維納等，亦由 1980 年僅數百華人住民成長 10 倍以上，甚受臺裔移民青睞的哈仙達崗與羅蘭崗，人口各自爆增 6,370 人與 4,408 人，人口成長率高達 429.5% 與 1,557.6%。因此，1980 至 1990 年間，歷經 4 波移民階段，華人已普遍分佈於聖谷各都市。

　　華人在聖谷的人口發展趨勢在 1990 至 2000 年間持續強化，西聖谷 4 個主要華人都市，由於以中國移民爲主之華人移民持續進入，10 年間持續成長，但人口僅增加 2 萬 5 千多人，成長率 41%。4 個都市佔聖谷華人人口比例則下滑至 43.5%。值得一提者，2000 年蒙市已讓出聖谷最多華人人口寶座予阿罕布拉市，退居次位，但仍爲聖谷都市中華人人口比例最高者。東聖谷諸都市在此 10 年間則均成倍數增長，所佔人口比例亦較 10 年前爲高。2000 年後，東聖谷華人社區規模已漸與西聖谷並駕齊驅。

表 2-4　聖谷主要華人都市華裔與臺裔人口數與比例，1980～2000

城　　市	1980		1990		2000				
	華人總人數	在該市比例（％）	華人總人數	在該市比例（％）	華人人口數	在該市比例（％）	臺灣*人人口數	在該市比例（％）	合計在該市人口比例（％）
Monterey Park	8,151	15	22,473	37	25,014	41.65	1,342	2.23	43.85
Alhambra	3,877	6	21,348	26	28,687	33.43	1,827	2.13	35.56
Rosemead	1,278	3	10,844	21	16,763	31.30	425	0.79	32.09
Arcadia	460	1	7,244	15	14,693	27.69	4,443	8.37	36.06
Diamond Bar	280	1	4,294	8	8,545	15.18	2,491	4.43	19.61
El Monte	397	0.5	6,373	6	12,297	10.60	575	0.50	11.10
Montebello	3,176	6	2,978	5	2,785	4.48	123	0.20	4.68
Pasadena	1,186	1	3,948	3	4,316	3.22	442	0.32	3.54
San Gabriel	902	3	7,795	21	13,202	33.18	1,104	2.77	35.95
San Marino	532	4	3,369	26	4,091	31.64	1,474	11.39	42.99
South Pasadena	1,361	6	3,112	13	3,699	15.28	297	1.22	16.5
Temple City	290	1	3,732	12	8,418	25.2	1,648	4.94	30.14
Walnut	250	2	3,784	13	7,463	24.87	1,943	6.48	31.35
West Covina	803	1	4,804	5	7,308	6.95	1,039	0.99	7.94
Hacienda Heights	1,483	3	7,853	15	9,396	17.69	3,157	5.94	23.63
Rowland Heights	283	1	4,691	11	11,398	23.48	2,659	5.48	28.96

*在美國人口普查調查中登記爲 Taiwanese 者。

資料來源：Census of U.S. Bureau, *Population and Housing Characteristics*；Tseng Yen-Fen, *Suburban Ethnic Economy：Chinese Business Communities in Los Angeles*, p.53.；Los Angeles Almanac；網址：http://www.laalmanac.com/default.htm。

此外，2000 年人口普查中，亦可觀察臺裔移民聖谷之分佈情況。〔註34〕2000 年聖谷 16 個主要華人都市約有臺裔居民 2 萬 4 千人，全聖谷則約 3 萬人。其中，亞凱迪亞市毫無疑問為臺裔移民最喜愛都市，其次分別為哈仙達崗、羅蘭崗、鑽石吧與聖瑪利諾市。至於就臺裔移民在該市人口比例來看，聖瑪利諾市為第一，高達 11.39%，其次依續為亞凱迪亞市（8.37%）、哈仙達崗（5.94%）、羅蘭崗（5.48%）、天普市（4.94%）與鑽石吧（4.43%）。相對的，臺裔移民在蒙市為主的西聖谷諸市比例均不高，在蒙市、阿罕布拉市與聖蓋博市皆僅 2%，在柔似蜜市甚至不到 1%。由此數據總結，臺裔移民由於移民時間較早，經濟與教育水平普遍較高，其定居已由第一波華人移民圈轉往生活品質較高、學區較優良或都市規劃較好都市。

二、人口特質

就 2000 年美國人口統計資料觀之（參見表 2-5），聖谷無論是華裔或臺裔社區，均明顯呈現女多於男的情況，聖谷 16 個華人主要都市性別比例（男/女）皆低於 1，頗符合洛杉磯縣華人性別比（0.93）與全美華人性別比（0.94），但個別都市性別比例則有嚴重失衡狀況。就華裔社區而言，性別比失衡情況最明顯都市為帕薩迪那市與亞凱迪亞市，柔似蜜市、鑽石吧市、艾爾蒙地市與胡桃市性別比例則較均衡，蒙市則與洛縣平均值相若；臺裔社區方面，呈現較極化情況，性別比例低於 0.9 以下者共有阿罕布拉市、鑽石吧、蒙地貝婁市與帕薩迪那市等，柔似蜜市、亞凱迪亞市、艾爾蒙地市、胡桃市與哈仙達崗的性別比例則近於 1，蒙市、天普市與羅蘭崗則與洛縣平均值相若。由聖谷華人各都市性別比對照各市發展分析，西聖谷商業較繁榮地區，性別比例多不穩定，波動較大，可能與單身新移民多隻身在美有關，至於以住家為主的都市如亞凱迪亞市或東聖谷的哈仙達崗與羅蘭崗等，其性別比例相對均衡。

其次，就 18 歲以下與 65 歲以上人口比例觀之，聖谷華人社區 18 歲以下人口比例，無論華裔或臺裔社區都在 2 成左右，較之洛縣（22.7%）與全

〔註34〕此處臺裔人口指的是在美國人口普查調查中登記在臺灣欄者。由於部分臺灣移民在人口普查登記欄登記於中國欄，故美國人口普查中之臺裔勢必被低估。

美（24.7%）華人水平，相去不遠；聖谷 65 歲以上長者比例，華裔社區略高於 1 成，而臺裔社區多僅個位數百分比，整體比例與洛杉磯縣（10.6%）水平相若，但遠高於全美華人平均值（0.84%）。單就各都市分析，華裔社區 18 歲以下比例最高者，依次為聖瑪利諾市、胡桃市、鑽石吧、亞凱迪亞市等，多屬家庭住宅型都市，幼年子女比例較高。至於商業性強、工作機會多的都市則單身成年者較眾，如蒙市、阿罕布拉市與帕莎迪那等；臺裔的情況亦頗符合此模式，最高都市分別為胡桃市、鑽石吧、聖瑪利諾及亞凱迪亞市等。另外，就各都市 65 歲以上人口比例細觀，華裔社區中長者比例最高者分別為蒙地貝婁、蒙市與哈仙達崗，臺裔社區則以鶴園所在地之艾爾蒙地市居首，其次為臺裔退休長者頗青睞之蒙市。綜合而言，聖谷華人人口結構約七成為壯年者，對照各都市華人平均年齡，基本上聖谷華人社區尚屬中年社群，活動力健旺。

就教育水平觀之，聖谷華人大學畢業以上學歷比例，約在 3 成左右，與全美華人水平（30.2%）相若，較之洛縣全族裔（25.0%）為高，顯示聖谷華人新移民社區具有高教育水平背景。若就臺裔與華裔社區比較，聖谷臺裔社區普遍高於華裔社區，但在專業人士或中上階級住家為主都市如聖瑪利諾市、亞凱迪亞市、哈仙達崗或羅蘭崗等比例均高，顯示無論是華裔或臺裔之高教育水平居民均有朝特定都市集中傾向。至於華裔社區中，比例較低者依次為柔似蜜市、艾爾蒙地與聖蓋博市，均未及 2 成；臺裔社區方面，則僅艾爾蒙地市低於 2 成。

最後就外國出生例來看，聖谷大多數華人都市，其外國出生比例均在 7 成甚至 8 成以上，顯見其移民社區型態。就華裔整體而言，由於包括部分定居美國已久華人，因此比例約在 7 成左右，其中最高者為艾爾蒙地市，其次為羅蘭崗與阿罕布拉市。在美國出生最高者則為蒙地貝婁市，超過 4 成，南帕莎迪那市、聖瑪利諾市、胡桃市等亦均超過 3 成；臺裔社區方面，由於多在 1965 年後抵美，因此外國出生比例均在 8 成左右，較華裔高出約 1 成，各都市普遍皆為 8 成甚至 8 成 5 以上，最低者則是南帕莎迪那市與聖蓋博市。

綜言之，聖谷華人人口特質強烈呈現出華人移民郊區社區的特色—女性多於男性，壯年社群特徵明顯，教育水平佳及外國出生比例高等特點。

表 2-5　聖谷主要華人都市之華裔與臺裔人口特質（2000 年）

	性別比（男/女）		18 歲以下比例（%）		65 歲以上比例（%）		大學畢業以上比例（%）		外國出生比例（%）	
	臺裔	華裔	臺裔	華裔	臺裔	華裔	臺裔	華裔	臺裔	華裔
Monterey Park	0.92	0.91	14.1	18.9	15.8	17.0	36.8	22.1	84.2	73.6
Alhambra	0.87	0.92	13.2	19.1	9.7	12.1	34.6	22.9	89.3	78.2
Rosemead	0.99	0.97	9.8	25.0	9.0	10.6	27.5	8.8	100.0	72.8
Arcadia	0.95	0.89	23.8	28.2	6.9	7.4	32.9	35.4	74.7	75.9
Diamond Bar	0.89	0.96	25.1	28.3	5.7	7.4	32.0	35.2	76.8	68.8
El Monte	0.98	0.96	14.0	23.5	22.3	11.3	17.6	12.0	73.6	79.1
Montebello	0.89	0.94	9.3	14.3	9.3	20.7	38.9	30.6	72.2	57.3
Pasadena	0.88	0.84	10.8	11.7	10.6	12.1	36.9	51.6	75.5	72.0
San Gabriel	0.90	0.92	15.8	21.3	9.7	10.2	31.2	19.3	61.9	75.4
San Marino	0.90	0.95	24.6	31.8	5.0	6.7	50.2	41.2	86.3	64.2
South Pasadena	0.95	0.90	18.7	23.8	4.9	9.2	29.2	42.3	53.9	60.5
Temple City	0.93	0.90	21.9	26.3	7.4	9.0	35.5	27.0	84.0	75.7
Walnut	0.98	0.96	26.5	29.2	5.8	7.4	37.1	29.7	87.3	65.0
West Covina	0.94	0.94	20.6	23.8	6.4	8.5	33.5	23.3	82.6	72.5
Hacienda Heights	0.95	0.94	20.9	23.0	6.9	13.0	36.3	32.3	95.4	72.9
Rowland Heights	0.92	0.94	20.8	22.8	7.3	9.7	31.0	32.5	82.7	79.0
Los Angeles County	0.93	0.92	19.8	21.0	7.6	11.7	36.3	28.5	80.7	71.7

資料來源：Source: U.S. Census Bureau，參見網址：http://factfinder.census.gov/。

圖 2-10　聖谷主要華人都市華裔與臺裔住民平均年齡（2000 年）

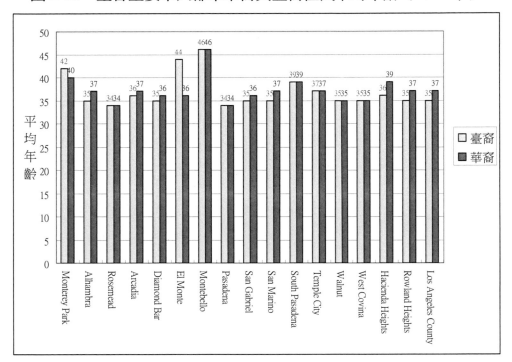

資料來源：Source: U.S. Census Bureau，參見網址：http://factfinder.census.gov/。

三、個人與家庭經濟特質

聖谷華人家庭與個人的經濟特質，可由諸項指標：住屋/租屋比、就業人口比例、家庭平均收入、低收入人口比例及平均房價等觀察之：

首先，住屋/租屋比可反應華人家庭經濟水平與居住穩定度。以整體指數來看，臺裔之住屋/租屋比高於華裔，顯示臺裔居民生根於當地社區程度較高，反之華裔社區流動性則較大。至於個別都市方面存在極端差異，華裔住屋/租屋指數最高者為聖瑪利諾市與胡桃市，皆高於 10，顯示身處水平較高之住家型都市，當地華裔社區流動性較低，華裔居民多購屋自住。反之，在阿罕布拉市、聖蓋博市與帕莎迪那市等商業性或住商混合都市，居民多屬暫時性居民，且當地租屋價格較低廉，租屋率自然高於其他都市；臺裔社區方面亦有類似傾向，聖瑪利諾市與胡桃市居指數最高前兩位，阿罕布拉市、帕莎迪那市與聖蓋博市則居末。

　　其次，就反應華人社區勞動力指標之就業人口比例觀之，華裔與臺裔社區整體就業人口約在 4 成上下，較之洛縣華人（46.0%）與全美華人（49.3%）略低，且華裔略高於臺裔，這是否意指聖谷勞動力表現不佳，且臺裔表現不如華裔?事實上，由於就業人口比例未必反應就業工作品質高低，而許多臺裔居民壯年退休或選擇投入非固定性工作，如房地產或股票投資等，在就業人口上可能被歸類為非就業人口，因此該數據可能存在某些無法解讀的盲點，但仍具參考價值。至於，就個別城市論之，華裔就業人口比例最高者為商業繁榮的帕莎迪那市與南帕沙迪那市，均超過 5 成，其他各都市除胡桃市外，皆在 4 成以上，顯示華裔在聖谷各都市華人社區並沒有明顯就業低落現象；臺裔社區方面，該指數變動情況則較大，最高者為蒙地貝婁與西科維納，均超過 5 成，其他都市如聖蓋博市、蒙市、亞凱迪亞、南帕沙迪那市與羅蘭崗等都市都不到 4 成，艾爾蒙地市甚至低於 3 成，推究原因可能與上述都市臺裔人口組成上，長者與未成年人加總比例原本即較高，造成就業人口低落有關。

　　再以家庭平均收入而論，整體華裔與臺裔家庭平均收入均達 5 萬美元，臺裔稍高於華裔，但均優於洛縣各族裔平均值 4 萬 6 千美元，臺裔甚至與洛縣白人平均家庭收入相若，反應聖谷華人社區，幾可與歐裔社區並駕齊驅。個別都市方面，華裔家庭平均收入最高者為聖谷優質都市聖瑪利諾市，達 10 萬美元以上，胡桃市、蒙地貝婁、南帕沙迪那、亞凱迪亞市、鑽石吧等皆在高水平的 6 萬美元以上，至於西聖谷之蒙市、阿罕布拉市與柔似蜜市因新移民較多，低收入勞力性工作者比例不低，因此分居末 3 位；臺裔社區家庭收入情況則頗類似，聖瑪利諾市高居第 1，亦達 10 萬美元水平，胡桃市、亞凱迪亞、西科維納、哈仙達崗等均超過 6 萬美元，艾爾蒙地市與阿罕布拉則低於 4 萬美元。

　　低收入人口比例是另一項探究華人經濟狀況指標，2000 年人口普查資料顯示，臺裔與華裔低收入人口比例均在 15% 以上，較之洛縣白人的 13% 為高，但優於洛縣全族裔的 18%，比之全國華人水平（12.9%）則略顯遜色，顯示聖谷貧富差異頗大。個別都市情況方面，華裔低收入人口比例最高者為柔似蜜市，達 25%；南莎沙迪那、聖蓋博市、蒙市、阿罕布拉比例均高，這些都市除南帕莎迪那外，幾乎皆屬華人傳統產業集中的西聖谷都市，因此或可解釋上述低收入人口比例頗高原因，至於如聖瑪利諾、鑽石吧、胡桃市等較生活

水平較優質都市，華人本身既居住該處，經濟即具一定水準，故低收入人口比例自然不高；臺裔低收入人口比例方面，在西聖谷地區除聖蓋博市外，低收入人口比例均高，柔似蜜市更超過 3 成，在艾爾蒙地及東聖谷天普市及哈仙達崗比例亦均不低，顯示臺裔移民中亦不乏生活於低水平線以下者。至於表現較好的都市則為聖瑪利諾與亞凱迪亞市。

最後，平均房價指標則反應華人社區等級。大體而言，無論臺裔或華裔社區房價均在 23 萬美金以上，臺裔甚至高達 25 萬美金以上，皆優於洛縣整體房價的 20 萬美金，更遠勝全美 12 萬美金左右的平均房價，聖谷華人房市熱絡可見一斑。個別都市方面，華裔以聖瑪利諾市掄元，平均房價超過 60 萬美金以上，遠高於其他都市，顯示聖瑪利諾市被喻為聖谷最優質都市，並非虛稱。其次，亞凱迪亞市、帕莎迪那市等居其後，平均房價亦均有 30 萬甚至 40 萬以上高水平。至於華裔平均房價較低者則為墨裔為主的輕工業都市艾爾蒙地市，低於 20 萬美金，其他西聖谷都市如蒙市或阿罕布拉市平均房價均在 20 萬美金左右，屬於相對低房價區域；臺裔社區平均房價情況與華裔並無太大差異，聖瑪利諾市依然以超過 60 萬美元以上平均房價穩居冠軍，亞凱迪亞市、南帕沙迪那等緊追其後，房價均在 30 萬美金以上。至於臺裔平均房價最低都市亦為艾爾蒙地市，西聖谷諸都市整體平均房價則略低於東聖谷。

總言之，由上述聖谷華人個人與家庭各種經濟指標觀察，聖谷華人生活、平均收入與居住等指標均在水準以上，其中東聖谷各項指標浸浸然已有凌駕西聖谷之勢，顯示華人經過 4 波移民階段後，已成功建立全聖谷華人社區。

表 2-6　聖谷主要華人都市之華裔與臺裔個人、家庭經濟特質（2000 年）

	住屋/租屋		就業人口比例（%）		家庭平均收入（美元）		低收入*人口比例（%）		平均房價（美元）	
	臺裔	華裔	臺裔	華裔	臺裔	華裔	臺裔	華裔	臺裔	華裔
Monterey Park	1.7	2.2	35.9	42.0	50,179	39,946	15.8	16.8	197,300	217,700
Alhambra	0.8	0.8	42.9	46.4	38,167	39,130	20.8	15.5	202,900	197,100
Rosemead	2.6	1.2	41.9	41.8	—	34,583	32.6	25.3	—	181,000
Arcadia	4.2	2.4	39.5	43.6	61,790	62,167	9.9	9.6	408,200	374,400
Diamond Bar	7.9	7.3	47.5	42.7	57,353	66,549	12.6	4.9	284,700	268,200

El Monte	1.1	2.0	27.2	46.5	36,023	40,296	18.7	16.9	178,300	152,300
Montebello	1.6	3.5	62.0	44.8	—	75,594	4.6	7.9	—	262,100
Pasadena	0.6	0.8	40.1	57.8	—	65,407	29.8	16.7	—	319,200
San Gabriel	1.1	0.8	32.8	44.5	44,792	41,578	8.2	17.1	251,300	220,100
San Marino	10.0	13.3	44.0	40.6	102,035	103,884	8.3	7.8	624,100	661,500
South Pasadena	2.5	1.9	37.0	50.6	—	84,120	12.0	19.5	—	412,800
Temple City	3.2	3.2	43.0	43.9	47,656	50,601	17.7	11.7	232,800	219,900
Walnut	10.4	10.0	45.6	39.8	72,396	71,386	13.6	7.8	367,300	281,700
West Covina	3.4	3.1	50.3	48.5	60,250	54,309	12.9	11.7	200,900	191,600
Hacienda Heights	3.7	3.2	47.2	41.9	60,208	54,425	17.7	9.6	263,100	243,800
Rowland Heights	2.9	2.2	35.2	43.4	51,679	49,069	15.4	14.7	272,500	276,700
Los Angeles County	2.5	1.5	43.0	46.8	56,193	52,109	15.0	16.3	277,500	236,500

＊此處「低收入」指美國人口普查局利用公式計算的「貧窮標準」（poverty level）以下者。

資料來源：Source: U.S. Census Bureau，參見網址：http://factfinder.census.gov/。

圖 2-11　聖谷主要華人都市之華裔與臺裔個人平均收入（2000 年）

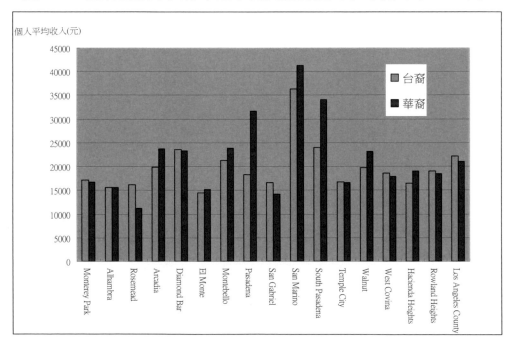

資料來源：Source: U.S. Census Bureau，參見網址：http//factfinder.census.gov/。

圖 2-12　2000 年洛縣各族裔家庭收入分佈比較

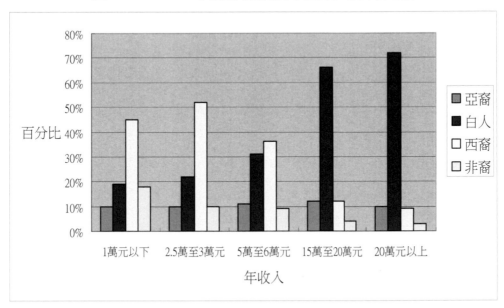

資料來源：Source: U.S. Census Bureau，參見網址：http//factfinder.census.gov/。

圖 2-13　2000 年洛杉磯縣亞裔各族裔人口比例

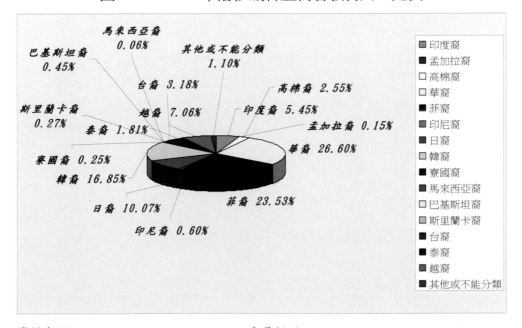

資料來源：Source: U.S. Census Bureau，參見網址：http//factfinder.census.gov/。

第三章　華人經濟活動

　　1960 年代前，華人經濟活動多集中於各都市華埠，且著重少數特定傳統行業─洗衣業、餐飲業與雜貨業。其時華人經濟規模既小，難脫族裔經濟〔註 1〕範疇，且與主流經濟隔絕。1960 年代後，華人新移民則呈現不同風貌。首先，新移民經濟活動區域不再侷限於華埠，而以新興的郊區都市如紐約法拉盛、洛杉磯之聖谷等為主要中心。其次，新移民經濟型態漸趨多元，雖然 1990 年代前，傳統行業如餐飲業、服務業、服飾業、旅館業與雜貨業等依然為美國華人經濟主體，但與主流社會已有接觸，服務對象亦不全然侷限於華裔群體。再者，華人新移民亦積極投入美國主流行業，擴展華人經濟活動層次，如 1980 年代華人地產業即蓬勃發展。1990 年代後，隨著全球化貿易趨勢及亞洲經濟持續成長，美國華人經濟型態更迅速轉向主流經濟市場，在金融業、地產業、高科技產業與跨國貿易等領域，都有傑出成就，而華人傳統產業亦同步發展，形成華人經濟多元化特色。

　　21 世紀後，美國華人經濟活動更趨繁盛，根據 2002 年美國經濟普查（Economic Census）統計資料顯示，2002 年全美華裔企業共有 29 萬 197 家，雇用 65 萬人，創收（sales and receipts）1,063 億美元，為美國少數族裔經濟表現中之佼佼者，其中南加州「洛杉磯─長堤─河濱區」（Long Angeles-Long Beach-Riverside），計有 1 萬 8 千家華人公司，雇用 12 萬 7 千名員工，創收 278

〔註 1〕「族裔經濟」乃指由族裔群體自行發展之經濟型態。「族裔經濟」中的資金來
　　　　源、員工雇用、商業網路與顧客對象等，均限於同一族裔群體。

億美元，為全美華人經濟活動最具指標區域之一，本章探討之聖谷華人經濟圈即為該區域華人經濟迅速成長主要的動力來源。〔註2〕

　　聖谷華人經濟活動與華人社區發展密切相關，共生共榮。1980 年代初期，蒙市華人社區建立，以族裔經濟為主的蒙市華人經濟圈應運而生，其後華人移民在聖谷擴張的同時，華人經濟活動亦逐漸由蒙市，擴大至聖谷全境，於1990 年代，建立聖谷華人經濟圈。其發展一方面藉由分佈於聖谷各都市商會、華人同業公會及「臺美商會」等組織成功運作，融入當地經濟體系，另一方面則透過華人移民特有的經濟網路，從事跨國貿易，使聖谷華人經濟圈轉型成為國際貿易的重要據點。因此，依此脈絡，本章論述上，將先論述蒙市華人經濟圈發展概況，漸次擴大探討聖谷華人經濟圈形成、演變及在國際貿易體系中的角色，並就聖谷華人企業中之銀行業、地產業、餐飲業、旅館業、零售業與電腦業等重要個別行業進行討論。最後則介紹聖谷當地重要華人經濟組織。

表 3-1　全美亞裔企業概況（至 2002 年）

族　裔	公司行業總數	百分比（%）	營收	百分比（%）
亞裔總計	110 萬 4189		3260 億	
華裔	29 萬 197	26.3	1063 億	32.6
印度裔	23 萬 1179	20.9	890 億	27.3
韓裔	15 萬 8031	14.3	469 億	14.4
越南裔	14 萬 7081	13.3	157 億	4.8
菲律賓裔	12 萬 8223	11.6	146 億	4.5
日裔	8 萬 6863	7.9	306 億	9.4
其他亞裔	7 萬 1439	6.5	203 億	6.2

資料來源：美國聯邦人口普查局 2006 年 5 月，轉引自《世界日報》，2006 年 5 月 17 日，A2 版。

〔註 2〕洛杉磯經濟統計局於 2005 年經濟預測即將聖谷視為加州未來經濟增長的關鍵區域，尤其在國際貿易及科技方面的發展，在加州經濟中所佔地位將愈趨重要。而華人在聖谷經濟的表現直接左右當地經濟活動。見華翼網：http://news.chinesewings.com。

第一節　聖谷華人經濟圈的輻輳與外擴

一、蒙市華人經濟圈的形成

　　1970 年代晚期蒙市華人社區草建之初，屬單純住家社區，當時華人還是傾向至華埠消費與購物，此情況與學者陳祥水提及紐約皇后區居民在法拉盛華人商圈未建立前，仍以紐約華埠為消費中心的個案相似。學者 Maria Chee 曾提及 1978 年與友人拜訪蒙市時，當地只有 2 家華人餐廳與規模不大的華人商圈，因此最後還是到羅省華埠用餐消費。〔註3〕然而此情況在數年間已然改觀，蒙市華人社區穩固茁壯的同時，華人經濟圈亦逐漸成型，其經濟型態，主要建立在族裔經濟與日益增長的族裔人口間相互依存基礎上。因此，蒙市華人社區成長伴隨族裔經濟的呼求，催化當地華人經濟圈的產生。故 1980 年代初期，對華人移民而言，蒙市已由純住家型都市，逐漸轉變為住家與商業性混合的都市。

　　1980 年代蒙市為當地華人經濟活動輻輳中心。當時蒙市華人移民日眾，亟需各式商業服務，各種華人傳統產業包括餐廳、超級市場、雜貨店、禮品店、中藥舖、餅舖、書店與理髮店等率先出現於蒙市，並以華人移民為主要消費對象。這些傳統產業在蒙市立足生根，營造族裔經濟色彩濃厚的蒙市華人經濟圈，一方面提供當地華人居民生活上的便利，吸納更多華人移民進入當地社區，一方面則加速華人商圈重心逐漸由羅省華埠轉移到蒙市的趨勢。〔註4〕至 1980 年代中期，蒙市已成為西聖谷乃至洛杉磯地區華人購物與消費的新選擇，而多樣性華人產業如地產業與銀行業等，於蒙市亦蓬勃發展，促成當地華人商業活動多樣化，華人在蒙市的經濟地位日益提昇。因此，蒙市華人經濟圈發展初期雖具有族裔性質特點，在發展上不免稍有失衡，如服務

〔註3〕Maria W. L. Chee, *Taiwanese American Transnational Families：Women and Kin Work*, p.60.

〔註4〕羅省華埠一直到 1990 年代以前，其經濟發展還是持續上升，但在華人經濟活動所佔的比例則是逐年下降，根據 1990 年美國人口普查資料顯示，1990 年羅省華埠佔洛杉磯縣人口 4%，華人店家數則佔 6%，顯示華埠過往的優勢地位已然不再。羅省華埠衰落的趨勢與經濟負面因子如街道擁擠、租金太貴、排外意識強等及蒙市乃至聖谷華人經濟圈的興起有關。針對於此，1990 年代華埠進行大規模的都市計劃重建，希望能重新活化當地華人經濟商機。參見 Kara Glover, "Study finds lure of Chinatown fades with inattention—Los Angeles, California", *Los Angeles Business Journal*（Feb 14, 1994）.

業相對蓬勃，而製造業則相對低迷，頗符合學者瓦丁格（Roger Waldinger）與艾德利奇（Howard Aldrich）主張，少數族裔社區由於人口增長需要，往往在零售業與服務業方面出現過度比例（overrepresented）情況，而在製造業與"FIRE"〔註 5〕行業上低於其人口比例（underpresented）。〔註 6〕然而，蒙市華人經濟圈，卻逐漸跨越族裔經濟限制，透過地產業、金融業、保險業與各種專業服務業等發展，與主流經濟體系進行接觸，展現其活力。易言之，蒙市華人經濟圈雖起始於族裔經濟需求，但其發展卻不是封閉保守的華埠經濟模式，而是具備與主流經濟體系榫合之郊區新移民經濟型態。

1980 年代初期，蒙市華人經濟圈以傳統行業為重心，其中又以超級市場及餐飲業最為重要。前者以臺灣移民開設的「頂好超市」及後來在南加州赫赫有名的「大華超市」（Tawa Supermarket or 99 Ranch Market）為代表，並有越裔華人開設的光華、越華、愛華等超市加入競爭行列。蒙市華人超市多擺脫傳統小雜貨店經營，採納美國大型超市模式，並直接從臺、港、中國與東南亞進口適合華人口味的各類蔬菜、食品雜貨與活魚等，對華人顧客頗具吸引力，亦使蒙市成為南加州華人購物中心。現今蒙市依然為華人超市重要集中地之一，計有「大華超市」、「香港超市」（Hong Kong Supermarket）、「光華超級市場」（Quang Hoa Supermarket）與「順發超級市場」（Shun Fat Supermarket Inc.）等，提供日常購物選擇。

另一方面，1980 年代蒙市華人餐飲業成長十分顯著，不但新移民開設各式餐館，許多中餐館更從華埠轉移至蒙市，其中包括「三和燒臘」、「華冠閣」、「海霸王」、「四川」等招牌響亮名店。因此，1980 年代蒙市為南加州地區華人用餐聚會之首選地點。現今蒙市的華人餐館更加多樣化，除臺、港、中國各地風味餐廳外，西式、墨式、中南半島甚至伊斯蘭等料理餐館，皆不乏華人業主經營。〔註 7〕

除華人傳統產業外，蒙市華人銀行業發展亦引人注目，其中「安利銀行」（Omni Bank）為 1980 年代初期，蒙市最具代表性華人銀行，它為初起步的華人商家提供財政支援，擴大華人經濟圈規模，並帶動洛杉磯地區華人銀行

〔註 5〕"FIRE"乃 Finance、Insurance 與 Real Estate 的簡寫，即金融業、保險業與地產業的綜稱。

〔註 6〕Yen-Fen Tseng, *Suburban Ethnic Economy：Chinese Business Communities in Los Angeles*, p.103.

〔註 7〕陳李琬若著，《臺灣女孩美國市長陳李琬若自述傳奇生平》，頁 160～161。

業在蒙市設立據點或分行，使蒙市成為洛杉磯地區華人金融業重鎮。蒙市第一位華裔市長陳李琬若女士曾形容蒙市：「三步一餐館，五步一銀行。」〔註8〕，可見其盛況。至 2006 年，蒙市各華人銀行總部與分行數共計 27 家，依然為南加州華人銀行業重要集中地。

　　蒙市華人地產業、旅遊業及旅館業於 1980 年代均各有發展，各種專業性服務業如專辦移民事務的法律事務所、診所、會計事務所等亦成長迅速，且服務對象已漸旁及非華裔顧客。綜上所述，1980 年代華人經濟百業在蒙市均有所發展，僅管規模不大，且與主流市場接觸不多，但已建立初步經濟圈規模，並領袖西聖谷華人社區。根據學者 Wei Li 統計，1982 年蒙市共有 340 家華人商家，佔聖谷華人商家總額的 56.5%，〔註9〕蒙市華人經濟圈的重要性不言可喻。

　　蒙市華人商業活動集中於該市主要商業街道—嘉偉大道、嘉惠爾大道與大西洋大道，〔註10〕並以「購物商場」（Plaza）型式運作。所謂「購物商場」指數種華人商家（約 5 到 10 家），聚集一處，共同營業。此營業方式，一方面提供多樣性服務，使顧客不需奔波，只需一趟即可完成多重購物，不但便利顧客，亦可彼此拉抬生意；另一方面，華人商家聚集可共同分擔租金，有問題時又可互相奧援，因此「購物商場」在蒙市相當普遍。蒙市最早的華人購物商場起自 1978 年臺灣移民吳金生在蒙市大西洋大道開設的大型購物商場，內有頂好超級市場、頂好旅遊、彭園餐廳、世界書局、義美小吃等店家，一時間風靡蒙市乃至聖谷地區。直至今日蒙市市區內的華人「購物廣場」已不下 10 餘處，如位於嘉偉大道上的「萬多利商場」（Monterey Park Plaza）即其中著名者，內有越洋旅行社、愛潔乾洗、梁家雄傷科、大阪壽司、呂昂旅遊、金塔粿條、陳漢傑牙科、聯菁書局、忠誠教育中心、中國結、風格眼鏡、先鋒釣具手機專賣店、集蘭堂診所等店家，提供多樣化服務（見圖 3-1）；又如位於大西洋大道的「馬錦周商場」（Mar Plaza），內有帝國精品百貨、平安診所、老夫子餃子館、湖南小館、世界書局等（參見圖 3-2），附近又有著名的「皇都電器」（Superco Home Theater & Appliance）與「大華超市」，亦為馳

〔註8〕陳李琬若著，《臺灣女孩美國市長陳李琬若自述傳奇生平》，頁 166。
〔註9〕Wei Li, *Spatial Transformation of an Urban Ethnic Community from Chinatown to Chinese Ethnoburb in Los Angele*, pp.149～150。
〔註10〕根據蒙市都市法規（Municipal Code），商業區範圍只限於該 3 條街道，若欲變更地目必須經議會修正。

名遠近之購物商場。總言之，「購物商場」模式後來擴展至美國各地，亦是美國華人最常見的商業經營方式。

1990 年代，蒙市華人經濟活動持續加溫，並未隨著當地臺、港移民轉移至東聖谷而出現衰退，其間來自中國，缺乏專業及英文能力的移民繼續扮演餐飲業與雜貨業等華人傳統產業生力軍，他們以廉價勞力，繼續供養蒙市華人經濟圈成長，維持傳統產業不墜。另一方面，蒙市華人專業性行業、食品加工業與製造業繼續成長，讓蒙市華人經濟圈逐步脫離族裔經濟色彩，與主流經濟更加貼近。在此趨勢下，1996 年蒙市華人行業成長到 1,692 家，佔聖谷華人行業總額 17.5%，依然位居聖谷首位（參見表 3-2）。

蒙市華人經濟活動雖然繁盛，但其所佔聖谷華人經濟比重卻逐年下降。事實上，1980 年代中期後，僅憑蒙市狹小的經濟腹地已不足以供應華人人口日多的西聖谷地區，而日益多樣化的華人行業也需要新的發展區域，因此鄰近的阿罕布拉市、聖蓋博市與柔似蜜市等，則提供華人行業更多發展機會，蒙市華人經濟圈逐漸為範圍更大，經濟類別更多的西聖谷華人經濟圈所取代。1990 年代後，聖谷華人經濟體系與國際貿易接軌，華人重工業、高科技產業與電腦工業等前進東聖谷廣牟腹地，促成華人經濟活動進一步成長。華人企業進軍東聖谷，配合西聖谷華人經濟圈持續成長，終建立以聖谷全境為區域，具多元化特色的聖谷華人經濟圈。

表 3-2　聖谷各都市華人商家總數與比例（1996 年）

都　市	商家總數	商家比例（%）	人口比例（%）
Monterey Park	1,692	17.5%	18.2%
Alhambra	1,527	15.8%	17.7%
San Gabriel	1,214	12.6%	2.9%
Rosemead	809	8.4%	9.0%
Rowland Heights	541	5.6%	3.9%
Arcadia	514	5.3%	6.0%
El Monte	491	5.1%	5.6%
City of Industry	444	4.6%	0.0%
Temple City	358	3.8%	3.0%
Hacieda Heights	353	3.7%	6.5%
South El Monte	330	3.4%	6.3%

Pasadena	311	3.2%	2.6%
Walnut	260	2.7%	3.7%
West Covina	150	1.6%	3.0%
Montebello	149	1.5%	2.9%
Diamond Bar	121	1.3%	3.6%
San Marino	110	1.1%	1.0%
Covina	86	0.9%	0.8%
South Pasadena	86	0.9%	2.8%
SGV 總和	9,656	100%	100%
佔洛縣比例（%）	65.6%		

資料來源：Li Wei, *Spatial Transformation of an Urban Ethnic Community from Chinatown to Chinese Ethnoburb in Los Angeles*, p.166.

圖 3-1　位於蒙市嘉偉大道的萬多利商場

資料來源：筆者拍攝。

圖 3-2　位於蒙市大西洋大道的馬錦周商場

資料來源：筆者拍攝。

圖 3-3　位於蒙市大西洋大道的皇都電器

資料來源：筆者拍攝。

二、聖谷華人經濟圈的建立與發展

（一）聖谷華人經濟圈的成型

蒙市華人經濟圈的出現，爲華人在聖谷經濟與商業活動奠定基礎。然而，蒙市華人經濟圈有其侷限性，如經濟腹地狹小、缺乏輕、重工業及廠房空間不足等缺憾，限制當地華人經濟活動進一步發展，故以聖谷全境爲範圍的聖谷華人經濟圈之建立勢不可免，亦爲當地華人企業所樂見。

聖谷華人經濟圈的建立約於 1990 年代初期。一方面，當時華人居民歷經4 波移民階段，已在聖谷各地建立華人社區據點。另一方面，聖谷華人經濟圈發展利基，頗具水到渠成之勢，其中華人資本持續且大量進入聖谷尤爲關鍵。華人資本急劇湧入聖谷原因有數點：1、根據美國人口統計資料顯示，1987 年洛杉磯已取代舊金山，成爲美國華人企業中心。而身爲美國與亞洲地區最接近的大都會都市，洛杉磯縣在先天上擁有絕佳的地理位置、廣车的腹地與當地成型的華人社區等優越條件。〔註 11〕因此，位處洛杉磯郊區的聖谷，具有吸納華人資金的優勢；2、1990 年代，亞洲地區持續出現經濟榮景，部分華人企業家積極擴張經營規模，大量投資美國的銀行、旅館、工廠與工業園區等。華美銀行（East-West Bank）總裁吳建民（Dominic Ng）曾一針見血的指出：「華人資金的流動不是細流式的，隨著臺灣、新加坡、泰國與馬來西亞的經濟成長，進入美國的華人資金流量將越來越大」；〔註 12〕3、1990 年代亞洲地區政治不穩定，如 1996 年臺海危機、1997 年香港回歸中國與東南亞地區時有所聞的排華運動等，加強亞洲資本轉移到經濟與政治環境相對穩定的美國之趨勢。以洛杉磯地區爲經營中心的「遠東國民銀行」（Far East National Bank）主管曾言：「萬一他們（華人）必須逃離，美國是個安全地。」〔註 13〕故在大量

〔註 11〕根據洛杉磯縣經濟發展局（Los Angeles Economic Development Corp., 簡稱 LAEPC）統計，1999 年加州總生產毛額佔全美總生產毛額之 12.7%，若視加州爲一個經濟體，加州總生產毛額可名列世界第六大經濟體（次於美國、日本、德國、法國及英國）。洛杉磯地區（涵蓋洛杉磯郡、Orange、Ventura、San Bernardino 及 Riverside 等五縣）總生產毛額可名列世界第十一大經濟體，若單以洛杉磯縣比較，總生產毛額可名列世界第十六大經濟體。參見 LAEPC 網站：http://www.laedc.org/。

〔註 12〕John Kotkin, "California Becoming a Favorite Chinese Investment", *Los Angeles Times*, June 29, 1997.

〔註 13〕John Kotkin, "California Becoming a Favorite Chinese Investment", *Los Angeles Times*, June 29, 1997.

華人資金挹注下，聖谷華人經濟活動規模日益擴大，並在全球化貿易趨勢下，朝經濟多元化發展。

聖谷華人經濟圈的建立，一方面為蒙市乃至西聖谷華人經濟圈的擴大，另一方面其發展範疇的多元與開放，使當地華人經濟發展更加全面。因此，聖谷華人經濟圈的意義並非僅只地理區域的擴大，其多樣性經濟屬性適足以彌補蒙市乃至西聖谷華人經濟圈之不足，並朝向經濟分工方向邁進。故傳統華人服務業根留蒙市等西聖谷都市；華人輕工業與製造業多建立於地價便宜的艾爾蒙地市；專業性服務業如律師、醫師等多傾向於商業性都市如帕莎迪那市與南帕莎迪那市開業；華人重工業及近年快速發展的電腦業與高科技產業，則以工業市及胡桃市等東聖谷都市為中心。此經濟分工細膩，並彼此統合模式，打造聖谷華人經濟圈多樣化的經濟型態。

聖谷華人經濟圈大體以「去中心化族裔經濟」（decentralized ethnic cconomy）、「多核心發展」（Multinuclear Development）與「特定產業區域聚集」（Locational Agglomeration among Certain Industries）等三個主要特色涵括之。〔註 14〕「去中心化族裔經濟」（decentralized ethnic cconomy）乃指聖谷華人經濟圈取代羅省華埠，成為洛杉磯地區華人經濟重心。1992 年至 1996 年間，聖谷華人商家佔洛杉磯縣華人商家比例，由 49.0%提高至 65.6%；相反地，羅省華埠商家佔洛杉磯縣華人商家比例則由 1992 年的 6%，降至 1996 年的 5%以下。洛杉磯地區華人經濟主導地位由羅省華埠轉移至聖谷趨勢，證明聖谷華人經濟圈開放而多元的經濟型態，較羅省封閉的族裔經濟模式，更具優勢。

「多核心發展」則透露聖谷華人經濟活動，呈現廣泛分佈，不再集中於特定都市，反應聖谷華人行業發展更自由且具彈性。此情況可由 1990 年代東聖谷各都市快速發展，及蒙市獨佔地位下滑見證之。故 1980 年代初期蒙市華人經濟圈的興盛，歷經 1985 年巔峰後，其在聖谷華人整體經濟比重即逐年下滑，獨尊地位已成昨日黃花。相反地，聖谷各都市華人發展則百家爭鳴，呈現「多核心發展」趨勢。究其原因，首先蒙市等西聖谷都市經地產商炒作後，其高地價已使華人企業主望之卻步，每平方呎商業用地從 1970 年代中期僅 5 美元，大幅躍升至 1990 年代近 1 百美元，東聖谷地價相對低廉區域，即吸引華人企業投資；其二，蒙市等華人高度聚居都市雖具商機買氣，但當地白人

〔註 14〕 Yen-Fen Tseng, *Suburban Ethnic Economy：Chinese Business Communities in Los Angeles*, pp.145～152.

強烈反彈所造成的政治動盪與種族衝突，隱藏不安定感，尤其如 1992 年洛杉磯大暴動等血淋淋例子，更使華人企業家對種族衝突相對平和區域心生嚮往，促使東聖谷各都市成為優先考量；其三，隨著華人產業擴大、國際貿易繁盛與高科技產業等興起，蒙市等都市囿於都市建設格局，已難規劃出足夠面積土地進行利用，因此具備良好交通（鐵路、道路）、便宜地價與寬闊空間的都市如工業市或核桃市等，即受到華人企業主青睞，也成為華人新興的工業聚居地。〔註 15〕總言之，「多核心發展」代表聖谷華人經濟圈的現實狀況，也顯示華人經濟活動適應與變通的一面。

　　「特定產業區域聚集」則是聖谷華人經濟圈另一重要特點。所謂「特定產業區域聚集」乃指華人某些特定產業有聚集在某些都市的情況。如華埠為華人傳統產業—藥材行、餐飲業、雜貨業的大本營；新興的西聖谷郊區都市除華人傳統行業外，亦為華人各種新興服務業中心；工業市與胡桃市則為電腦業集中處；汽車經銷、服飾業與其他輕工業則多在艾爾蒙地市與南艾爾蒙地市。事實上，此產業區域聚集現象在美國華人商業活動中並不罕見，如華人 IC 產業集中地的矽谷，或是加州聖地牙哥的華人生物科技業等都是極負盛名的例子。而對於華人企業主而言，「特定產業區域聚集」同時兼具移民時空背景與商業考量雙重因素，對於某些重視一體運作的行業如集中於工業市的華人電腦業而言，此項特質更是生存之要，因為該特點將有助於電腦業的組裝、批發與配送間的密切聯繫，並加速其業務與資訊交換，使供應商、市場、勞工與資訊能夠快速流通，在競爭激烈的電腦業中立足。〔註 16〕

　　總言之，「去中心化」、「多核心發展」與「特定產業區域聚集」等特色，共同營造聖谷華人經濟圈多元化而開放的發展趨勢，並藉由各都市產業聚集分工模式，使聖谷華人經濟體系更加完備，這些轉變有助於 1990 年代後，聖谷轉化為華人國際貿易的前哨站。

（二）跨國貿易種族聚落的建立

　　聖谷華人經濟圈的建立，象徵著華人經濟活動已達成地區性經濟統合且分工的架構，並建立足夠的經濟腹地與實力。這些發展有助於聖谷華人經濟

〔註 15〕工業市等東聖谷都市亦以優惠措施吸引投資，如在工業市設廠即免繳營業牌照費用（business license fees）、公共事業稅（utility tax）與專業稅（Profession Tax）等。參見工業市市府網站：http://www.cityofindustry.org/business/bus_dex.html。

〔註 16〕Yen-Fen Tseng, *Suburban Ethnic Economy：Chinese Business Communities in Los Angeles*, pp.150～152.

圈進一步轉型為國際貿易的一環，成為兼具地區性與國際性的經濟型態。而聖谷華人經濟圈之所以能成功地與國際貿易完成接軌，其背景值得探討：

首先，聖谷華人經濟圈的本質即有利於其轉型，並走出地區型族裔經濟框架，此種模式在族裔經濟中早有先例，並受到學界重視。如 1987 年美國學者蘇加（Edward Soja）即注意到來自拉丁美洲與亞洲之人力與資本流入洛杉磯，造就其轉向國際化經濟的貢獻。〔註 17〕另一學者艾利斯戴爾（Rogers Alisdair）更提出「跨國貿易種族聚落」（transnational business enclave）概念，進一步為美國少數族裔扮演跨國貿易角色定調。艾利斯戴爾主張「跨國貿易種族聚落」為都市經濟國際化後的產物，僅存在於晚近移民中。該型種族社區形成的必要條件即在於新移民具備快速適應移居國都市環境的中產階級特質及其維持與母國甚至國際性經濟的聯繫，尤其後者乃是新移民有別於其他族裔特有的利基。〔註 18〕這些論點亦可由波特（Alejandro Portes）教授及巴克（Robert L. Bach）教授對於佛州古巴裔企業家促進美國與加勒比海地區國際貿易的案例互相呼應。而聖谷華人經濟圈無論在人口組成及與母國經濟聯絡方面皆具備成為「跨國貿易種族聚落」的條件，因此朝向同國際貿易統合趨勢乃是順勢而為。

其二，聖谷華人新移民中某些企業家移民具備充當跨國性經濟橋樑的有利條件—豐沛資金、專業技術、創業能力與綿密的多國商業人脈，此與美國移民法鼓勵商業移民密切相關〔註 19〕。這些企業家佔聖谷華人人口比例雖然

〔註 17〕 Soja Edward, "Urban Restructuring and Internationalization of the Los Angeles Region", in *The Capitalist City*（Oxford：Blackwell, 1987），pp.191～197.

〔註 18〕 艾利斯戴爾教授主張三種種族社區型態：（1）貧民區型（ghetto or barrio）多見於美國各大都市，常因鄰近的主要製造業中心沒落而陷入工作機會難尋的危機；（2）入境港埠型（ports-of-entry），多位於國際性都會中心，為早期移民的落腳處，並提供龐大但低技術性的勞力性工作機會，位於美國各大都市的華埠即是此類型的代表；（3）跨國貿易種族聚落。見 Alisdair Rogers, *The New Immigration and Urban Ethnicity in the United States*, in *Ethnic Minorities and Industrial Change in European and North America*, edited by Malcom Cross.（Cambridge：University of Cambridge Press），pp.244～247.

〔註 19〕 美國政府因應經濟發展需要而鼓勵外國人在美投資，於 1990 年設立「投資移民」項目，每年有 1 萬個名額，條件為於一般地區投資 100 萬美元或「就業目標區」投資 50 萬美元，並創造 10 個新的全職工作機會，即可取得永久居留權。因此不少香港、臺灣商人與東南亞華僑趨之若鶩，紛紛借此方式移居美國。見營志宏，《美國移民法》（臺北：揚智文化事業股份有限公司，2004），頁 125～129。

不高，但卻是改變當地經濟型態的弄潮兒。〔註20〕這些華人企業家原本在臺、港等地多半事業有成，即使舉家移民美國後，因利益所趨仍選擇往返太平洋兩岸，利用其過去經營有成的商業人脈進行跨國貿易。這種曾被《洛杉磯時報》戲稱的「太空人現象」（Space-men Phenomenon），是聖谷華人國際貿易體系中不可或缺的媒介。〔註21〕

其三，聖谷華人金融業的完備扮演重要推力。一直以來，美國華人企業創業資本的來源始終受到限制，大多利用親友關係而非美國當地金融體系籌措資金，〔註22〕導致企業規模有限，難脫地區性族裔經濟雛型，但洛杉磯華人銀行業的成長扭轉了華人資金不足的先天劣勢，融資便利擴大華人企業規模，更有能力從事國際貿易，同時進一步反饋式地促進當地華人銀行業、證券業與金融保險業的設立與擴張，更吸引臺、港、中國地區著名華資銀行進駐當地，無形中為雙方的貿易活動加溫。因此，聖谷地區華人金融體系健全發展，使聖谷華人企業家從事國際貿易活動之際，具備更有力的後盾。

總言之，在上述背景下，聖谷華人經濟圈的國際貿易比重日益加劇，許多行業與國際貿易亦加強聯繫。以地產業為例，經營重心在聖谷的「僑福地產」（George Realty），1997年在臺灣竟擁有40處辦公室，與臺灣商界的聯繫可見一斑；洛杉磯地區許多華資銀行皆有來自臺、港、中國的資本投入，且與亞洲地區銀行、各類公司亦多生意往來，如著名的「華美銀行」即提供國際貿易融資與外匯交易等服務，並積極從事與亞洲方面的商務往來，其董事長兼首席執行長吳建民曾言：「我們為自己能夠成為一座金融橋樑感到驕

〔註20〕 美國學者 Zhou Yu 利用職業型態將 1965 年後的洛杉磯華人移民區分為三類：非技術性勞工移民、專業人士移民與企業家移民，並特別強調企業家移民對洛杉磯華人經濟的重要性與其在國際貿易中的角色。見 Zhou Yu, *Ethnic Networks as Transactional Networks：Chinese Networks in the Producer Service Sectors of Los Angeles*, pp.80～83.

〔註21〕 參見 Joel Kotkin, "The Chinese Connection Who Are These "Spacemen"? They Regular Shuttle between Taiwan and California, Bringing Money", *Los Angeles Times*（Dec. 22,1991）.

〔註22〕 華人創業資金常透過親屬網路籌措，如早期常藉循環信用體系（rotating credit system），即俗稱「會」（hui）尋求資金上的幫補，其原因在於其時華人銀行甚稀，而美國當地銀行由於多不熟悉華人企業主的背景，因此不願意提供借貸。見 Ivan Light, *Ethnic Enterprise in America：Business and Welfare among Chinese, Japanese, and Blacks*（Berkeley, CA：University of California Press, 1972）, pp.25～27.

傲」。〔註 23〕老牌的「國泰銀行」（Cathay Bank）亦於 1985 年在香港、1987 年在臺灣成立辦事處，協助海外客戶在南加州從事不動產投資，其後更在臺北、香港與上海設有據點，加強與亞洲商業聯繫；〔註 24〕電腦業方面，與亞洲尤其是臺灣方面關係更是密切，由於臺灣從 1990 年代開始就是世界電腦製造業重心，洛杉磯許多華資電腦公司便透過各種商業關係直接從臺灣以低廉價格輸入電腦製品進行銷售，獲取利潤；洛杉磯地區各種製造業或加工業如服飾業、食品加工業、傢俱業等，其進出口貿易對象亦以亞洲為主。這些橫跨太平洋兩岸的雙向貿易活動，將聖谷華人經濟圈置諸在國際貿易中有利地位，且更加緊密連結了聖谷華人經濟圈與母國的關係，故加州州立大學洛杉磯分校社會學教授黃喬伊（Charles Choy Wong）曾作生動比喻：「洛杉磯聖蓋博谷區與遠東地區，雖隔著一道海洋，實際上有如只隔一條街。」〔註 25〕

（三）聖谷華人行業的變化

築基於前述華人在聖谷經濟活動發展的脈絡，本小節將利用聖谷華人各行業的統計數字，借由其自 1982 年至今的升降與變化，呈現聖谷華人經濟圈更深入的具體情況。

首先，由表 3-3 可看出，從 1982 年至 2006 年聖谷華人各行業發展的兩大趨勢：第一，除少數行業外，不論是傳統與專業性服務業、製造業或外貿相關產業，幾乎各行業商家數目都呈倍數成長，尤其 1982 至 1996 年間，漲幅更是明顯，各行業增加幾皆達 10 倍以上，顯示此期間聖谷華人經濟，因應大量華人人口增幅與國際貿易興盛呈現巨額成長。1996 至 2006 年間則持續強化此趨勢，但增幅或因某些產業已趨飽和而減緩；第二，聖谷華人各行業佔洛杉磯縣華人同行業比重亦顯著上揚，1982 年所列聖谷 29 種行業中，僅 7 種行業超過洛杉磯縣同行業的半數，然而至 1996 年，除食品製造業與旅館業外，聖谷其他 27 種華人行業，均超過洛杉磯縣華人同行業半數以上，可看出洛杉磯地區華人經濟重心此時已轉移至聖谷，2006 年統計數字則更強化聖谷在洛杉磯縣的獨尊地位。除旅館業外，聖谷所有華人行業皆過半數，某些行業甚至高達 8 成以上。因此，1990 年代後，聖谷已成為洛杉磯縣華人經濟活動中心地區。

〔註 23〕 K.E. Kelin, "At Home in America", *Los Angeles Times*（April 20, 1997）.

〔註 24〕 參見國泰銀行網站：http://www.cathaybank.com/。

〔註 25〕 胡明揚，〈洛杉磯蒙特利公園市的發跡傳奇——謝叔綱炒熱了「小臺北」〉，《財訊》，第 64 期（1987 年 7 月），頁 142。

　　至於就不同年代華人各行業情況觀之，1982 年聖谷華人行業排名前五名依次為地產業、醫師、餐廳、牙醫與旅行社，其中地產業表現尤為突出，此與華人地產商在蒙市為主的西聖谷活躍情況互相輝映。其次，屬專業性服務業的醫師與牙醫師比例亦十分顯眼，此或與美國臺灣移民中，醫師比例向來極高，〔註 26〕且華人移民對醫療行業的絕對需求有關〔註 27〕。至於餐飲業，向來是華人移民經濟支柱，旅遊業則有加州原本即相當發達的觀光產業為基礎。大致而言，1982 年聖谷華人行業的規模不大，家數亦少，此時較有發展的行業多與日常生活必需相關，顯示華人商圈尚在起步階段。

　　至 1996 年情況大異其趣，華人各種行業數目成長皆十分驚人，增幅幾乎均在十倍以上，相較於 1982 年某些行業零落景象，1996 年呈現百業爭輝的繁榮盛況。在排名方面，前五名略有變化，最高者為醫師，其次則為餐廳、牙醫、學校與保險，而律師、美容業、汽車修復、會計、中醫等諸行業亦大有發展。由排名可看出服務業依然熱門，且無論傳統或專業性服務業都有巨幅增額，證明華人社區高度聚合導致多樣性服務業的均衡成長。另外，1996 年統計中頗耐人尋味者為學校數目的增加，此訊息透露聖谷華人社區已進入成熟階段，不再全然以生活基本需求服務為要，而開始注重深層文化與技能的學習。

　　2006 年聖谷華人各行業統計資料，大體上與 1996 年相差不大，醫師、餐廳、學校、美容業、地產業等依然是熱門行業，漲幅亦較其他行業為大，然而某些行業如電腦業、中醫、廣告、汽車經銷、中藥行、旅館業等，則有停滯、飽和甚至衰退現象，此或許代表著聖谷華人經濟產業已經邁入質化階段，而非純然的量化，在一定程度上顯示聖谷華人經濟圈發展已進入穩定階段。

〔註 26〕洛杉磯地區的臺灣美國移民中有相當多原本在臺灣從事醫生工作者，因此重操舊業者不乏其人，但更多醫師轉行經營其他行業，如旅館業或餐飲業。以筆者訪談經驗，在蒙市極有代表性的臺資旅館「小臺北客棧」（The Garvey Inn），其經營者周太太來自臺北，在臺灣時為「醫師娘」，至蒙市後則與其先生經營旅館業。

〔註 27〕美國華人移民由於語言限制之故，即使英文能力較佳者，在面對醫師的醫療詢問時也難以用英文清楚描述相關病徵，因此華人病患求醫於華人醫師的情況十分普遍。

表3-3　聖谷主要華人都市各行業演變，1982、1996、2006年

種　類	1982		1996		2006	
	家　數*	比　例(%)*	家　數	比　例(%)	家　數	比　例(%)
醫師	71	55	706	73	904	74
餐廳	49	20	503	57	704	65
牙醫	32	50	396	71	280	70
學校	5	26	393	69	635	69
保險	16	47	273	74	341	84
律師	9	13	258	56	370	70
美容與理髮業	20	53	244	82	384	86
地產業	80	53	236	72	352	84
汽車修復	16	62	233	76	358	68
會計	10	28	204	80	217	84
旅行社	21	33	193	75	207	86
借貸	—	—	169	79	193	82
電腦與服務	—	—	167	66	161	71
建築業相關	11	36	158	72	266	78
中醫、針灸	10	48	273	69	217	77
銀行	14	39	135	52	151	60
印刷業相關	10	42	128	74	124	79
移民服務	—	—	112	73	99	83
廣告業	—	—	109	82	64	85
貿易公司	15	20	107	50	28	78
食品製造	15	24	84	43	151	63
家俱公司	12	43	83	61	85	73
汽車經銷	15	68	79	50	60	54
服飾店	8	57	77	56	94	76
中藥店	2	10	67	66	60	65

禮品店	12	28	64	60	68	75
旅館	14	18	60	29	72	40
麵包、蛋糕店	4	44	60	53	81	68
西藥局	5	46	47	40	68	76

＊ 家數乃指聖谷主要華人都市中各行業家數；比例指聖谷華人該行業佔洛杉磯縣華人同一行業的比例。

資料來源：1982 年與 1996 年資料來自 Chinese System Media Inc.，轉引自 Wei Li, *Spatial Transformation of an Urban Ethnic Community from Chinatown to Chinese Ethnoburb in Los Angeles*, p.157；2006 年爲筆者統計 2006 年華人黃頁資料。

表3-4 聖谷華人醫師與律師分佈與變化情況，1996～2006

行 業 / 都 市	醫 師				律 師			
	1996		2006		1996		2006	
	家 數	比 例（％）	家 數	比 例（％）	家 數	比 例（％）	家 數	比 例（％）
Monterey Park	214	30.9	196	21.7	63	24.4	51	13.8
Alhambra	97	14.0	142	15.7	83	32.2	87	23.5
Arcadia	32	4.6	83	9.2	5	1.9	15	4.1
Diamond Bar	2	0.3	22	2.4	3	1.2	6	1.6
El Monte	22	3.2	18	20.	9	3.5	9	2.4
Montebello	27	3.9	25	2.8	3	1.2	1	0.3
Pasadena	11	1.6	26	2.9	39	15.1	69	18.6
Rosemead	37	5.3	40	4.4	6	2.3	14	3.8
San Gabriel	92	13.3	84	9.3	16	6.2	34	9.2
San Marino	3	0.4	5	0.6	2	0.8	9	2.4
South El Monte	0	0	5	0.6	1	0.4	3	0.8
South Pasadena	2	0.3	4	0.4	2	0.8	8	2.2
Temple City	6	0.9	16	1.8	2	0.8	1	0.3
Walnut	1	0.2	6	0.7	2	0.8	1	0.3
West Covina	13	1.9	24	2.7	1	0.4	4	1.1
Haceinda Heights	78	11.3	90	10.0	2	0.8	5	1.4

Rowland Heights	43	6.2	87	9.6	8	3.1	14	3.8
City of Industry	1	0.2	31	3.4	11	4.3	39	10.5
總計	693	100.0	904	100.0	258	100.0	370	100.0
洛縣其他都市	281		324		179		156	

資料來源：1996年相關數據來自Chinese Yellow Pages, 1996；U.S. Bureau of Census, 1990 STF1a，轉引自Wei Li, *Spatial Transformation of an Urban Ethnic Community From Chinatown to Chinese Ethnoburb in Los Angeles*, p.166；2006年數據為筆者統計自2006年《加州彩頁：商業網路電話簿（California Yellow Pages）》。

表3-5　聖谷華人保險與地產業分佈與變化情況，1996～2006

行　業	保險相關				地產相關			
	1996		2006		1996		2006	
都　市	數目	比例（%）	數目	比例（%）	數目	比例（%）	數目	比例（%）
Monterey Park	81	30.2	46	13.5	31	13.3	26	6.0
Alhambra	39	14.6	45	13.1	29	12.4	37	8.5
Arcadia	13	4.9	24	7.0	31	13.3	60	13.9
Diamond Bar	5	1.9	11	3.2	9	3.9	38	8.8
El Monte	12	4.5	8	2.3	3	1.3	9	2.1
Montebello	4	1.5	4	1.2	2	0.9	2	0.5
Pasadena	4	1.5	9	2.6	4	1.7	6	1.4
Rosemead	26	9.7	27	7.9	17	7.3	4	0.9
San Gabriel	25	9.3	34	10.0	30	12.9	43	9.9
San Marino	9	3.4	6	1.8	23	9.9	20	4.6
South El Monte	0	0	0	0	1	0.4	1	0.2
South Pasadena	5	1.9	2	0.6	1	0.4	1	0.2
Temple City	6	2.2	8	2.3	8	3.4	28	6.5
Walnut	6	2.2	13	3.8	10	4.3	9	2.1
West Covina	1	0.4	5	1.5	2	0.9	4	0.9
Haceinda Heights	10	3.7	24	7.0	12	5.2	12	2.8

Rowland Heights	10	3.7	14	4.1	11	4.7	40	9.2
City of Industry	12	4.8	61	17.9	9	3.9	12	2.8
總計	268	100.0	341	100.0	233	100.0	433	100.0
洛縣其他都市	101		66		96		68	

資料來源：1996 年相關數據來自 Chinese Yellow Pages, 1996；U.S. Bureau of Census, 1990 STF1a，轉引自 Li Wei, *Spatial Transformation of an Urban Ethnic Community from Chinatown to Chinese Ethnoburb in Los Angeles*, p.166；2006 年數據為筆者統計自 2006 年《加州彩頁：商業網路電話簿（California Yellow Pages）》。

第二節　華人各行業發展

聖谷華人經濟活動種類繁多，發展情況亦頗不同，某些行業的發展甚至左右當地華人社區的動向，因此進一步對具指標意義的華人行業深入探討，有其必要。以下就華人地產業、銀行業、餐飲業、旅館業、零售業及電腦業等作一探討：

一、地產業

自 1960 年代末期，隨著華人新移民湧入美國後，地產業成為美國華人經濟中發展迅速的行業之一。由於華人新移民多攜帶資金赴美，購屋自住，或租賃商舖營業勢在必行，再加上 1973 年國際石油價格高漲，物價升高，投資地產不失為保值方式，地產業遂成為新興的熱門行業。根據美國房地產經紀人社團的估計，1970 至 1980 年間，華人在美國購置的實業，每年平均超過 2 億美元，其中南加州洛杉磯地區由於氣候溫和，且經濟發達，是華人移居首選之地，故 1970 年代開始，也是華人地產業發展最具指標的區域之一。〔註28〕

1970 年代初，商人李澄澤、李文芳、鄭其鎧等已組織「美西企業公司」（Summit Western Corp.），在洛杉磯華埠投資 2 百萬美元，興建佔地 2 英畝的「文華商業中心」（Mandarin Plaza），1972 年開始營業，是美國華人在洛杉磯華埠首先創設的商業中心。〔註29〕1970 年代中期，臺、港移民大量進入南加

〔註28〕參見麥禮謙，《從華僑到華人──二十世紀美國華人社會發展史》，頁 449。
〔註29〕參見麥禮謙，《從華僑到華人──二十世紀美國華人社會發展史》，頁 449。

州，刺激地產開發業更加蓬勃發展。爲迎合日漸龐大的華人購屋置產與生活需求，部分眼光獨具的華人地產商大量收購土地，建設華人社區與華人商圈，其中以蒙市的謝叔綱及橙縣西敏市（City of Westminster）的趙汝發（Frank Jao）堪稱代表人物。謝叔綱是打造蒙市成爲「小臺北」的關鍵人物，並被《洛杉磯時報》讚譽爲「改變南加州形象的華裔企業家」；趙汝發則是一手催生橙縣西敏市成爲「小西貢」（the Little Saigon）的越裔地產商。1975 年從越南逃難來美，1980 年趙汝發在橙縣收購土地，將破舊不堪的博爾薩大道（Bolsa Avenue）改造成越南華裔商業區，其後又在西敏市建造規模宏闊的「亞洲花園廣場」（Asian Gardens），該廣場中心是一座擁有 3,000 多席位茶樓，周圍環繞著 180 個上下兩層的商場，專售中國古董、手工藝品等，現今是西敏市著名地標。趙汝發所擁有的「橋溪地產集團」（Bridgecreek Development），20 多年間發展迅速，現值超過 2 億 5 千萬美元，1998 年，趙汝發位列世界華人財富榜第 14 名，這些成就使他被尊稱爲「小西貢教父」。〔註 30〕謝叔綱、趙汝發等人以地產商之姿，成功地建立了蒙市、西敏市等華人聚集社區，爲洛杉磯地區華人地產業發展開啓先聲。

1980 年代後，洛杉磯地區華人投入地產業者日眾，不只地產發展公司林立，相對也帶動華人地產經紀業發展，部分成功的地產經紀人憑藉其熟悉市場優勢，甚至也成功進入投資行列。如陳福南於 1977 年移民至美，在考取房地產經紀後，於 1985 年創立「僑福地產公司」（George Realty），當時僅 4 名經紀人，至 1988 年已發展 6 家分公司，擁有 170 位房屋銷售員，成爲南加州首屈一指的地產公司。總計，洛杉磯地區華人地產公司與地產經紀由 1976 年 50 多家，至 1980 年代中期已高達 250 家，顯示當地華人地產業的勃興。〔註 31〕

洛杉磯華人地產業的發展也吸引臺、港、東南亞等地華人企業家的注目，如來自臺灣的「太平洋建設公司」，於 1987 年在美國加州設立分公司，從事土地開發、興建房屋、土木建築工程、房屋租售仲介等業務，並於 1989 年 5 月在美國推出第一個自立開發社區案的「太平洋蓮莊別墅」；另一來自臺灣的「味全公司」，早在 1970 年代即在洛杉磯經營房地產及營建業，並配合洛杉

〔註 30〕劉曉莉，《大贏家——100 位頂尖華人》，頁 222～224。

〔註 31〕沈燕清，〈美國華人房地產業發展回顧〉，《八桂僑刊》，第 1 期（2003 年），頁 49。

磯縣的都市發展計畫先後完成購物中心、商業大樓、公寓、共有住宅、獨棟
房屋、大型汽車旅館、倉庫等建設。據統計,自 1980 年代中期開始,臺灣企
業家每年投入美國地產業資金估計皆在 5 億美金以上,來自香港及新加波等
地華商投資更是年年超過 10 億美元。〔註32〕因此,洛杉磯華人地產業在當地
華人地產商與臺、港等地華人企業家挹注下,發展一日千里。

　　洛杉磯華人地產業發展蓬勃,與華人移民需求密切相關,因此早期華人
聚集的蒙市自然成為華人地產商矚目的熱門區域,華人地產商在早期蒙市華
人社區發展上扮演關鍵的角色,除上述謝叔綱之外,如地產商孫藝峰於 1974
年在蒙市以 9 萬美元買下 8 單位出租公寓,9 個月後以 13 萬 5 千美元賣出,
獲利達 50%,其後短短 4 年間,其創立的「長江地產公司」資產淨值即達 9
百萬美元,1982 年擁有 350 個出租單位公寓;〔註33〕另一華人地產商高衡創
立的 Kowin Development Company 於 1977 年即承接蒙市市政府所核准 581 件
複合式住宅(multi-dwelling)中的 106 件提案,1979 年《蒙特利進步報》
(Monterey Progress)更以頭條「蒙市正準備改頭換面」(Monterey Park Is Due
for Big Facelift)為標題,報導 Kowin Development Company 在北大西洋大道
建造的購物商場、辦公大樓與戲院等已使「該地轉變至無法辨識」(be
transformed so its unrecognized)地步。〔註34〕高衡在蒙市眾多地產投資中獲利
甚豐,未到 30 歲即已成為百萬富翁,也讓許多有為者亦若是的華人企業家爭
相仿傚。

　　隨著謝叔綱、高衡等人在蒙市地產業中的優異表現,華人地產商也視蒙
市乃至聖谷地區為發展重心,其結果即反應在聖谷節節上升的華人地產商家
數與其在洛杉磯地區華人地產業中日益吃重的比例。據統計,1982 年聖谷華
人地產公司與經紀約有 80 家,佔洛杉磯地區華人地產業的 53%,比例已然不
低,1996 年增至 236 家,比例達洛杉磯華人地產業的 72%,至 2006 年聖谷華
人地產相關公司更高達 352 家,佔洛縣 84%。因此,許多華人地產公司在聖
谷大興土木,興建各種商場、公寓,如前述的「僑福地產公司」,就是以聖谷
為主要發展基地,1980 年代後期,該公司就耗資 180 萬美元在聖蓋博市購地

〔註32〕 陳懷東,《美國華人經濟現況與展望》,頁 304～306。
〔註33〕 陳懷東,《美國華人經濟現況與展望》,頁 301～302。
〔註34〕 Timothy Patrick Fong, *The First Suburban Chinatown：The Remaking of Monterey
　　　　Park, California*, p.40、63.

1 萬 8 千 5 百平方呎，興建 1 萬平方呎的辦公大樓。之後又規劃投資 1 千 7 百萬美元，興建佔地 30 萬 8 千平方呎的大型超級購物中心與佔地 48 萬 7 千平方呎，耗資 1 千 6 百萬美元的國際通商大樓。〔註 35〕這些華人地產商在聖谷的大破大立，使當地由平靜的白人社區，轉變為熱鬧繁華的華人社區與華人商圈。

聖谷華人地產業發展也日趨精緻化，地產業名目更是種類繁多，從傳統的地產開發公司、仲介公司、地產經紀，到地產估價、海外房地產投資、土地專業投資、地產管理等，類別可謂五花八門，足見華人地產業成長的同時，在分工方面更加細膩，亦更具專業性。

華人地產業於 1990 年代初曾因洛杉磯地區不景氣遭受波及。然而，隨著近年中國移民大量進入南加州，又帶動新一波的地產業熱潮。2000 年後，加州房市持續高漲，華人地產業也始終不衰。近年，聖谷地區更是時有華人主導，包括大商場、商業樓宇、住商混合開發計畫與大型旅館等建設計畫。如「錦蛙公司」負責人林文豪（Ronnie Lam）於 2006 年在蒙市北大西洋道興建的「大西洋時代廣場」（Atlantic Times Square），占地 7 畝、耗資 1 億 9 千萬美元，其中包括 3 棟 6 層樓高住商大樓，樓下為 14 廳 AMC 電影院、全國知名餐廳，樓上則是 210 戶集合住宅。該計劃規模宏闊，被蒙市華人市長趙譚美生譽為打造蒙市成為聖谷之珠的重要建設；〔註 36〕而同樣在蒙市，2006 年華商溫志澄領軍的蒙市城中區東南角「蒙市城中商貿廣場」（Monterey Park Town Centre）計畫，及由醫師林元清領軍的蒙市城中區東北角的 World Premier 住商混合開發案等都正在進行，這些開發案耗資皆超過上億美元。〔註 37〕

華人開發商在東聖谷的作為亦不遑多讓，如前述「錦蛙公司」近年即陸續買下工業市佔地 50 萬平方呎的 Puente Hill East 購物中心，該購物中心幅員橫跨 5 個街區，著名商家包括 Costco 量販店、Target 與 Mervyns 百貨公司、麥當勞、In & Out 漢堡、皇都電器、Bally Fitness 等；〔註 38〕天普市（Temple City）則有黃姓華裔開發商在拉斯圖納斯街（Las Tunas Dr.）與柔似蜜大道（Rosemead

〔註 35〕 陳懷東，《美國華人經濟現況與展望》，頁 301。

〔註 36〕 參見《城市周刊雜誌》，網址：http://puma.websitewelcome.com/~edimagz/index.php?option=com_content&task=view&id=255&Itemid=79&PHSESSID=852ad8bof25012cbfd4ef117d2e33。

〔註 37〕 《世界日報》，2006 年 9 月 2 日，B2 版。

〔註 38〕 《世界日報》，2006 年 9 月 2 日，B2 版。

Blvd.）交口處東北角的愛德華電影院舊址，興建 Las Tunas 住商混合購物中心，樓下為食品街、樓上為 52 單位 1 房住宅，總經費預計 3,500 萬元。〔註39〕上述這些規模龐大的地產開發計劃顯示華人地產商在聖谷的活躍，亦反映聖谷華人地產業盛況。

圖 3-4　位於蒙市北大西洋大道上正在興建的大西洋時代廣場

資料來源：筆者拍攝。

二、銀行業

　　銀行業一直是早期美國華人移民可望而不可及的領域。長久以來，由於語言隔閡、種族歧視與信用擔保不足等制約，華人始終被美國主流金融體系拒之門外，而透過行之經年，非正式金融體系在華人社區中運作，其中最常見者為親友網絡信用借貸—「會」（Hui，即俗稱之「跟會」）。然而，與時推移，「會」之類的信用借貸隨著新移民廣泛分佈與其提供資金終究有

〔註39〕《世界日報》，2006 年 9 月 2 日，B2 版。

限的缺點下，草創應急的地下金融體系適必將逐漸被取代，而美國主流金融體系又無法填補此需求，故華人社區對華人銀行〔註40〕的呼求即應運而生。

銀行業經營需要充足資本、廣泛財經知識、營運技巧與穩定客戶群等基本條件，因此儘管自1950年代始即不斷有創立華人銀行的努力，但直至1962年，南加州才出現第1家開設於洛杉磯華埠的華人銀行—「國泰銀行」（Cathay Bank）〔註41〕，且至1979年南加州僅只6家華人銀行。這些華人銀行多半規模甚小且缺乏經營管理經驗，〔註42〕如「國泰銀行」設立時資本額僅55萬美元，且直至1979年才設立第一家分行；1973年成立的「遠東國家銀行」（Far East National Bank），在黃仲元等人集資下亦僅150萬美元資本，且發展初期因行政領導失當及高級職員舞弊等，迭遭挫折，幾至倒閉，直至1978年後改組董事會方才轉危為安，穩步成長。〔註43〕這些華人銀行發展初期雖不順遂，但卻有日益成長的華人移民為後盾，而華人儲蓄習慣與融資需求支持華人銀行的存在與發展潛力。故華人銀行業早期發展雖然緩慢，卻漸趨佳境。

1980年代是華人銀行飛快進展時期，洛杉磯地區方興未艾的華人地產業催化銀行業成長，使銀行業成為有利可圖的熱門事業。其間來自臺灣企業家也趕上這波風潮，較著者有「萬國通商銀行」（General Bank of Commerce，1980年設立）、「中興銀行」（Standard Bank，1982設立）、「匯通銀行」（United National Bank，1983年設立）等。這些銀行的創立者，多半在臺灣擁有雄厚資本，如「萬國通商銀行」即為臺灣臺南幫吳修齊與吳尊賢的子女在美國開設，成立之初即有資本660萬美金；〔註44〕「匯通銀行」成立後幾經轉手，於1993年

〔註40〕本文界定之華人銀行指稱由華資為主所經營運作之銀行。
〔註41〕國泰銀行由7名來自廣東、香港華人與義大利後裔集資創立，1962年其資本額僅55萬美元、營業面積僅1千尺，如今國泰萬通控股公司（Cathay General Bancorp）已是上市金融機構，股東淨值為9億2百萬美元，總資產更高達76億美元，其營業地區自美國西岸向東擴及到紐約州及麻薩諸塞州東部、北邊到華盛頓州西雅圖、南部則達德州，並遠擴版圖至亞洲地區，為美國三大華人銀行之一。參見國泰銀行網站：http://www.cathaybank.com/。
〔註42〕Zhou Yu, *Ethnic Networks as Transactional Networks：Chinese Networks in the Producer Service Sectors of Los Angeles*, pp.116～117.
〔註43〕劉曉莉，《大贏家──100位頂尖華人》，頁219～220。
〔註44〕楊遠薰，《北美洲臺灣人的故事──《咱們的故事》第二冊》（臺北：望春風文化事業股份有限公司，2006），頁44。

爲臺灣霖園集團蔡家經營。合計自 1979 至 1992 年間，共有 17 家由華人經營的新銀行在洛杉磯地區開設。隨著銀行數目增加，華人銀行業規模亦日增，1985 年數據顯示，12 家華人銀行所擁有的存款總額（combined deposits）達 15 億美元。〔註 45〕1992 年，17 家華人銀行存款總值超過 3 倍，達 50 億美元。〔註 46〕時至今日，光是執美國華人銀行業牛耳的「華美銀行」，其資產總額即超過百億美元，全美各地分行數超過 50 家，較之華人銀行業早期的慘澹經營，不可同日而語。

表 3-6 洛杉磯縣種族人口與銀行數，1970～1999

種族/年	種族人口	種族銀行數	種族銀行分行數	種族人數/種族銀行分行數	全人口數/洛杉磯縣每家分行數
華裔美人					
1970	40,798	1	1	40,798	8,037
1980	93,747	6	9	10,415	n.a.
1990	248,033	20	71	3,452	7,045
1994	n.a.	25	105	2,362	5,144
1999	329,352	26	138	2,387	6,317
韓裔美人					
1980	60,618	1	2	30,309	
1990	145,431	5	19	7,654	
1994	n.a.	8	26	5,526	
1999	186,350	8	38	4,904	
非裔美人					
1994	n.a.	3	12	82,534	
1999	930,957	3	14	66,497	

Note：excepts as noted, bank and branch data are obtained from the FDIC and NACAB, and population figures are drawan from the U.S. Census.。

資料來源：Li Wei et al., *Chinese-American Banking and Community Development in Los Angeles County* , p.785.

〔註 45〕 Andrew Tanzer, "Little Taipei," *Forbes Magzine*（May 6,1985）, pp.68～71.

〔註 46〕 Zhou Yu, *Ethnic Networks as Transactional Networks：Chinese Networks in the Producer Service Sectors of Los Angeles*, p.117.

表 3-7　洛杉磯縣華人銀行數——以城市或統計區域區分，1980～2006

都市或地區	1980		1990		1999		2006	
	總部	分行	總部	分行	總部	分行	總部	分行
Alhambra	—	—	1	9	4	17	9	16
Arcadia	—	—	—	2		8	6	18
Monterey Park	1	2	4	10	2	11	5	22
Pasadena	—	—	—	—		1	4	10
Rodemead	—	—	—	2	1	3	3	5
San Gabriel	—	—	1	1	1	4	—	11
San Marino	—	—	—	4	2	5	—	8
South Pasadena	—	—	—	1	—	1	1	3
西聖谷合計	1	2	6	29	10	50	28	93
El Monte	—	—	—	—	—	1	1	2
South El Monte	—	—	—	—	—	2	—	
中聖谷合計	0	0	0	0	0	3	1	2
Diamond Bar	—	—	—	1	—	3	2	4
Hacieda Heights	—	—	—	1	—	1	1	4
Industry City	—	—	—	6	3	10	5	19
Rowland Heights	—	—	—	1	—	4	3	17
Walnut	—	—	—	—	—	2	—	4
West Covina	—	—	1	1	1	2	1	4
東聖谷合計	0	0	1	10	4	22	12	52
Artesia	—	—	—	2	—	4	2	4
Beverly Hills	—	—	—	—	—	2	—	3
Carson	—	—	—	1	—	2	—	3
Cerritos	—	—	—	3	—	3	2	3
Glendale	—	—	—	1	—	1	—	2
La Verne	—	—	—	—	—	1	—	2
Los Angeles	5	6	8	19	7	25	18	37
Montebello	—	1	—	1	—	1	—	4
Rolling Hills	—	0	—	1	—	1	—	1
Santa Fe Springs	—	0	—	—	1	1	—	1

Torrance	—	0	—	2	1	5	1	11
Whittier	—	0	—	—		1	1	1
其他都市合計	5	7	8	30	9	47	24	72
總計	6	9	15	69	23	122	65	219

資料來源：1980、1990、1999 統計數據來自 Wei Li et al., *Chinese-American Banking and Community Development in Los Angeles County*, p.788；2006 年數據由筆者自製，資料取自 2006 年《加州彩頁：商業網路電話簿（California Yellow Pages）》。

　　華人人口與華人銀行數比值，則是另一個證明華人銀行業成長的指標。以洛杉磯縣為例，1970 年每 4 萬名華人才有 1 家華人銀行，僅只洛杉磯縣整體水平（每 8 千人就有 1 家銀行）的 1/5 強，但 1999 年，華人人口對比華人銀行比值，已低到每 2,387 名華人對 1 家華人銀行的優秀表現，較之洛杉磯縣整體水平（每 6,317 人對 1 家銀行）高出近 3 倍（見表 3-6），可見華人銀行業發展已有顯著成效。

　　1980 年代，華人銀行分佈跨出華埠與洛杉磯市，向新移民集中的蒙市等聖谷都市進駐，如「國泰銀行」在 1979 年即在蒙市設立分行，1 年後由謝叔綱聯同日裔及美國人士創辦的「安利銀行」（Omni Bank）在蒙市設立〔註 47〕，其後許多華人銀行相繼跟進，並隨著華人社區在聖谷的擴張設立多處分行，服務居住分散的郊區華人住民。華人銀行業重心逐漸轉移至聖谷的趨勢可由表 3-7 觀察：1980 年洛杉磯縣 6 家華人銀行，有 5 家總部位於洛杉磯市，僅 1 家位於蒙市；至 1990 年，已有 7 家華人銀行總部與 39 家分行位於聖谷，佔洛杉磯縣華人銀行業半數，其中以西聖谷的蒙市密度最高；1999 年，聖谷所佔洛杉磯華人銀行業的比例更加明顯，共有 14 家華人銀行總部與 75 家分行，超過洛杉磯縣華人銀行業總數的 6 成，其中西聖谷依然是密度分佈最高區域，阿罕布拉市更超過蒙市，成為聖谷華人銀行業最密集都市。而華人銀行業聚集的山谷大道（Valley Blvd.），則享有「華人華爾街」（Chinese Wall Street）令譽。〔註 48〕東聖谷的工業市則是另一個華人銀行業發展熱門區域，該處日眾的華人外貿與高科技廠商進駐，促成當地華人銀行業的蓬勃；至 2006 年，聖

〔註 47〕陳懷東，《美國華人經濟現況與展望》（臺北：世華經濟出版社，1991），頁 377。
〔註 48〕Li Wei et al., "Chinese-American Banking and Community Development in Los Angeles County," *Annals of the Association of American Geography*, Vol.92, No.4（2002），p.789.

谷華人銀行業在洛杉磯縣壓倒性優勢，更是沛然莫之能禦，而華人銀行業在聖谷發展趨勢為東、西聖谷華人銀行業間家數差距日漸縮小，其分佈也更加均衡。

　　洛杉磯華人銀行業除上述家數增加與分佈區域往聖谷集中的趨勢外，由於經營者背景複雜，銀行本質亦相異。學者 Zhou Yu 曾將 1990 年代洛杉磯地區的華人銀行業區分為 4 類：（一）舊式銀行（the older banks），顧客群主要為 1965 年前移民至美，在美國居住多年的華人住民，其借貸服務多傾向於小本生意者，代表銀行則為「國泰銀行」；（二）以 1965 年代華人新移民為存放款對象的華人銀行，代表者為「萬國通商銀行」，這類銀行對於較大存款戶與投資者頗有吸引力；（三）1990 年代為來自亞洲財力雄厚企業家族購買的當地銀行，如為臺灣霖園集團所購買的「匯通銀行」、印尼華商所購買，華美銀行前身「華美聯邦銀行」（直譯）（East-West Federal Bank）及臺灣力霸集團購買的「安利銀行」等。此類銀行多與國際貿易密切相關；〔註 49〕（四）總部設於舊金山或夏威夷的華人銀行在洛杉磯地區的分行，其功能與經營方式同第 1 類華人銀行相似，但與當地的草根性聯繫不若第 1 類密切。〔註 50〕此 4 類華人銀行顧客群互相重疊，各自有其經營策略，或著重當地華人需求，或配合國際貿易需要，但共同促進當地華人銀行業的蓬勃成長。

　　除以上 4 類外，1990 年代來自臺、港、中國等地銀行也加入競爭行列，紛紛設立分行，辦理太平洋兩岸相關的各類商貿服務，如來自臺灣的「中國國際商業銀行」（International Commercial Bank of China），於 1984 年即在洛杉磯市設辦事處，臺灣官方背景的「華南商業銀行」（Hua Nan Commercial Bank）與「第一商業銀行」（First Commercial Bank）亦積極設立分行。臺、港等地華

〔註 49〕1990 年代左右，臺灣國際貿易蓬勃，臺商在洛杉磯地區的投資日多，加上臺灣政府對銀行業與資金流通等相關規定陸續解禁，遂興起許多來自臺灣的大企業在洛杉磯購買銀行熱潮，此舉一方面可增加國際貿易業務，有助母企業發展，一方面誠如庫伯斯暨利布蘭會計公司（Coppers & Lybrand）資深主管亞歷山大（Alexlander Pan）所言：「除非他們擁有一家銀行，否則就不能算是大集團」。參見 Nancy Yoshihara, "Taiwan Move in U.S. Banking Is Just a Start Investment：Groupe from Taiwan are Buying Banks to Help Support the Growing Taiwanese Business Community Here. The Diversification Marks a Change in Their Strategy," *Los Angeles Times*（May 14, 1990）.

〔註 50〕Wei Li et al., Chinese-American Banking and Community Development in Los Angeles County," pp.118～119.

資銀行大量於洛杉磯地區設立分行思維可由「中國國際商業銀行」某資深唐姓副總裁一句話道盡：「我們追隨顧客腳步而來」。〔註 51〕現今，洛杉磯地區來自亞洲各家銀行分行眾多，如「臺灣銀行洛杉磯分行」（Bank of Taiwan, Los Angeles Branch）、「上海商業銀行洛杉磯分行」（Shanghai Commercial Bank LTD.,LA Branch）等，都是其中翹楚。

　　洛杉磯華人銀行業性質的多樣性，反應洛杉磯華人移民社區各種不同需求，亦顯示華人銀行業一方面根植當地，一方面與亞洲地區斬不斷的千絲萬縷糾結。1990 年洛杉磯「亞瑟安德森會計公司」（Arthur Anderson & Co.）專責銀行業務主管唐諾（Donald H. Livingston）就驚詫於臺商對銀行業熱情，他透露 1990 年的 3、4 月，就有 7 至 8 位來自臺灣，帶著空白支票人士明白向他表示：「我想購買 1 家銀行」。因此，唐諾認為「毫無疑問原本獨立運作的地區性銀行將不免與亞洲利益有所牽涉。」〔註 52〕故遠在千里之外的亞洲經濟情況，可能影響洛杉磯華人銀行業前景，如 1990 年代初，洛杉磯地區陷入嚴重的經濟不景氣，但亞洲各國經濟表現則欣欣向榮，華人資金依然持續大量流入美國，故在當地普遍蕭條情況中，洛杉磯地區華人銀行業不但未受影響，反而逆勢操作，積極擴大經營版圖。這種現象說明了洛杉磯華人銀行業與遠東市場間的內在連結。

　　經過 1980 至 1990 年代中期華人銀行數上的量化趨勢，洛杉磯地區華人銀行林立，除少數資本額龐大的華人銀行外，以資本額介於 1 億至 5 億美金的中小型銀行居多。這些小型銀行多以華人為主要顧客群，提供房貸、車貸、商業借貸等小額借貸服務，故彼此間廝殺激烈。〔註 53〕為求進一步的發展，多數華人銀行開始將業務擴及至非華裔顧客，如一向以華埠為中心的「廣東銀行」（Bank of Canton of California），開始雇用西語裔接待員，且在西語裔社

〔註 51〕 Nancy Yoshihara, "Taiwan Move in U.S. Banking Is Just a Start Investment：Groupe from Taiwan are Buying Banks to Help Support the Growing Taiwanese Business Community Here. The Diversification Marks a Change in Their Strategy," *Los Angeles Times*（May 14, 1990）.

〔註 52〕 Nancy Yoshihara, "Taiwan Move in U.S. Banking Is Just a Start Investment：Groupe from Taiwan are Buying Banks to Help Support the Growing Taiwanese Business Community Here. The Diversification Marks a Change in Their Strategy," *Los Angeles Times*（May 14, 1990）.

〔註 53〕 Darrell Satzman, "Onslaught of Small Banks Fighting for Piece of Market," *Los Angeles Business Journal*（Dec. 11, 2000）.

區進行宣傳；作風保守的「國泰銀行」也積極開拓非華裔業務，其黃姓主管曾明確表示：「我們必須走出族裔市場，1992 年我們即開始瞄準西語裔、非裔與白人市場。」故在此策略導向下，1994 年非華裔顧客借貸即佔「國泰銀行」總業務的 26%；「萬通銀行」腳步則更迅速，1994 年非華裔顧客借貸即佔其總業務一半以上。〔註54〕因此，華人銀行業在 1990 年代中期後逐漸打入主流市場，其經營更加靈活開放，也更加注重非華裔市場動向。2000 年後，因應美國主流銀行強勢競爭與全球化貿易趨勢，再加上 911 事件後美國銀行法日趨嚴格，小銀行越加不易經營，華人銀行業併購之風遂大行其道。以成長驚人的「華美銀行集團」（East West Bancorp）為例，近年相繼併購「太平洋商業銀行」（Pacific Business Bank）、「聯華銀行」、「匯通銀行」、「中興銀行」等，資產也從 2003 年的 32 億美元，擴張到 2006 年 108 億美元；「聯合銀行控股公司」（UCBH Holdings, Inc.）〔註55〕在近年亦相繼併購「廣東銀行」、「瑞豐銀行」（Summit Bank Corp）、「太平洋銀行」（Pacifica Bank）、「美洲銀行」（Asian American Bank & Trust Company）等，成為總資產 83 億美元的大銀行集團；連一向經營穩健，被戲稱對比「華美銀行」為龜兔賽跑的「國泰銀行」，也於 2003 年併購「萬通銀行」。「國泰銀行」資深副總裁戴斌的一席話解釋了併購風興起成因：「美國的華資銀行要發展，併購其他小型華資銀行是最快捷甚至有時是唯一的擴張手段…開辦一家新的分行速度較慢，存款和貸款由零開始做起，耗時很久，最為理想的方式就是併購現有銀行」。〔註56〕而以三大華人銀行業：「華美銀行集團」、「聯合銀行控股公司」、「國泰萬通金控公司」（Cathay General Bancorp）為首的大銀行集團經營模式，已是洛杉磯地區華人銀行業未來不可避免的趨勢。

〔註54〕Jaymes Trief,“Local Asian Banks Try to Break out of Ethnic Niches：Spanish-speaking Staffs Hired to Serve Hispanic Clients—Banking and Finance Special Report,”*Los Angeles Business Journal*（May 9, 1994）.

〔註55〕聯合銀行控股公司（UCBH Holdings, Inc.）乃以舊金山為大本營，加州地區屈指可數的大銀行集團。其附屬機構即「聯合銀行」（United Commercial Bank）。見聯合銀行網站：http://www.ibankunited.com。

〔註56〕萬毅忠，〈併購催生大型華資銀行——多維專訪華資國泰銀行副總裁戴斌〉，參見多維新聞網：http://www5.chinesenewsnet.com/；Laurence Darmiento,“Cathay Bank,”*Los Angeles Business Journal*（Dec. 11, 2000）.

圖 3-5　位於蒙市的安利銀行

資料來源：筆者拍攝。

圖 3-6　位於羅省華埠的華美銀行分行

資料來源：筆者拍攝。

圖 3-7　位於蒙市的國泰銀行分行

資料來源：筆者拍攝。

三、餐飲業

　　綜觀美國華人行業變遷，可清楚發現餐飲業一直是美國華人高度集中的產業，也是早期美國華人三大經濟支柱之一，其發展隨著 1850 年代華人進入美國開始，已有 150 多年歷史，至今依然持續成長。據統計，1946 年美國各地中餐館共計 1,101 家，至 1971 年增至 9,355 家，而 2000 年 8 月，根據美國餐飲業雜誌《中餐通訊》統計，全美各地共有 35,779 家華人餐廳，年營業額超過 300 億美金，約佔美國餐飲業的 10%。〔註 57〕華人餐飲業的數目更超過美國當地耳熟能詳的麥當勞、溫蒂、漢堡王等美式速食店總和。至 2006 年華人餐飲業數目粗估已超過 5 萬家，成為美國華人經濟活動最興盛行業之一。華人飲食業蓬勃發展，與美國華人人口激增，及美國民眾近年對少數族裔飲食熱愛有關，根據一份統計，1980 年代，華人餐飲在美國最受歡迎的 14 種民族菜式中，名列第 5 位。〔註 58〕

〔註 57〕趙巧萍，〈美國華人餐飲業今昔談〉，《工會理論與實踐》，第 5 期（2003 年 10 月），頁 69。
〔註 58〕麥禮謙，《從華僑到華人——二十世紀美國華人社會發展史》（香港：三聯書店有限公司，1992），頁 438。

　　餐飲業之所以吸引美國華人投入，原因可歸諸為：（一）語言隔閡對餐飲業的制約不大，缺乏英文能力無損餐廳之經營。南加州一名盧姓餐廳設備業主直言：「如果你是新移民，且不懂英文，最容易的行業就是開家餐廳…你不需要專業技術，也不必操著流利英文，全是現金交易，顧客進食，然後付錢」；〔註59〕（二）經營餐廳不需要龐大創業資本，只需少量資金即可運作順暢，且因現金交易，周轉容易，不致造成經營者財力上的負擔；（三）餐飲業是全家可參與行業，既是老闆，又是夥計式的全家動員，在華人餐飲業中相當普遍，夫妻店式的經營方式無形中藉由家庭勞力幫補，可減少營運成本。

　　美國華人餐廳經營，一般而言主要有2種型式，一種是自己出資經營，既是老闆，又是侍者；一種是合資開辦、分工合作、共同經營，營利所得交納各種稅項後，除按投資股份分取利潤外，同時也領取數量不等的工資。〔註60〕現今由於某些快餐連鎖店盛行，因此加盟店方式也成為另一種華人餐廳經營的模式。至於近年美國華人餐飲業發展方面，史家麥禮謙先生認為主要有4個發展方向：（一）擴大菜色的供應；（二）擴大營業規模；（三）發展快餐經營方式；（四）點心製作企業化。〔註61〕因此，美國華人餐飲業在菜色種類供應上由傳統廣東菜式獨佔到現今臺、京、滬、湘、川菜等華人琳瑯滿目的地方菜式，甚至不乏中南半島、東南亞、伊斯蘭華人特色餐館，經營規模也擺脫小本經營模式，逐漸出現大型華人餐廳；快餐型式的華人餐館更是近年十分熱門的發展類項，甚至出現集團化經營，最典型代表即為「熊貓快餐集團」（Panda Express）。〔註62〕

〔註59〕 Shawn Hubler, "A Feeding Frenzy in the New Chinatown," *Los Angeles Times*（Dec. 5, 1995）.

〔註60〕 趙巧萍，〈美國華人餐飲業今昔談〉，頁68。

〔註61〕 麥禮謙，《從華僑到華人——二十世紀美國華人社會發展史》，頁438～439。

〔註62〕 熊貓快餐創始人為程正昌（Andrew Cherng），1966年至美國留學並擁有數學碩士學位，1973全家移民至美，在聖谷的帕莎迪那市開設餐館「聚豐園」（Panda Inn）。1983年應邀在格蘭岱爾市（Glendale）某購物商場開設中式速食店，從此展開「熊貓快餐」的輝煌歷程，從1987年的13家分店，1992年的70家，1999年發展到358家（包含6家聚豐園店面），年營業達2.6億美元，至2006年熊貓快餐集團已有820家分店，遍佈美國35州，甚至擴展到日本、波多黎各等地，其員工超過7000名，每年服務全美顧客2,100萬人次，並被《全國餐館新聞周刊》評選為「2001年群美餐飲界百強連鎖店中的第97名（2006年進步到第80名）。程正昌也連續多年被「洛杉磯時報」評為「餐館企業家」獎。熊貓快餐集團目前穩坐美國華人餐飲業龍頭第一把交椅。參見游攸綜，〈美國的中國菜—快餐多—口味多元化〉，《大紀元報》，參見網址：http://www.

　　美國華人餐飲業樣式繁多，各種類型不可一概而論，大致上粗分，可歸納出數種類型：（一）茶樓和咖啡廳：舊式的雜碎店即屬此類，這類餐館多舊移民經營，以親屬幫襯爲主，經營成本低，主打薄利多銷，分佈地點多在美國華埠；（二）快餐外賣店：1960年代新移民進入後方才盛行，在美國東部尤多，據統計紐約、新澤西與康乃迪克州等地一半以上的華人餐館都屬此類，這類餐館所需營運成本低，資金回收率高，分佈區域常常延伸至非華人社區；（三）中高檔餐館（酒樓）：這類餐館多由資金雄厚的港、臺移民所經營，分佈區域原本多在華埠，近年則轉向華人聚集的郊區都市。著名者如由香港移民經營的「三和海鮮酒樓」（Sam Woo Seafood Restaurant），原在洛杉磯華埠經營，1980年在蒙市開設分店，1990年代擁有18家分店，其中位於聖蓋博市分店可容納900名顧客，爲當時南加州地區屬一屬二的大型華人餐廳。〔註63〕其他如來自臺灣的「鼎泰豐」（Din Tai Fung Dumpling House），設店於聖谷的阿凱迪亞市，也是此類代表；（四）連鎖經營店：1980年代前後方始出現，領風氣之先者爲「滿洲鍋」（Manchu Wok），其後則有「陳氏連鎖」（Leeann Chin）、「起筷」（Pick Up Six）等，這類連鎖經營店多以加盟店方式經營，因此發展迅速，常常遍及美國各州。近年最具代表性的華人連鎖經營店有「熊貓快餐集團」、「百威亞洲餐廳」（Pei Wei Asian Diner）及2000年後來自香港的「大家樂集團」等。〔註64〕

　　以上所述爲美國華人飲食業概況簡介，反應洛杉磯地區華人餐飲業發展的背景。事實上，身處華人移民最多的加州中樞地區，洛杉磯縣向爲美國華人餐飲業重心，也是發展最爲多樣化的指標地區之一。根據筆者統計，洛杉磯縣華人餐飲業家數，由1982年的240家，1996年的880家，至2006年已成長到1,091家，20多年間超過4倍的高成長讓當地戲稱，華人餐館數目簡直可與電線桿一較高下。其中，聖谷華人餐飲業家數從1982年的49家，1996年的503家，至2006年成長至704家，20多年間成長比例達1,336.7%，佔洛杉磯華人餐飲業6成5比例，是洛杉磯華人餐飲業毫無疑問的重心所在（參見表3-3），亦被美國知名美食作家Carl Chu譽爲「北美華人飲食中心」（Chinese

---

　　　epochtimes.com/b5/6/9/28/n1470096.htm ；趙巧萍，〈美國華人餐飲業今昔談〉，
　　　頁70～71.

〔註63〕Shawn Hubler, "A Feeding Frenzy in the New Chinatown," *Los Angeles Times*
　　　（Dec. 5, 1995）

〔註64〕趙巧萍，〈美國華人餐飲業今昔談〉，頁69～70；林秀玲，《當前僑營中餐館業
　　　發展概況、面臨問題與改進之研究》（臺北：財團法人海華文教基金會，2001），
　　　頁11～12。

Food Capital of North America）。〔註65〕

聖谷華人餐飲業興起與當地華人郊區社區需求有關。其分佈情況，1996年大致以西聖谷的蒙市、聖蓋博市與阿罕布拉市為中心，而近年也有「小臺北」稱號，位於東聖谷的羅蘭崗，拜臺灣移民聚居之賜，亦匯聚不少臺式餐館。至2006年，華人餐館分佈大致如前，但各都市的餐館家數有明顯成長，其中聖蓋博市已取代蒙市成為聖谷華人餐館最多的都市，而東聖谷的羅蘭崗、哈仙達崗與西科維納華人餐館數已達到30家以上（參見圖3-7）。整體而言，由1996年至2006年聖谷華人餐飲業走勢觀之，餐館家數增加與分佈更均衡為聖谷華人餐飲業發展主要的兩大特點。

華人餐館多集中於聖谷地區主要商業街道，其中以嘉偉大道、大西洋大道、山谷大道、聖蓋博大道（San Gabriel Blvd.）及柯利瑪街（Colima Rd.）等為主要聚集街區。其菜式與類別，不但總匯亞洲各地華人飲食，同時也包括中西混合的各種模式，若純以各地方菜式種類區分，據筆者統計，聖谷華人餐飲業約有17類亞洲地方菜式主系；〔註66〕若加上各分系菜式，則可達數百種之多，因此包括小吃如燒賣（pork dumplings）、紅燒鳳爪（red-cooked chicken feet）、包子（assorted baozi）、蘿蔔糕（white radish rice cake）、腸粉（chong fun）、臭豆腐（stinking tofu）等；各地家常小菜如椒鹽排骨（pork spareribs salt and pepper）、芥蘭牛肉（beef-and-broccoli）、宮保雞丁（kungpao chicken）、糖醋排骨（sugar-and-vinegar pork）、擔擔麵（dan-dan noodles）、牛肉麵（beef noodles soup）、麻辣鍋（Sichuan hotpot）、左宗棠雞（general Tso's chicken）、北京烤鴨（Beijing duck）、泰式咖哩焗蟹（Thai curry crab）等；甜品點心如豌豆黃（yellow pea cake）、綠豆糕（mungbean cake）、驢打滾（donkey rolling in dirt）、蛋撻（egg custard tart）、豆花（hot soybean gelatin）等林林總總菜式，可謂集華人飲食特色於一地，故聖谷「全球華人精緻飲食的麥加」（An International Mecca for fine Chinese Food）美名，亦遠播各地。〔註67〕

〔註65〕參見 Carl Chu, *Find Chinese in Los Angeles：A Guide to Chinese Regional Cuisines*（Manhattan Beach：Crossbridge Publishing Company, 2003）, p.vii.

〔註66〕17種類型為大略區分，乃筆者統計自 Carl Chu 所著的《洛杉磯華人探索：地區性華人飲食導覽》及《加州黃頁》所得。此17種類型分別為臺、港、粵、潮州、湖南、山東、北京、四川、上海、雲南、江浙、蒙古、泰國、馬來西亞、中東、韓、日等。

〔註67〕Amy Spector, "L.A. Earns Global Aura as Chinese Cuisine Mecca," *Nation's Restaurant News*（Sep. 1, 2003）

　　聖谷華人餐館快速發展，對許多華人移民而言，其意義並不只是飲食服務，從早期爲留學生提供打工處所，至今爲英文能力不佳、缺乏專業技能或學歷的移民提供工作機會，餐館扮演華人移民抵美後「培訓站」與「試驗場」角色，也是移民實現美國夢的踏腳石，這種情況在近年的中國移民身上更是明顯。許多華人移民在聖谷華人餐廳中賺取立足美國的資金，更有許多在餐館打工的侍者存夠資本後，成爲餐館老闆。根據筆者訪談經驗，聖谷華人餐廳中不乏出入以高級房車代步，購屋置產，甚至有物業出租者，其中包括女侍在內，充份利用餐館營生。某些女侍縱使於上班時是華人女作家劉安諾戲稱的「委屈死」（waitress），但下班後收租巡察，卻是另一番風貌。〔註68〕

圖 3-8　　1996 與 2006 年聖谷華人餐館分佈比較

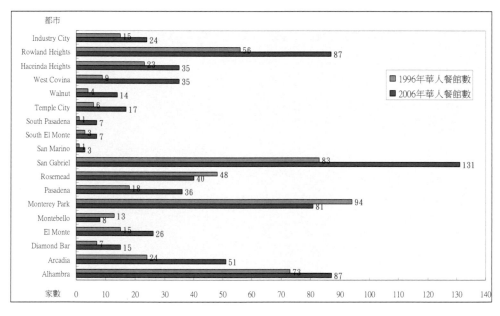

資料來源：1996 年資料來自 Chinese System Media Inc.，轉引自 Li Wei, *Spatial Transformation of an Urban Ethnic Community From Chinatown to Chinese Ethnoburb in Los Angeles*,p.157；2006 年資料爲筆者統計自《加州彩頁：商業網路電話簿（*California Yellow Pages*）》（2006）。

〔註68〕　在中餐館的工作雖然辛苦，但卻因此省下食宿費用，而某些餐館基本薪金外加小費亦頗爲可觀，又可不交或少交所得稅，故不少侍者由此擺脫貧困，甚至致富。參見《世界日報》，2004 年 6 月 7 日，B2 版。

　　洛杉磯地區華人餐飲業的發展看似一帆風順，其中卻不乏困頓之處，亦道出華人餐館經營幾許心酸。首先，美國聯邦或地方政府政策對華人餐館多所限制，較著名例子爲 1980 年代「烤鴨事件」，當時洛杉磯衛生局以不符合衛生規定爲由，取締華人飲食業中常見「烤鴨」（「燒肉」亦在此列），進而影響洛杉磯地區華人燒臘店生意，雖然該事件最後以制定「烤鴨法案」（Duck Bill）圓滿落幕，〔註 69〕但過程中所透露東西文化間對飲食衛生認定差異，適足以影響華人餐館經營。同類例子如 2001 年的「米糕法案」及 2006 年對華人糕餅業頗有影響的「月餅法案」等，都說明美國官方在衛生方面的認定標準，造成華人餐館或飲食業經營困擾。〔註 70〕當然，華人餐飲業中也不乏只注重美味而忽略衛生的餐館老闆。爲求改進這種情況，本身即爲華人美食愛好者的胡桃市華裔市長林恩成（Joaquin Lim），則利用其醫學方面背景，於近年宣導成立「洛杉磯縣中餐館衛生檢查改善委員會」（The Chinese Restaurant Health Standards Task Force of Los Angeles County），致力提昇聖谷華人餐飲業兼顧美味與衛生的概念。〔註 71〕

〔註 69〕　由於一般華人港式燒臘店多將烤好的鴨成排掛置於餐館的玻璃窗中，引起加州衛生局的關切，衛生局檢查人員認爲這些烤鴨放在室內卻沒有冷藏，違反衛生標準，因此予以取締。此案經當時擔任加州眾議會議員羅伯特（David Roberti）助理的胡紹基、西裔議員托拉瑞（Art Torres）與華裔律師胡振富等人發起陳情運動，要求衛生單位進行檢驗，並透過立法通過「烤鴨法案」，確認廣東式燒臘店出售烤鴨方式並沒有違反衛生標準，要求衛生局取消禁令，方才圓滿落幕。參見陳李琬若著，《臺灣女孩美國市長陳李琬若自述傳奇生平》，頁 155～156；Los Angeles Times, "Battle over Peking Duck Heating Up," *Los Angeles Times*（March 3, 1982）.

〔註 70〕　「米糕法案」由當時華裔眾議員劉璇卿所提出，於 2001 年 8 月 24 日經前加州州長戴維斯所簽署的法案，該法案允許蛋糕店在室溫下保存韓裔食品「duk」24 小時，其中華人餐館常見的點餐車也被列入適用範圍內；「月餅法案」（AB 2214 法案）則是由橙縣越裔眾議員陳文因提出，於 2006 年 10 月 5 日，由加州州長阿諾所簽署的法案。由於加州衛生局早年規定製作好的月餅只能在室溫下存放 4 小時，否則即需冷凍或用慢火烤之，而許多亞裔糕點的出爐時間與存放室溫都不符合此衛生標準，許多商家也被禁止出售一些違反衛生標準的美食，對業者來說是一項重大打擊，但在「月餅法案」通過後，在之後爲期約 1 年，針對亞裔糕餅製作過程所作的相關衛生調查前，衛生局將延緩執行此規定，對於華人糕餅店將有一段緩衝期。《大公網》，參見網址：http://www.takungpao.com.hk/news/06/10/08/ZM-633329.htm；參見《星島日報》，2006 年 10 月 7 日，B1 版。

〔註 71〕　參見 David Pierson, "Pushing to Make the A-List：Chinese American Community Leaders are Working to Alter the Attitudes of Restaurant Owners and Patrons Regarding Food Safety," *Los Angeles Times*（Oct. 5, 2005）.

其次，華人餐館工作份量繁重，薪資所得亦有限，雖然某些學者主張族裔經濟中如餐館之類的勞資雙方為互惠關係（Reciprocal relationship），〔註72〕但不可否認者，華人餐館中勞方被剝削情況相當普遍，勞僱間訴訟案例所在多有，尤其美國官方近年對《最低工資法案》（Minimum Wage Act）頻有變革，最低工資一再調漲，一方面讓資方頗感壓力，增加勞方對資方申訴空間，一方面也讓本已十分嚴重的非法移民雇用問題更加加劇。〔註73〕

第三，華人餐館往往過度集中於某些地區，甚至出現「三步一崗，五步一哨」的現象，聖谷華人餐飲業更是箇中代表，故當地餐館間彼此挖角廚師、侍者，甚至削價競爭的情況相當嚴重。在蒙市經營「北海漁村酒家」（Ocean Star Seafood Restaurant）的李姓負責人於 1995 年接受《洛杉磯時報》訪問時即抱怨：「以往龍蝦每磅 15 美元，現在由於競爭之故，每家海鮮餐廳皆以每磅 7.5 美元售之，我不得不再降價到每磅 5 美元。這樣的生意如何經營下去?」〔註74〕華人餐館間彼此惡性競爭，使華人餐館變成「廉價」代名詞，餐飲業也成為微利行業。此種處境讓聖谷某華人餐廳老闆沉痛表示：「當新移民進入當地，我總是告訴他們，不管做什麼都可以，就是不要碰餐飲業」。〔註75〕

第四，華人餐飲業常常遇到當地亞裔幫派的騷擾，強索保護費，情況嚴重至讓某些華人餐廳老闆不得不假扮員工打牌，示閒打發幫派騷擾。而面對

〔註72〕包括 Alejandro Portes、Kenneth Wilson 與 Roger Waldinger 等學者都認為族裔經濟提供移民較之次級勞力市場（secondary labor market）更佳的工作機會，故對雇主與員工而言是雙贏局面。見 Mary Waters and Karl Eschbach, "Immigration and Ethnic and Racial Inequality in the United States," *Annual Review of Sociology* Vol.21（1995），p.438.

〔註73〕美國聯邦政府近年對《最低工資法案》頻有動作，其趨勢即一再調漲，地方政府政策上亦跟進。以加州為例，近 2 年最低工資為 6.75 元，在美國各州中已屬高標準，然而州政府於 2006 年又通過法案，將在 2 年內將最低工資提升至全美最高的 8 美元，此舉勞方自然大表贊同，但資方一般皆持反對態度。尤其美國政府於 2006 年又有修改《最低工資法案》中小費是否列入最低工資計算的研議，而加州又是美國僅有 7 個未將小費列入最低工資計算的州之一，故此案若通過，對於如餐館或酒店等勞方而言，雇用合法勞工，其營運成本勢必提升，使非合勞工雇用更加猖獗。

〔註74〕Shawn Hubler, "A Feeding Frenzy in the New Chinatown," *Los Angeles Times* (Dec. 5, 1995).

〔註75〕Shawn Hubler, "A Feeding Frenzy in the New Chinatown," *Los Angeles Times* (Dec. 5, 1995).

華人幫派的威脅，無論乖乖就範，或雇用保全都會額外增加餐廳經營者負擔。更甚者，幫派份子對餐館不時出現暴力舉動，往往讓餐館形象受損，更影響顧客日後繼續消費意願。〔註76〕

　　上述總結 4 類負面因素，多少減低聖谷華人餐飲業發展速度，但並未影響華人餐飲業持續茁壯的大趨勢。展望未來，隨著華人持續集中於聖谷態勢，華人餐飲業前景，依然無限美好，其經營若能如美國中餐協會會長李宇澄與秘書長龔權偉所言，將服務、品質與管理做好，並藉著合併中西飲食方式融入美國社會，相信華人餐飲業將能繼續扮演好紐約市「美洲華人博物館」館長辛西婭·李所極力稱道的「非官方文化大使」角色。〔註77〕

圖 3-9　位於蒙市的海運海鮮酒家

資料來源：筆者拍攝。

〔註76〕 Shawn Hubler, "A Feeding Frenzy in the New Chinatown," *Los Angeles Times*（Dec. 5, 1995）.

〔註77〕《大紀元報》，網址：http://www.epochtimes.com/b5/5/6/18/n958221.htm；《世界日報》，2005 年 12 月 16 日，B4 版。

圖3-10 位於蒙市的海珍海鮮酒家

資料來源：筆者拍攝。

四、旅館業

自1970年代開始，旅館業成為華人尤其是臺灣新移民從事的新興行業，南加州地區臺灣移民旅館業尤執全美之牛耳。根據統計，1970年代初，臺灣移民在加州經營汽車旅館者不過20多家，但1973年發生國際性石油危機，許多臺裔住民被美國公司解雇，轉而投入旅館業，並彼此呼朋引伴，形成風氣，遂使臺灣移民在旅館業勢力逐漸壯大。1978年僅洛杉磯縣就有150多家臺灣移民經營旅館，至旅館業鼎盛1980年代晚期，南加州地區臺灣移民經營的旅館則約500家，佔當地汽車旅館總數40%，其中規模有大有小，有合作投資企業，有連鎖經營，也有營造新旅館者。因此，早期臺灣移民幾乎就是南加州地區旅館業的代名詞。〔註78〕

〔註78〕麥禮謙，《從華僑到華人——二十世紀美國華人社會發展史》，頁455。

　　旅館業之所以吸引早期臺灣移民大舉投入，有其原因：（一）旅館業經營僅需少數英文交際語辭即可，故不諳英文的臺裔移民亦可以勝任愉快；（2）旅館同時兼具住家與商用功能，故可充當經營者與其家庭住所，不但可節省住宿開銷與交通費用，又可將生活花費以營業費用報稅，達節稅功能；（三）旅館業的工作量較之餐飲業相對輕鬆，工作時間與地點又有彈性，故家庭成員如子女，可同時照顧櫃臺與寫作學校課業；（四）旅館業全以現金交易，日日見利，不至出現太大的融資問題；（五）旅館業既是商業投資，同時也是地產投資，對於固守「有土斯有財」的臺灣移民而言，購買旅館尚有保值功用，且雙重性質投資是相對保險的投資模式；（六）在美國投資旅館業只需少許前金即可購買，即便向銀行貸款，分期付款亦可長達 20 至 30 年，再加上投資回報率高，往往未及數年，即可全數回本，開始獲利。〔註 79〕

　　早期臺灣移民投資旅館業多以中小型旅館為主，其中汽車旅館即為熱門投資類型。臺灣移民中最早投入汽車旅館業者，為早期赴美留學，來自臺灣南投的蔡金裕（King Y. Chai），他獲得俄亥俄州立大學農經碩士後，歷經 9 個行業的嘗試，於 1970 年開始投入汽車旅館業經營，迅速獲得成功，並廣為宣揚旅館業優點，為臺裔移民從事旅館業經營的開路先鋒；〔註 80〕來自臺灣臺南的陳哲夫（Jeff Chen）則是另一早期臺灣旅館業知名人士，亦是留學生。建築師出身的陳哲夫，以買賣公寓起家，1973 年購入位於 Gardena，擁有 56 個單位的 Paito Motel 後，全力投入旅館業經營，之後不斷擴大發展。1980 年代中期，他獨資經營的「大新旅館系列」（Master Hotel System, Inc.），已在蒙市運用電腦遙控管理美國中部 5 個州所擁有的 6 家旅館。〔註 81〕

　　南加州臺灣旅館業最具代表性人物則為王桂榮（Kenjohn Wang）。來自臺灣臺北縣的王桂榮，1973 年全家移民洛杉磯，先是從事進出口生意與公寓買

〔註 79〕Yen-Fen Tseng, *Suburban Ethnic Economy：Chinese Business Communities in Los Angeles*, p.107；王桂榮，《王桂榮回憶錄──一個臺美人的移民奮鬥史》，頁 192。

〔註 80〕南加州臺灣旅館同業公會，《南加州臺灣旅館同業公會三十週年紀念專輯》（聖蓋博市：南加州臺灣旅館同業公會，2005 年 7 月），頁 24～27。

〔註 81〕麥禮謙，《從華僑到華人──二十世紀美國華人社會發展史》，頁 455～456；南加州臺灣旅館同業公會，《南加州臺灣旅館同業公會三十週年紀念專輯》，頁 39～43。

賣投資，後來在友人楊東波、蔡金裕等人鼓動下，投身旅館業。1974 年購入第 1 家「紐蘭公寓旅館」（Newland Motel Apartment），不到 1 年間，又購買位於長堤市（Long Beach），擁有 105 個單位的 Outrigger Motel，並成功申請加入美國知名的 Ramada Inn 連鎖旅館組織，藉由該組織綿密網路、管理制度與推薦旅客能力，提升自身旅館業務。1978 年，王桂榮成功地購入位於聖谷蒙地貝婁市，擁有 150 個單位的知名連鎖旅館—「假日旅館」（Holiday Inn），短短數年間擁有 2 家中上級連鎖旅館，轟動當地臺灣旅館業界，「臺灣旅館業大王」之名遂不逕而傳。〔註 82〕

　　臺灣旅館業興旺得益於這些先鋒者倡導，並透過彼此聯絡交引，形成一股氣勢。由於 1970 年代早期臺灣移民投身旅館業人數即有 20 多人，在洛杉磯地區臺灣長老教會許銘錦牧師的建議下，1974 年蔡金裕與王桂榮等人即倡組「南加州臺灣旅館同業公會」（Taiwan Innkeeper Association of Southern California）〔註 83〕，加強當地臺灣旅館同業間彼此交流與合作，並提供法律諮詢、旅館業經營相關資訊及講座等服務。〔註 84〕而隨著蔡金裕、陳哲夫與王桂榮在旅館業的傑出表現，後續臺灣移民爭相效仿，臺灣旅館業遂風雲際會，追逐浪尖。進入 1980 年代後，部分臺灣移民開始將目光轉向投資較高檔的旅館酒店，同時其他華人移民也開始涉足旅館業，如位於蒙市，由東南亞、臺灣與當地合資的「林肯酒店」（Lincoln Plaza Hotel）即是一例。「林肯酒店」是當時蒙市最大酒店，擁有 145 個房間與 290 個停車位，於 1984 年洛杉磯奧運會前開幕，至今仍是聖谷許多華人重要聚會處所，享有盛名；另一家位於洛杉磯市的「洛杉磯中央希爾頓飯店」（Los Angeles Midtown Hilton Hotel），號稱全美第一座由華人一手斥資、規劃、設計、建築、經營的國際化觀光飯店，亦於 1986 年開始營業。〔註 85〕

　　華人旅館業發展在 1990 年前後達到鼎盛，據統計，1990 年僅洛杉磯縣華人經營的旅館即有 395 家，〔註 86〕但不久後發生的加州房市崩盤，對一帆風

〔註 82〕 王桂榮，《王桂榮回憶錄——一個臺美人的移民奮鬥史》，頁 178～197。
〔註 83〕 「南加州臺灣旅館同業公會」成立之後成長迅速，2005 年方慶祝成立 30 周年，今現址位於洛杉磯聖蓋博市。
〔註 84〕 麥禮謙，《從華僑到華人——二十世紀美國華人社會發展史》，頁 455～456。
〔註 85〕 麥禮謙，《從華僑到華人——二十世紀美國華人社會發展史》，頁 456。
〔註 86〕 Yen-Fen Tseng, *Suburban Ethnic Economy：Chinese Business Communities in Los Angeles*, p.107.

順的旅館業造成巨大打擊，當時流行術語—「泡湯」（Under Water），是許多旅館業者親身體驗。〔註87〕雪上加霜者，1992年美國管理銀行的「聯邦存款保險公司」（FDIC），突然設定29項新規定，逼使銀行對許多貸款對象採取收回、查封、拍賣作法，讓許多旅館業主面臨危機。方此之時，幸有「南加州臺灣旅館同業公會」出面協調，透過管道向臺灣僑委會「華僑信用貸款保證基金會」求援，爭取到第二信用貸款保證基金，並與當地銀行溝通融資，方才度過難關。〔註88〕

　　1992至1994年間華人旅館業的蕭條，改變華人旅館業主經營態度與策略。事實上，包括早期臺灣移民在內，旅館業第一代經營者，在涉足旅館業前多半缺乏旅館經營經驗，且重視買賣勝於經營，雖然有少數如王桂榮等積極學習美國現代旅館經營人士，但大多數臺灣旅館業主多墨守成規，歷經風暴後，才開始用心學習經營旅館。在旅館投資買賣策略方面，不少業主有感於南加州旅館業已趨飽和，獲利有限，選擇轉移陣地至北加州、科羅拉多州等地價相對低廉且競爭較不激烈地區。或因如此，洛杉磯縣華人旅館數目由1990年的395家，降至1996年約210家，至2006年，根據筆者統計，更低落至200家以下（參見表3-3）。此情況是否代表華人旅館業已經沒落?事實上，根據「南加州臺灣旅館同業公會」估計，2006年南加州地區的華人旅館依然超過1,000家，只是華人旅館業的分佈不再像過去集中於某些南加州縣區，而是更廣泛的分佈各地。

　　華人旅館業除上述提及的經營與融資問題外，亦面臨其他挑戰。其中來自地方政府或警察方面壓力最是直接。根據筆者與「南加州臺灣旅館同業公會」訪談所得，旅館業常因毒品、妓女等問題，成為當地警察局眼中釘，〔註89〕且因旅館大多出入複雜，對當地治安頗有影響，在當地住民壓力下，往往備受地方政府或人士嚴格對待。〔註90〕較顯著例子，如2003年南加州洛杉磯縣、

〔註87〕楊遠薰，《北美洲臺灣人的故事——《咱們的故事》第二冊》，頁236～237。
〔註88〕王桂榮，《王桂榮回憶錄——一個臺美人的移民奮鬥史》，頁243～244；楊遠薰，《北美洲臺灣人的故事——《咱們的故事》第二冊》，頁236～238。
〔註89〕南加地區華人經營的旅館以中小型汽車旅館居多，生意有限。某些都市規定又極嚴苛，如柔似蜜市就規定旅客不得在同一旅館居住超過29天，違者旅館業主需受罰。因此，旅館業主往往需走法律偏鋒，增加額外收入，如提供按時計費的客房出租（room by hours），即可增加客源，對旅館業主是不小幫襯，但其中難免涉入娼妓與毒品問題。
〔註90〕近年洛杉磯地區由於中國移民大量進入，「家庭旅館」成為許多低薪、學生、

橙縣、凡杜拉縣（Ventura County）等地華人旅館業主突然頻遭殘障團體提告，指稱這些華人旅館未設立殘障人士停車位、專屬殘障人士的住宿登記櫃臺、殘障人士使用浴室及供輪椅通過的坡型臺階等，違反了「殘障人士保護法」（ADA），故索賠高達 10 餘萬美元。某些白人住民更與殘障團體聯合，對旅館業進行騷擾，其中更不乏「專業訴訟人」專門找中小型旅館下手，從中賺取賠償或律師費。地方政府一來有法律為後盾，二來隱忍已久，也採取支持立場。雖然這類告訴，後來多以庭外和解收場，但對於華人旅館業而言，無論是花錢加蓋殘障團體要求的設施，或一再應付各類訴訟的騷擾，無疑是經營上一項嚴厲挑戰。〔註91〕

此外，旅館業者也如餐飲業一般，承受幫派與暴力活動的潛在威脅。最令人不勝唏噓例子發生於 1979 年 3 月 11 日凌晨，當時在洛杉磯經營「西部旅館」（Western Hotel）的臺灣移民楊在禪（Thsai-Shai Yang）一家三口，在自家旅館內慘遭行搶的黑人幫派份子史丹利·威廉斯（Stanley Williams）殘酷殺害，震驚當地華人社區。凶手史丹利·威廉斯雖於 1981 年被判處死刑，但直至 2005 年在現任加州州長阿諾·史瓦辛格（Arnold Schwarzenegger）拒絕特赦後，才執行死刑。曾擔任「南加州臺灣旅館同業公會」第 10 屆會長與現任「大洛杉磯旅館協會」（Greater Los Angeles Hotel/Motel）理事長的楊茂生回憶表示，至今仍記得當時楊家被害案為社區帶來的衝擊。而根據他的說法，歷年南加州華人旅館業主被劫匪殺害者不下十餘人，這些實例反應華人旅館業安全風險問題。〔註92〕

無業遊民的新寵，在聖谷如蒙市、聖蓋博市、柔似蜜市、羅蘭崗等地尤為普遍。所謂「家庭旅館」，即房東或二房東在一棟獨立住宅或集合公寓的房間和客廳，密集鋪上 10 多張床鋪，將每張床鋪按日分租給需要人士，一日租金僅需 10 美元上下，較一般住宿或租屋便宜甚多，但所造成的犯罪問題則十分嚴重。「家庭旅館」本不屬旅館業，但對旅館業形象頗有傷害，更為當地住民所嫌惡。根據世界日報報導，2004 年蒙市在當地民意支持下，曾對家庭旅館進行大掃蕩，但家庭旅館現象持續存在，也是當地治安上的隱憂。參見《世界日報》，2004 年 9 月 8 日，B1 版；《世界日報》，2004 年 9 月 15 日，B2 版。

〔註91〕 參見南加州臺灣旅館同業公會，《南加州臺灣旅館同業公會三十週年紀念專輯》，頁 80。

〔註92〕 參見 Philip Hager, "Court Upholds Death Sentence for Slayer of 4," *Los Angles Times*（April 12, 1988）；Henry Weinstein, "Attorneys for Stanley 'Tookie' Williams Ask Schwarzenegger to Commute his Death Sentence. He is Scheduled to Be Executed Dec. 13.," *Los Angles Times*（Nov. 9, 2005）.

　　現今，南加州臺灣旅館多已邁入第二代經營，與第一代經營者相較，第二代臺灣旅館業主多摒棄小旅館經營方向，轉向中大型連鎖旅館，在經營方面，更注重旅館業實務運作，並引入各種管理理念，其中佼佼者有第 7 屆「南加州臺灣旅館同業公會」會長范宗陣之子，也是現任「南加州臺灣旅館同業公會」會長范約瑟（Joseph Fan），及王桂榮之子王政煌（Mike Wang）等人。旅館業第二代接班趨勢，象徵未來小型旅館生存空間將逐漸縮小而沒落。〔註 93〕華人旅館業發展將更與美國主流市場貼近，並更重視管理與經營策略。

圖 3-11　位於蒙市的林肯酒店

資料來源：林肯酒店網站：http://www.lincolnplazahotel.net/chn/Index.asp。

〔註93〕目前南加地區小型旅館經營者多為第一代移民，且以汽車旅館為主，對第二代移民缺乏吸引力。根據美國法令規定，汽車旅館有多少房間，就必須相應提供多少車位，此法令限制汽車旅館的擴建與進一步發展，且近年加州地方政府一般已不再發出小型汽車旅館的建造核准，因此小型旅館必將逐漸勢微。

圖 3-12　位於蒙市的小臺北客棧

資料來源：筆者拍攝。

五、零售業

　　二次大戰前，洗衣業、餐飲業、雜貨業為華人經濟的三大支柱。至 1970 年代洗衣業勢微，餐飲業仍蒸蒸日上，雜貨業則歷經盤整，陷入頹勢。〔註94〕然而，其後所出現的華人移民潮，刺激華人雜貨食品貿易批發及零售業發展，〔註95〕過去向為零售業大本營，現今又是華人移民最多的加州華人零售業得益於此，遂擺脫低迷，日漸蓬勃。

　　加州華人零售業過往給人印象是勤勞節儉，以微利是尚，規模既小，經

〔註94〕 1960 至 1970 年代，華人雜貨店已陷入瓶頸，其主要挑戰來自兩方面，一方面是資本雄厚的西式連鎖超級市場的競爭，對家庭式雜貨店衝擊尤深。另一方面，非白人族裔經濟意識抬頭，華人在這些少數族裔社區經營店家首當其衝。參見麥禮謙，《從華僑到華人──二十世紀美國華人社會發展史》，頁 396～397。

〔註95〕 1970 年代前，華人零售業最有成就者，當推陳霖（Lin Chen）。陳霖為中國移民，1945 年至美國留學，畢業後在紐約華埠創立「森美進出口公司」（Summit Import Corporation），1955 年後陸續建立以「金」字為招牌的系列購物中心──紐約華埠的金門、金國食品公司，紐約皇后區的金山食品公司，新澤西的金都食品公司，以及價值 3,000 萬美元的金山大廈商場，至 1980 年代初期，「森美進出口公司」已成跨國大企業，每年營業額超過 20 億美金。參見麥禮謙，《從華僑到華人──二十世紀美國華人社會發展史》，頁 440。

營以家庭成員爲主，且管理方式相當落後。至 1970 年代，華人新移民進入零售業後，情況有所改觀。其中，以臺裔及越裔爲主的超級市場經營模式徹底顛覆華人舊式雜貨店的經營思維，並帶領美國華人零售業進入一新階段。

由臺灣新移民吳金生（Chin-Sen Wu）等集合香港、臺灣資金所創辦的「頂好超級市場」（Diho Market），就是改變加州地區華人零售業發展的重要指標。1976 年，吳氏先於洛杉磯華埠開辦第 1 間小型商店，小試身手後，於 1977 年在蒙市興建第 1 座華人超市——「頂好超級市場」。「頂好超級市場」開業後廣受好評，不但迅速成爲蒙市地標，更帶動當時臺裔居民大量進駐蒙市，在營造蒙市成爲「小臺北」上，「頂好超級市場」功不可沒，並爲其在聖谷華人社區中建立良好聲譽。至 1984 年，吳金生已先後在南、北加州、休士頓及芝加哥經營 8 間大型的超級市場。

「頂好超級市場」在聖谷的生根與茁壯，代表臺灣超市成功經驗已藉由新移民，由臺灣帶入美國華人圈中。其背後意義，顯示企業化經營的勝利，也象徵著華人傳統家庭式零售業的式微。而隨著「頂好經驗」外擴，以現代化企業管理方式運作的連鎖超級市場經營模式，已成爲美國華人零售業無可抵擋的洪流。〔註96〕

1970 年代中期，除臺裔移民經營的「頂好超級市場」外，東南亞裔移民在超市經營上，亦是表現優異的群體。這些華裔移民早在東南亞原居地已累積足夠經商經驗，當 1970 年代中南半島華人難民湧入美國後，即爲他們營造雜貨店與超級市場的創業機會，其中越裔移民表現尤爲翹楚。以吳坤漢（Harry Wu）爲例，1975 年全家 28 口移民至南加州，1976 年吳氏昆仲即在洛杉磯華埠成立第 1 間「愛華超級市場」（Ai Hao Supermarket），不久進軍聖谷，落腳蒙市，其後更在東南亞移民群居的橙縣創辦「和平超級市場」（Hoa Binh Supermarket）。至 1984 年，吳氏家族已在南加州創立 10 家連鎖超級市場，並擁有食品加工工廠，又從各地區採購貨物直接進口。〔註97〕其他越裔華人經營超市如「順發超市」（Shun Fat Supermarket）、「夏威夷超級市場」（Hawaii Supermarket）等亦於 1980 年代相繼出現於南加州地區。

總言之，1970 年代末期，隨著「頂好超級市場」與「愛華超級市場」等崛起，改變洛杉磯地區華人零售業風貌，也使當地華人購物習慣有所轉變，

〔註96〕參見鄒逸卉，〈帶動華埠繁榮的火車頭——超級市場：引發西南華埠商圈的第四波震盪〉，《地產 e 報導》（休士頓：2005 年 2 月），頁 6。
〔註97〕參見麥禮謙，《從華僑到華人——二十世紀美國華人社會發展史》，頁 440～441。

超級市場模式已不可逆轉，而當地華人零售業也開始自創品牌，最成功例子則是「大華超級市場」（Tawa Supermarket or 99 Ranch Market）的建立。

　　如果說「頂好經驗」是臺灣超市成功移植至洛杉磯地區的例子，那麼「大華超級市場」可說是臺灣移民由無到有，在美國創業有成的連鎖超市經營經驗。「大華超市」創辦人為臺灣移民陳河源（Roger H. Chen），1982年移民至美，在橙縣定居，原本從事汽車進出口生意，但獲利有限，亟待轉業，加上自身懷念家鄉食品、蔬菜，往返華埠購買又不盡如人意，遂興起創辦超級市場想法。

　　1984年陳河源集資1百萬美元，在橙縣西敏市創立第1家「大華超市」（當時名為Man Wah Supermarket）。該超市佔地16,000平方呎，主要販賣傳統亞洲食品。一年後，陳河源在西敏市開設另一家分店，並取「九九」吉利之意，將之命為99 Price Market，自此「大華超市」皆以99為名。〔註98〕

　　「大華超市」所在的西敏市，本身即為眾多越裔超市集中地，臺裔經營的「大華超市」難以匹敵，為求進一步發展，陳河源選擇轉戰華人聚居的聖谷地區，從此開創「大華超市」盛況。當時西聖谷地區亦是超市林立，故「大華超市」早年曾面臨「文華超市」、「頂好超市」、「順發超市」、「夏威夷超市」、「香港超市」（Hong Kong Supermarket）、「光華超市」（Quang Hoa Supermarket）等強力競爭，而在此過程中，「大華超市」逐漸建立口碑。〔註99〕

　　「大華超市」能夠立足並成為聖谷超市之魁首，端賴其準確的市場定位與顧客至上的營業理念，為眾多購物無門的華人顧客提供良好的採購環境，其貨品新鮮、種類多樣、價格低廉，更是吸引顧客利器。筆者訪問過某位「大華超市」常客表示：「活蹦亂跳的鮮魚，新鮮多樣的蔬果，目不暇給的各類雜貨，應有盡有，價錢又平易，還有比這裡更好的選擇嗎？」超市市場分析家約納森（Jonathan Ziegler）則認為「大華超市」提供消費者「一趟就能買齊（one-stop）的服務」，並稱許「大華超市」為「非常聰明的概念」（a very clever concept）。〔註100〕

〔註98〕 Denise Hamilton, "99 and Counting：Roger Chen's Chain of Ranch Market is Growing by Leaps and Bounds, Thanks to His Cross-cultural Strategy of Offering Traditional Asian Foods in a Western-style Setting," *Los Angeles Times*（April 27, 1997）.

〔註99〕 《世界日報》，2006年5月31日，B2版。

〔註100〕 Denise Hamilton, "99 and Counting：Roger Chen's Chain of Ranch Market is Growing by Leaps and Bounds, Thanks to His Cross-cultural Strategy of Offering Traditional Asian Foods in a Western-style Setting," *Los Angeles Times*（April 27, 1997）.

　　陳河源經營的慧心獨具不只在大華超市本身的營運上，他還成功結合其他行業，利用各類型商家集體聚集於「購物商場」，擴大超市經營廣度，增加顧客量。以1986年普遍不看好的聖蓋博市「全統廣場」(Focus Department Store)開發案為例，陳河源突破保守的聖蓋博市議會層層關卡，成功建立當時聖谷最大的購物商場，為「大華超市」在西聖谷發展奠下根基。至今，位於「全統廣場」內的「大華超市」仍是其在聖谷最重要據點，「全統廣場」更是許多華人行業亟欲進駐的熱門商場。〔註101〕「購物商場」模式是陳河源日後推廣「大華超市」的重要策略。〔註102〕

　　在西聖谷立足後，陳河源又以絕佳商業眼光，率先前進當時尚屬處女地的東聖谷，並以極低的租金、特長的租約承接Gemco百貨公司破產後的羅蘭崗分店遺址，在東聖谷取得致勝先機，〔註103〕其後逐步在聖谷各華人都市建立據點。如今「大華超市」在聖谷的蒙市、聖蓋博市、柔似蜜市、阿凱迪亞市、羅蘭崗、哈仙達崗、阿提夏（Artesia）、嘉甸那（Gardena）等地都有店面，穩居聖谷華人超市龍頭地位。「大華超市」之類大型連鎖超市的興起，改變聖谷華人超市生態，聖谷其他規模較小華人超市因此受到壓縮，如前述「頂好超級市場」即因無法與之抗衡而於1990年代晚期宣告結業，不少美國主流超市也同樣不敵，紛紛選擇外移。目前聖谷地區華人大型連鎖超市以「大華超市」、「順發超市」、「香港超市」等市場佔有率較大。至於聖谷各都市華人超市分佈情況，可參見圖3-12。

〔註101〕陳河源當年推動「全統廣場」興建過程，歷經艱難，且備受地方質疑。然而如今「全統廣場」卻是聖蓋博市最大稅收來源，更是聖谷遠近知名的購物商場，可見陳氏商業眼光之獨具。參見《世界日報》，2006年5月31日，B2版。

〔註102〕許多華人行業常跟隨大華超市腳步，集體發展，如某郭姓業主所經營的Vitative化妝品公司即為此例，其10家店面中有6家在大華超市所在的購物商場中，雖然租金較貴，但他表示自從與大華為鄰，生意日漸好轉。因此，當大華超市建立新據點，他也會考慮跟進；「三和海鮮酒樓」經營者也有類似作法。參見 Denise Hamilton, "99 and Counting：Roger Chen's Chain of Ranch Market is Growing by Leaps and Bounds, Thanks to His Cross-cultural Strategy of Offering Traditional Asian Foods in a Western-style Setting," *Los Angeles Times*（April 27, 1997）；Shawn Hubler, "A Feeding Frenzy in the New Chinatown," *Los Angeles Times*（Dec. 5, 1995）.

〔註103〕參見《世界日報》，2006年5月31日，B2版。

圖 3-13　2006 年聖谷華人超市分佈

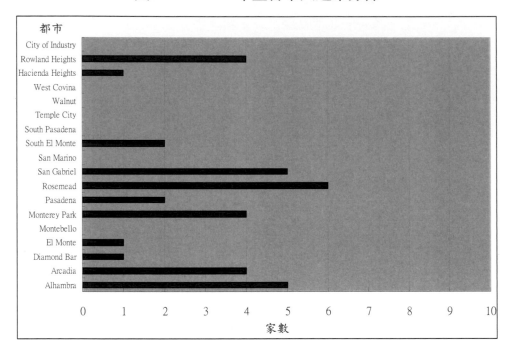

資料來源：筆者整理自《加州彩頁：商業網路電話簿（California Yellow Pages）》（2006）。

　　大型連鎖超市至 1990 年代已是南加州地區最有影響力的超市型態，其經營者也開始擺脫地域觀念，積極向外擴展業務。以「大華超市」為例，1990年代初，加州經濟不景氣，再加上南加州超市業已趨飽和，在競爭極度激烈情況下，「大華超市」掌舵者陳河源積極擴展南加州以外業務，往北加州、華盛頓州等地發展，取得豐碩成果。至 2006 年，「大華超市」計有 14 家超市位於南加州，8 家位於北加州，西雅圖有 2 家，另外有 4 家加盟店，每年以 8%成長率穩定成長。〔註 104〕

　　2000 年後，南加州華人超市業經營出現更進一步積極策略。其中，向美國主流市場進軍及拓展食品製造與批發事業可說是華人超市業轉型的嘗試。針對此趨勢，「大華超市」首先於 2000 年轉投資成立「華隆公司」，主管食品製造與代理，開拓超市業外另一章，其旗下代理經銷品牌超過 2,600種，包括臺、港、中等地華人食品，如臺灣品牌有義美、奇美、禎祥、龍

〔註 104〕參見大華超市網站：http://www.99ranch.com/AboutUs.asp；《世界日報》，2006
　　　　年 5 月 31 日，B2 版。

鳳、西北等，耳熟能詳商品包括奇美包子系列、龍鳳湯圓、義美 Berry Much
系列等；代理中、港方面食品則有鴻福堂飲料、老乾媽辣椒醬系列等。除
代理亞洲食品外，「華隆公司」也積極自創品牌；2003 年即有 600 種自有品
牌，如 Hello Boss 咖啡、東之味系列產品、金寶等；至 2006 年其自有品牌
更超過千種。「華隆公司」規模宏大，營收方面，2000 年已達 1 億 5 百萬美
元，2002 年更超過 2 億美金，爲美國最大的亞洲食品供應商。〔註105〕總言
之，「華隆公司」的成立不只供應「大華超市」所需食品，更爲亞洲各食品
業進軍美國提供平臺，而「華隆公司」角色，使「大華超市」與亞洲食品
業間建立更緊密關係。

　　由於「華隆公司」在食品製造與代理方面的傑出表現，「大華超市」經營
高層更有信心打進美國主流市場。事實上，以「大華超市」聲勢，直至 2000
年後才向美國主流市場叩關，似嫌稍晚，此或與該公司一向秉持穩健經營有
關。〔註106〕因此，直至 2003 年，「大華超市」才首度在非華人聚集地區設立
據點，「大華超市」公關部經理曹其崢公開指出：「這是切入主流市場的第一
站」。〔註107〕由於時日尚短，「大華超市」經營主流市場成果目前尚待觀察，
然而透過「華隆公司」爲西方主流超市規劃亞洲食品專區從中取得市場資訊
的優勢，相信將更有利於「大華超市」在主流市場上的競爭。

　　綜言之，自 1970 年代至今，南加州地區華人零售業演變，從家庭式雜貨
店、小型超級市場到大型連鎖超市，可謂一日千里。經營對象，由華人顧客
群轉向主流市場，更象徵華人零售業融入美國社會的努力。現今，以「大華
超市」爲代表，華人零售業正歷經轉型，朝向綜合超市網絡與食品製造、經
銷、代理的多元化企業型態，將是未來華人零售業發展的大趨勢。

〔註105〕參見《工商時報》（臺灣），2003 年 11 月 10 日，15 版。

〔註106〕陳河源曾經表明其經營理念：「仔細研擬，絕不冒進」（our strategy is to really
　　　　study, not to jump in），故 1984 年成立至今，總店數未超過 30 家，相較於其
　　　　他行業大膽投資策略，大華經營理念可說相對穩健。參見 Denise Hamilton, "99
　　　　and Counting：Roger Chen's Chain of Ranch Market is Growing by Leaps and
　　　　Bounds, Thanks to His Cross-cultural Strategy of Offering Traditional Asian
　　　　Foods in a Western-style Setting," *Los Angeles Times*（April 27, 1997）.

〔註107〕參見《工商時報》（臺灣），2003 年 11 月 10 日，15 版。

圖3-14　位於蒙市大西洋大道上的大華超市

資料來源：筆者拍攝。

圖3-15　位於聖蓋博市全統廣場中的大華超市

資料來源：筆者拍攝。

圖 3-16　位於蒙市嘉偉大道上的光華超市

資料來源：筆者拍攝。

六、電腦業

　　電腦業是美國華人近年成長最迅速行業之一。事實上，華人企業家涉足電腦業時間甚早，成就亦顯著。早在 1951 年，王安（Wang An）即於波士頓設立「王安實驗室」（Wang Laboratories），藉著小型桌上計算機發明，立足電腦業。1970 年代並以資料、文字處理、資訊交換系統及小型電腦（Mini-Computer）在電腦市場中穩居中流。至 1984 年其公司鼎盛時期，營業收入已達 20 億美元，為全美電腦業第 7 大公司。雖然王安電腦在 1990 年代後式微，但王安仍是早期華人電腦業代表人物。〔註 108〕王加廉（Charles Wang）則是另一位開創天地的華人電腦業企業家，1976 年他以微薄資金在美東地區創立「聯合國際電腦公司」（Computer Association International, Inc.，簡稱 CA），1988 年後稱霸電腦軟體市場，榮登該年美國富比士雜誌（Forbes）封面人物，並被讚譽為「軟體界最值得拭目以待的人物」，1995 年 CA 營業額達 26 億美元，在軟體市場享有極高聲譽。目前 CA 在全球 30 多個國家，設有 150 多個

〔註 108〕陳懷東，《美國華人經濟現況與展望》，頁 330～332。

分公司，擁有超過 1 萬名員工，是僅次於「微軟公司」（Microsoft），全世界第二大獨立軟體製造公司。〔註 109〕

相較於王安、王嘉廉等人在美東發光發熱，北加州矽谷（Silicon Valley）〔註 110〕則是另一個華人電腦業與高科技產業集中地點。早在 1970 年代，矽谷便已出現華人企業家之蹤，這些主要由臺、港等地留學生構成的矽谷華人「第一代風雲人物」，堪稱為美國華人電腦業與高科技產業的先驅者，其中表現尤健者包括李信麟、虞有澄、陳文雄等人。李信麟（David Lee）被稱為「華裔第一位創業家」，在 Diablo System 時發明取代舊式球體打字機與印表機的「菊輪型印表機」（Daisy Wheel Printers）。1973 年並創立「奎茂公司」（Qume Co.），1978 年成為全球銷售第 1 的印表機廠商。同年「奎茂公司」為 ITT 收購，李信麟則被 ITT 延聘，擔任「ITT 奎茂」執行副總裁，5 年後被擢升為總裁。1985 年他轉入主「德泰公司」（DTC），1986 年返臺創立「德泰科技公司」，生產電腦周邊設備，如今他所擁有的「國際電訊公司」（International Tele-communications Corporation）每年營業額高達 1 億 5 千萬美元，其中關係企業 Cortelco 製造的電話數量，佔全美第一；〔註 111〕虞有澄為美國電腦大廠英特爾（Intel）資深副總裁，兼微處理器產品事業部總經理，主導英特爾 Pentium II、Pentium III、Celeron 與 IA-64 微處理器，以及未來微處理器之發展，對個人電腦業界有舉足輕重的影響力。他同時也負責微電腦的軟體、設計技術，以及微電腦研究實驗室等英特爾最重要的領域。1989 年，美國舊金山「亞洲商業聯盟」頒予虞有澄「傑出亞裔執行總裁」殊榮。虞有澄在英特爾公司高層服務超過 30 年，是少數能突破「玻璃天花板」（glass ceiling），躋身美國主流電腦業主管階段的華人企業家；陳文雄（Winston Chen）來自臺灣臺北，留學美國，於哈佛大學取得應用力學與數學碩、博士學位。1978 年加入「旭電公司」（Solectron），銳意改革，1992 年接任旭電公司董事長，帶領「旭電公

〔註 109〕劉曉莉，《軟體靈龍──王嘉廉與 CA 電腦王國》（臺北：遠流出版事業股份有限公司，1995），頁 3～5。

〔註 110〕矽谷不是實際存在的地名，而是一個概念上的區域名稱。其範圍為 Morgan Hii 以南、San Mateo 以北、舊金山灣區以東、Santa Cruz Mountain 以西，長 25 哩、寬約 10 哩。矽谷一詞最早出現於「微電子報」（Microelectronics News）編輯 Don Hoeffler 於 1972 年撰寫的文章。參見單驥、王弓，《科技產業聚落之發展：矽谷、新竹與上海》（桃園：中央大學臺灣經濟發展研究中心，2003），頁 3。

〔註 111〕鄧海珠，《矽谷傳奇（上）：看誰稱霸科技王國》（臺北：圓神出版社，1998），頁 39～40；劉曉莉，《大贏家──100 位頂尖華人》，頁 191～193。

司」成為美國第二大電子製造承包公司（Electronic Manufacturing Service Company）。1993 年該公司營業額超過 8 億美元，1978 至 1993 年間平均成長 59%，擁有近 4 千名員工，在美國、馬來西亞、法國的廠房總面積超過 100 萬平方呎。陳文雄曾獲選美國舊金山灣區製造業年度最佳創業家、全美最佳創業亞軍獎。〔註 112〕這些華人電腦業先驅者引領風騷，後繼奮發飛揚，目前矽谷中華人企業即有 2,000 多家，佔矽谷 1/3 強，而傑出人士如楊致遠等人的成功，更昭示華人在矽谷成就。

由於矽谷華人電腦業中創業或參與者多為臺、港移民或留學生，與母國保持密切聯繫，甚至利用這些關係，與遠東地區，尤其是臺灣，合資採用美國先進技術，配合遠東較廉價勞力，設廠進行生產。例如華資的「瓦提」（Valtel），在臺灣設有「華智公司」、DTC、「德泰電子公司」等，即為此類代表。〔註 113〕另一方面，來自臺灣的電腦公司亦積極與矽谷方面合作，設立據點或分廠，從搜集情報、採購到找客戶、點研發等不一而足。如臺灣電腦大廠宏碁（MSC Group），早於 1977 年就透過該公司董事長施振榮好友張國華與居乃壽夫婦在矽谷聖荷西設立「美國宏碁公司」（Multitech），〔註 114〕且利用「宏大投資公司」向矽谷華資公司投入多筆資金；神通電腦亦於 1982 年在矽谷聖荷西設立「神達電腦」（American MITAC），建立與矽谷方面的聯繫；〔註 115〕「全勝國際公司」（Highwin International, Inc.）則在 1980 年代於洛杉磯設立美國分公司，供應個人電腦系統上所需介面卡（Interface cards）。〔註 116〕至 1980 後期，英群、倫飛、大眾、力捷等臺灣電腦公司更是陸續進駐矽谷。

1980 年代，矽谷華人電腦業如日中天，南加州洛杉磯地區，也出現華人電腦業進駐現象。究其興起原因，主要有三：（一）1980 年代美國電腦業面臨結構重組，IBM、Intel 等電腦大廠因組織龐大，研發時效、決策與服務往往缺乏市場敏感度，無法完全適應變化飛快的電腦市場動向，故小型公司趁勢崛起。

〔註 112〕劉曉莉，《大贏家──100 位頂尖華人》，頁 185～187。
〔註 113〕參見麥禮謙，《從華僑到華人──二十世紀美國華人社會發展史》，頁 445。
〔註 114〕當時宏碁提出「全球品牌、結合地緣」新策略，「美國宏碁公司」即為宏碁最早「結合地緣」、「當地股權過半」模式，也是 1990 年代宏碁在全球擴張模式的先聲。施振榮著，《再造宏碁》（臺北：天下文化出版，1996），頁 175；鄧海珠，《矽谷傳奇（下）：看誰稱霸科技王國》（臺北：圓神出版社，1998），頁 323～324。
〔註 115〕譚仲民著，《大顯神通：臺灣電腦業開路先鋒的故事》（臺北：商周文化事業股份有限公司，1995），頁 182。
〔註 116〕參見麥禮謙，《從華僑到華人──二十世紀美國華人社會發展史》，頁 445。

這類公司在研發調整、市場銷售等更有機動性，對市場可以做出更快調整，而以臺灣為主的華人中小企業就是此類型代表。（二）臺灣自 1980 年代以來，即為美國電腦代工重鎮，光是臺製的主機板與鍵盤即佔美國市場 80%，而這些產品往往由洛杉磯地區輸入美國，據統計 1990 年代洛杉磯地區即佔美國整體電腦銷售量的 20%，故作為亞洲電腦相關產品輸入美國的主要門戶，洛杉磯地區本身即具有發展電腦業的潛力。（三）洛杉磯地區華人企業家與臺灣乃至遠東電腦廠商關係密切，有利於洛杉磯華人電腦業發展，〔註 117〕如由臺灣移民至洛杉磯，創辦 Ocean Interface Co.（電腦界面公司）的陳姓業主，1980 年代以 2,000 美元創業，第 1 筆生意即透過臺灣友人介紹，在未簽合約且對方承諾販賣後再取款的保證下，自臺灣購得 50,000 美元晶片與組件，將之賣予南加州地區顧客，賺取利潤。以此種方式，Ocean Interface Co.第一年就賣出電腦周邊產品 1,200 萬美元。上述暴利誘因，促使洛杉磯華人企業家紛紛投入電腦產業。〔註 118〕

洛杉磯華人電腦業在 1980 年代後蓬勃發展，但其性質與發展方向與矽谷相較可說是大異其趣。不同於矽谷著眼晶片研發與軟體開發等講究創新取向，洛杉磯華人電腦業，主要由亞洲地區進口廉價電腦組件，重新組裝後再予以販售，重視的是市場行銷。加州大學「安德森預測中心」（UCLA Anderson Forecast）執行長萊瑟（Thomas Lieser）曾形容洛杉磯華人電腦業像是高科技產業遇上服飾業，「這些電腦公司滿是市場心態（bazaar mentality）」。〔註 119〕故根據 1992 年一項調查顯示，洛杉磯華人電腦業，在批發方面最為出色，總計佔該年洛杉磯地區電腦批發總量的 1/4，零售電腦方面則佔 9%，軟體業方面則僅 2.3%。〔註 120〕由此可見，洛杉磯華人電腦業的重心並非電腦新技術研發，而在於如何利用行銷網路達到最佳的市場利潤。

洛杉磯華人電腦業主要分佈於以工業市為中心的聖谷區域，另外，在托倫斯（City of Torrance）與聖塔弗布崙（Santa Fe Spring）也有部分華人電腦業公司。〔註 121〕事實上，根據學者 Zhou Yu 察訪所得，華人電腦業集中於聖谷，

〔註 117〕 Yen-Fen Tseng, *Suburban Ethnic Economy：Chinese Business Communities in Los Angeles*, pp.111～113.

〔註 118〕 Julie Pitta, "Silicon Valley South," *Forbes* Vol.162, Iss.11（Nov 16, 1998）, pp.214～215.

〔註 119〕 Julie Pitta, "Silicon Valley South," p.214.

〔註 120〕 Yen-Fen Tseng, *Suburban Ethnic Economy：Chinese Business Communities in Los Angeles*, p.113.

〔註 121〕 洛杉磯縣三個主要電腦業分佈區域分別為：由托倫斯（Torrance）至聖塔摩尼

有其演變歷程。1980 年代初華人電腦業初現於洛杉磯之際，乃是以洛杉磯縣電腦業最發達的托倫斯地區爲中心，該地地近洛杉磯國際機場與長堤港（Long Beach Harbor），交通便利，利於進出口，爲發展電腦業的絕佳地點。然而，聖谷華人社區建立，提供華人電腦業轉移至聖谷誘因，當時某位華人電腦商曾表示：「既然華人都在聖蓋博谷，爲何我們要待在托倫斯呢?」故原本在托倫斯的大多數華人電腦業不久即轉移至西聖谷的蒙市與阿罕布拉市等都市，1980 年代中期後又再次轉移至東聖谷。〔註122〕

　　1990 年代，洛杉磯華人電腦業發展達到顛峰。據統計，1982 年南加州華人電腦公司僅 24 家；至 1996 年，洛杉磯地區華人電腦公司粗估超過 250 家（參見表 3-3）。就其分佈言，根據學者 Zhou Yu 調查，1987 年後華人電腦業已不再以蒙市等西聖谷都市爲重心，取而代之者爲工業市、胡桃市等東聖谷都市，其中工業市更是中心地區。〔註123〕以臺灣電腦廠商「創宏科技」（DTK）爲例，1988 年就由西聖谷柔似蜜市遷至工業市，該公司副總裁拜恩斯（Tom Bayens）表示：「搬到這裡主要理由是我們需要更大的廠房....另一原因是大多數員工都居住在附近。」〔註124〕另一家華人電腦大廠 Viewsonic Corp.，創立於 1990 年，爲世界知名電腦螢幕巨擘，總部則設於胡桃市，該公司總裁詹姆士・朱（James Chu）說明設廠原因：「我們在這裡設立總部是因爲這裡有許多電腦公司，我甚至不需要離開公司附近就可以找到買家。」〔註125〕廉價土地與良好都市規劃，成爲工業市吸引華人電腦業進駐的誘因，而大量華人電腦業進入當地，相對提供更便利的行銷網路，工業市於是水漲船高，成爲華人電腦業群集的「南加州矽谷」（Silicon Valley South）。〔註126〕

卡（Santa Monica）的西洛杉磯區域、由北嶺（North Ridge）與范奈斯（Van Nuys）所包圍，位於洛杉磯縣北部的聖佛那多谷（San Fernando Valley），及以工業市爲中心的聖谷區域。Zhou Yu, *Ethnic Networks as Transactional Networks：Chinese Networks in the Producer Service Sectors of Los Angeles*, p.253.

〔註122〕 Zhou Yu, *Ethnic Networks as Transactional Networks：Chinese Networks in the Producer Service Sectors of Los Angeles*, p.260.

〔註123〕 Zhou Yu, *Ethnic Networks as Transactional Networks：Chinese Networks in the Producer Service Sectors of Los Angeles*, p.260.

〔註124〕 Tim Deady, "City of Industry Fast Becoming Silicon Valley South," *Los Angeles Business Journal*（May 3, 1993）.

〔註125〕 Julie Pitta, "Silicon Valley South," p.214.

〔註126〕 Tim Deady, "City of Industry Fast Becoming Silicon Valley South," *Los Angeles Business Journal*（May 3, 1993）.

　　華人電腦廠家群集於工業市，並非只是聖谷區域內商業流動的現象，其磁吸效應也擴散至矽谷。某些原本在矽谷的華人電腦大廠也將總部轉移至工業市，如宏碁的美國分公司 Acer Communication and Multimedia America（Acer CMA）於 2001 年將位於矽谷的總部遷至工業市，聖荷西 Garntner Dataquest 主分析師寇特（Todd Kort）認為：「（宏碁）此決定主要原因是低價土地與勞力誘因，矽谷花費在員工與廠房價錢是工業市的 2 至 3 倍。」Acer CMA 遷移總部至工業市另一原因則在於因應近年電腦業不景氣，希望藉此能更接近銷售中心，減少支出。〔註 127〕Acer CMA 遷移動作很明顯反應出聖谷對於華人電腦業發展的有利條件。

　　綜言之，洛杉磯華人電腦業發展與亞洲地區關係密切，某種程度上可視為透過族裔網路而建立的經濟中介角色。相較於矽谷，基本上洛杉磯華人電腦業較屬於電腦服務業，普遍重視行銷甚於研發，而利用洛杉磯絕佳地理、商業樞紐等條件，建立屬於當地，且頗具有特色的華人電腦業之另類發展模式，並適當的融入當地華人經濟體系中。2000 年後隨著中國、印度等地電腦與高科技產業集結，美國電腦與高科技產業普遍外流至亞洲，洛杉磯華人電腦業亦出現停滯現象，據筆者統計資料顯示，2006 年聖谷華人電腦業家數相較於 1996 年呈現些微負成長，而當地華人電腦商則認為，美國面臨半導體及 IC 產業外移，個人電腦市場漸失，光纖產業不振等不利因子，電腦業重心已經轉移至亞洲地區，其影響造成矽谷不振，而聖谷華人電腦業屬較邊緣性質的電腦服務業，受美國電腦產業外移影響較小，但也面臨當地市場飽和，競爭激烈的壓力，許多華人電腦業主如今正面臨轉型的挑戰。

第三節　華人經濟社團的成立與貢獻

　　華人在聖谷經濟活動日趨繁榮，各種橫向與縱向式華人經濟組織亦相繼成立，形成綿密的經濟網絡，部分組織的影響力甚至擴及至南加州乃至全美各地。此經濟網路大致分成兩大類：

　　第一類為華人各行業所籌組，帶有同業公會性質，橫向式的各種經濟組織，如「南加州臺灣旅館同業公會」（TIASC）、「南加州華人電腦協會」（Southern

---

〔註 127〕 Amanda Bronstad, "Computer Firm Moves Headquarters to Industry—Acer Communication and Multimedia America Inc.," *Los Angeles Business Journal*（July 23, 2001）.

California Chinese Computer Association，簡稱 SCCCA）、「加州華人營建同業公會」（California Chinese American Construction Association，CCACA）、「美國華人汽車公會」（C.H. Auto）、「美國中餐協會」（American Chinese Restaurant Association）、「南加州華裔房地產專業協會」（Chinese American Real Estate Professionals Association of Southern California）等。

「南加州臺灣旅館同業公會」成立於 1974 年，由蔡金裕、王桂榮等人籌組，爲臺灣移民在美國成立的第一個專業性同業公會，其宗旨：（一）團結同業力量，保護經營權，向有關機關爭取權益；（二）促進同業與各社團間互相合作，打入美國主流社會；（三）舉辦各種座談會與專業訓練，培養專業人才；（四）提供旅館業相關資訊作參考；（五）擴大旅館經營視野，開拓旅館業的國際觀。「南加州臺灣旅館同業公會」的功能在提供會員各種關於旅館業經營、管理、法規、稅務、保險等資訊，並定期舉辦訓練班、座談會，且藉由主辦聯誼活動與主流社會互動。〔註128〕此外，「南加州臺灣旅館同業公會」也經常幫助旅館同業處理財政融資及官方溝通訴訟等問題。由於該公會甚有號召力，其會務發展相當迅速，會員也由初約 30 家旅館會員擴充至近千家旅館會員，是大洛杉磯地區最活躍的臺裔經濟社團之一，並先後與臺灣高雄市旅館同業公會、臺北市旅館同業公會、美南臺灣旅館同業公會、美國旅館協會及加州旅館協會締結爲姐妹會。〔註129〕

另一極具影響力的華人社團，爲創立於 1989 年的「南加州華人電腦協會」。1990 年代南加州近 1/5 華人電腦公司皆爲其會員。「南加州華人電腦協會」每年皆於美國、臺、港、中國等地分送 1 萬份會員名錄，作爲各地電腦業行銷參考。此外，該協會也提供諸多會員服務，包括商家信用資訊、顧客支票安全保證（customer check insurance）、空中快運服務、電子通訊、專題討論會等。「南加州華人電腦協會」甚至有意排解南加州華人電腦業間彼此惡性競爭現象，不過因缺乏有效制裁手段終告失敗。但該協會也完成許多貢獻，其中最重要者就是與美國微軟公司達成協議，解決當地華人電腦公司長期與微軟公司間的紛爭，該紛爭起因於華人電腦公司爲壓低成本，往往依賴非法軟體供應商，故爲微軟等美國電腦巨頭所不滿。爲化解此僵局，「南加州華人

〔註128〕南加州臺灣旅館同業公會，《南加州臺灣旅館同業公會三十週年紀念專輯》，頁 14～15。

〔註129〕南加州臺灣旅館同業公會，《南加州臺灣旅館同業公會三十週年紀念專輯》，頁 14～15。

電腦協會」派遣代表與微軟公司協商，終於得到微軟公司首肯，將「南加州華人電腦協會」視為大型訂購團體，以最優惠的批發價格提供軟體給「南加州華人電腦協會」所屬華人電腦公司，並承諾對華人電腦公司進行控訴前，先知會電腦協會，與之協商。〔註 130〕1990 年代，由於電腦業風生水起，電腦協會在南加州地區叱吒風雲，極盛時共有 300 多家會員，與美中及北加州華人電腦協會加總，其會員總營業額更超過 40 億美元，為南加州地區財力、影響力均極有份量的社團組織，更是許多官方、民間活動爭相募款的主要對象之一。近年由於電腦業走勢趨緩，該協會於 2004 年更名為「華美資訊協會」（Chinese American Information Technology Association），服務對象不再侷限於南加州及傳統的電腦產業，凡包括北美洲從事資訊及消費電子產業的華人業者都可入會。「華美資訊協會」與其前身「南加州華人電腦協會」歷年與玉山科技協會、臺北市電腦商業同業公會、臺北縣電腦商業同業公會、加拿大加華電腦商會及北加美華資訊協會均頗有交流，也互訂為姐妹會。〔註 131〕

「加州華人營建同業公會」則於 1983 年，由華人營造商在蒙市創立，1990 年代會員約有 120 家左右營建廠商。該公會主要處理華人營建商與當地市政府間紛爭，並幫助公會會員獲得來自政府的工程契約。1993 年，該會有 2 名成員分別被選為聖谷 2 個城市的都市計劃部門委員，顯示該公會與聖谷地方政府的聯繫頗為密切。再者，該公會也提供會員各種官方轉包契約的相關資訊，每月月刊則列舉各都市主要工程計劃，以諮參考。此外，「加州華人營建同業公會」也定期舉辦各種研討會，主題從地下鐵合約參與、少數族裔參與政府建設計劃，至如何在中國經營生意，不一而足。近年該公會多致力於提倡當地華人營造業前往臺、港、中國、越南等地進行投資。〔註 132〕

「美國華人汽車公會」由中華汽車王建興建立，以南加州地區為主，2000 年會員有 50 多家，多為華人經營的汽車公司，同時也涵蓋租車廠、租車公司及新舊車買賣等行業；「美國中餐協會」則成立於 2003 年，為全美各地從事華人飲食烹飪文化、烹飪技術研究與教育、廚師與飲食經營管理者為主體的

〔註 130〕Yen-Fen Tseng, *Suburban Ethnic Economy：Chinese Business Communities in Los Angeles*, pp.128～130.

〔註 131〕參見華美資訊協會網站：http://www.caita.org；《大紀元時報》，2005 年 2 月 25 日，網址：http:www.epochtimes.com/b5/5/2/25/ n826730p.htm。

〔註 132〕Tseng Yen-Fen, *Suburban Ethnic Economy：Chinese Business Communities in Los Angeles*, pp.131～132.

非營利團體，近年發展頗為迅速，已相繼於拉斯維加斯、北加州、俄勒岡州、紐約州、德州、佛羅里達州等地成立分會。2006 年該協會在全美已有近 8 百家餐館和上千名會員，其中南加州有會員 300 多人。該會 3 項目標為：（一）提高美國中餐廚藝與廚德水平；（二）提高美國中餐廚房食品衛生安全水平；（三）提高美國中餐館服務水平。另外，該協會也先後在世界各地進行廚藝交流，並購地成立學校，培訓餐館業者；〔註 133〕「南加州華裔房地產專業協會」則成立於 1983 年，旨在促進會員間專業知識及經驗交流，同時建立華裔社區與主流社會間的平臺。近年該協會更致力在華人社區舉辦地產與貸款相關博覽會及活動，並得到全美房地產經紀協會（NAR）和加州房地產經紀協會（CAR）支持。另外，該組織亦不定時邀請地價估值辦公室、國稅局等與房地產有關機構，為華人社區提供房地產買賣常識及服務。〔註 134〕

　　總言之，第一類華人經濟組織多屬同業工會性質，重視同業間的橫向聯繫，並冀求彼此合作以擴大該行業的經濟規模，以提升在主流社會的能見度。

圖 3-17　位於聖蓋博市的南加州臺灣旅館同業公會

資料來源：筆者拍攝。

〔註 133〕參見《大紀元時報》，2006 年 3 月 4 日，網址：http://tw.epochtimes.com/bt/6/3/4/n1243929.htm。

〔註 134〕參見《大紀元時報》，2005 年 2 月 25 日，網址：http://www.epochtimes.com/b5/5/2/25/n826730.htm。

第二類華人經濟組織則為跨行業，縱向式聯繫的經濟社團，這類社團往往由來源地或背景類似，且具有共同訴求的企業人士所組成，組織目的不一定全然商業取向，或重視跨行業間合作，或以服務社會為主，但影響力較之同業公會更加寬廣。洛杉磯地區這類組織主要代表者有「洛杉磯臺美商會」（Taiwanese-American Chamber of Commerce）、「羅省中華總商會」（Chinese Chamber of Commerce of Los Angeles）等，其中建立於1955年之「羅省中華總商會」，其影響力以洛杉磯華埠住民為主，而「洛杉磯臺美商會」則主要由近年新移民組成，其影響力與經濟滲透力均較強，成就亦大，故筆者以「洛杉磯臺美商會」為主要介紹對象。

圖 3-18　位於羅省華埠的羅省中華會館

資料來源：筆者拍攝。

成立於1980年4月的「洛杉磯臺美商會」（Taiwanese-American Chamber of Commerce of Greater Los Angeles，簡稱 TACCLA）　乃是「南加州臺灣旅館同業公會」的擴大。由於旅館公會當時是南加州首屈一指的臺裔經濟性社團，包括旅行社、保險業、旅館供應品、食料品或電氣類業者等，均向旅館公會靠攏，但礙於旅館同業公會之限，其他各行業卻未能涵蓋，致使南加州地區

許多新興華人行業如銀行業、地產業、專業性服務等始終向隅，故為涵括各種職業類別，擴大聲勢，遂有「洛杉磯臺美商會」的成立。〔註135〕

「洛杉磯臺美商會」成立之初，原名為「南加州臺美商會」（Taiwanese American Chamber of Commerce），1988 年更名為「洛杉磯臺美商會」。它是加州政府註冊的社團，同時也是臺灣僑務委員會登記備案的海外僑團，該商會自我定位為非營利民間組織，其宗旨為聯合臺僑華裔互助合作，協助當地移民融入美國主流社會，提升族裔社會地位。該商會同時也舉辦各種性質活動：（一）定期持續吸收優秀新會員，擴大商會社會基礎，增加服務僑界；（二）多方蒐集有關臺美及其他地區經貿等資料，供會員運用。定期發行刊物，加強與在臺及世界各地臺灣商會交換互助合作；（三）推展工商服務，服務之對象不限於會員，擴及至社會群眾；（四）致力融入社會主流，出錢出力，爭取各種平等地位。「洛杉磯臺美商會」現址位於聖谷的聖蓋博市，擁有會員 397 名，分別從事各種行業：銀行、地產、醫師、藥師、生化檢驗、律師、會計師、建築設計、食品製造、餐廳、旅遊、運輸、證券投資、財務管理、保險、印刷、工業製造、健康器材、家電製品、電腦銷售、音樂器材、工程顧問、旅館經營及傳播媒體等。〔註136〕至 2006 年，全美各地已有 36 個地區擁有臺美商會，彼此間亦互相交流。1987 年「洛杉磯臺美商會」與美國各地臺美商會共同成立「北美臺商會聯合會」（Taiwanese Chambers of Commerce of North America），1994 年 9 月更聯合世界各地臺商會成立「世界臺灣商會聯合總會」（World Taiwanese Chambers of Commerce），擴大其影響力。此外，「洛杉磯臺美商會」也十分重視向下紮根，於 2000 年成立青商部，鼓勵美國臺灣移民第二代企業家參與各種相關活動。

「洛杉磯臺美商會」多年來無論在美國當地華人或主流社會方面均有極大貢獻。對美國當地華人社會貢獻方面，如 1982 年洛杉磯地區以臺裔資本為後盾的「萬國通商銀行」發生經營危機，「洛杉磯臺美商會」適時伸出援手，集資 550 萬美元投入救助，終使其度過難關。〔註137〕聖谷地區臺裔長輩居住

〔註135〕王桂榮，《王桂榮回憶錄──一個臺美人的移民奮鬥史》，頁 202～203。
〔註136〕參見《洛杉磯臺美商會會刊──2006》（聖蓋博市：洛杉磯臺美商會，2006），頁 18～19。
〔註137〕「萬國通商銀行」當時是洛杉磯地區臺資銀行的代表，由於經營不善，成立 2 年即面臨倒閉危機，幸有臺裔銀行家吳澧培接手管理，「洛杉磯臺美商會」資金挹注，方才轉危為安，穩定成長，2000 年萬通銀行總資產高達 25 億美金，在洛杉磯地區臺資銀行中表現亮眼。2003 年萬通銀行則為國泰銀行所併購。

的鶴園公寓亦得「洛杉磯臺美商會」大力鼎助，方能順利完工。此外，「洛杉磯臺美商會」也是早期資助華人參政的重要力量，如輔選陳李婉若當選蒙市市長、余江月桂（March Fong Yu）當選加州州務卿等，臺美商會均出力不少。〔註138〕除上述成就外，近年洛杉磯地區新年、雙十節等慶典活動，〔註139〕「洛杉磯臺美商會」或親自主辦或慷慨捐款，始終不落人後；對美國主流社會貢獻方面，「洛杉磯臺美商會」無論在美國911或納莉風災等事件上，均大力響應捐款活動，其青商部更是充當商會與美國社會溝通橋樑，對美國主流社會作出貢獻。

圖 3-19 位於聖蓋博市的洛杉磯臺美商會

資料來源：筆者拍攝。

〔註138〕王桂榮，《王桂榮回憶錄──一個臺美人的移民奮鬥史》，頁209～212。

〔註139〕根據筆者與洛杉磯臺美商會曹小姐訪談，過往洛杉磯地區雙十國慶慶祝均由華埠的羅省中華會館主辦，但2004年中華會館因故未能主辦，遂由「臺灣會館」接手，「洛杉磯臺美商會」財力及人力支援，辦的有聲有色，2005年後中華會館再度主辦，「洛杉磯臺美商會」則又回復協辦角色。

　　除上述 2 類華人經濟組織外，部分華人企業家也參與各都市所設立的商會組織。這些商會組織普遍存在於洛杉磯地區各都市中，多由當地經濟菁英所組成，不但具有強大經濟影響力，同時往往也與聞地方政治、社會決策，故吸引不少事業有成的華人企業家參與其中。這種情況在聖谷地區各都市商會如「蒙市商會」（Monterey Park Chamber of Commerce）、「阿罕布拉市商會」（Alhambra Chamber of Commerce）、「阿凱迪亞市商會」（Arcadia Chamber of Commerce）等更是明顯，甚至某些華人經濟菁英主導該市商會活動。而如前述「洛杉磯臺美商會」青商部由於多爲第二代臺裔移民，英文能力佳，在各都市商會中更是活躍。近年「洛杉磯臺美商會」青商部與各都市商會聯繫日趨密切，並積極加入美國主流經濟活動。

第四章　華人政治活動

　　美國歷史上，由於種族歧視及移民法等限制，華裔及其他亞裔政治活動難與歐裔移民相提並論。1790 年移民法規定，只有白人移民方可申請歸化爲美國公民；就業、創業的歧視與工會對亞裔的敵視態度，使亞裔經濟一直居於劣勢；加州盛行的種族主義也嚴重地阻止華裔地位的提升及參與美國主流政治活動的可能性。〔註1〕1943 年美國移民法解除對華裔歧視，華人可入籍美國，爲美國華裔參政創造基本條件。

　　1965 年美國新移民法實施，華人移民獲得公平移民機會，故華裔新移民大量移入美國，利用其專業技術、高教育水平及充裕資本，迅速在美國立足，並取得經濟成就。與此同時，以美國非裔人士爲首所發動的民權運動如火如荼進行，非裔等少數族裔蹈厲風發，在美國政治上取得重大成就，爲美國少數族裔參政大開方便之門。然而，華人並未乘時而起，持續對政治冷默以對，不過問選舉，亦不辦理選舉登記，雖有零星的華裔政治人物極力呼籲，但 1980 年代前，相較於在經濟上的卓越表現，華人參政基本上多屬點綴零星，〔註2〕

〔註 1〕陳祥水，〈紐約皇后區華人參政活動〉，《歐美研究》第 23 期，1993 年 9 月，頁 104。

〔註 2〕美國早期華人政治活動活躍地區在夏威夷，如 1949 年鄺友良在該州當選國會參議員，並連任 4 屆，爲當時華裔民選官員最高者，同年李日和亦當選爲夏威夷副州長；美國本土方面華裔參政則較分散，最早首推 1946 年當選亞利桑那州州議員的鄧悅寧，另外陸榮昌、譚文儀、劉貴明等曾分別獲選爲西雅圖市、聖地牙哥、舊金山市議員，趙英傑、司徒子春、則分別獲選爲密西西比州瓊斯鎮（Jonestown）及加州奧斯納市市長，並有黃錦紹、劉百昌、周劍雄等人被任命爲法官。然而，大體而言 1980 年前美國華人參政僅少數個人表現，缺乏整體參政意識。劉伯驥，《美國華僑史（續編）》（臺北：黎明文化事業股份有限公司，1981），頁 545～546。

僅只少數政治菁英單打獨鬥，因此美國主流社會普遍認為華裔為「經濟上的強者，政治上的侏儒」。〔註3〕

　　至 1980 年代，美國華裔參政情況漸露曙光。首先，華人大量移民的結果，為華裔人士參政儲備潛在的選民；再加上「陳果仁事件」等，使華裔開始警覺在主流社會處境，華裔政治意識抬頭，從過往關切母國事務轉而維護自身族裔權益議題。其二，華人政治領袖積極作為與成就，帶動華人參政熱潮，如 1984 年吳仙標（S.B. Woo）〔註4〕當選德拉瓦州（Delaware State）副州長，成為首位第一代華裔移民在美國本土當選最高民選官員，鼓舞全美各地華裔人士參政，後繼之陳李婉若（Lily Lee Chen）、胡紹基（Michael Woo）等人勇於競選公職，無形中強化華裔族裔意識及提升華裔參政意識；其三，全國性與地方性各類政治團體成立發揮宣導作用，如 1973 年成立於華盛頓的「美華協會」（Organization of Chinese Americans）、1974 年成立於舊金山的「華裔政治協會」、1978 年成立於舊金山的「華裔選民教育委員會」（Chinese American Voters Education Committee）、1983 年成立於洛杉磯的「華人參政促進會」（Chinese Political Action Committee）、1985 年成立於洛杉磯的「臺美公民協會」（Taiwanese American Citizen's League）等組織，或著力培養華裔政治人才，或有效鼓勵選民登記選舉，或積極進行籌款輔選活動，皆有助於 1980 年代華裔參政進展；〔註5〕1986 年 12 月由陳香梅（Anna Chennaut）、吳仙標、王培（Charles Pei Wang）、楊振寧等人推動的「華裔公民關於 1988 年大選的政治宣言」，更具有指標意義，該宣言要求任何參加 1988 年美國總統大選人士，承諾在任期內至少任命 3 位合格華裔公民，擔任各類職位：助理部長級以上行政職位；國家科學委員會、民權委員會或平等就業委員會委員；移民局、

〔註3〕參見中國僑網，網址：http://61.135.142.228:82/gate/big5/www.chinaqw.com.cn/news/200 612/15/55020.shtml。

〔註4〕吳仙標於 1937 年出生於上海，之後舉家遷至香港。1955 年至美留學，獲得肯塔基州喬治城大學物理與機械學士，1962 與 1964 年獲得位於聖路易的華盛頓大學碩士與博士學位，並獲聘為德拉瓦大學物理系教授，1976 年被任命為該校校董，1984 年擔任德拉瓦州副州長，為華裔政治人物中之佼佼者。1998 年更一手推動 80/20 促進會的成立，同時也是百人會（Committee of 100）的重要成員。

〔註5〕參見莊國土，〈從移民到選民：1965 年以來美國華人社會的發展變化〉，《世界歷史》，2004 年第 2 期，頁 75；林啟文，《華裔美人參與政治活動之研究：一九六五年至一九九三年》（臺北：國立政治大學民族研究所，1993，碩士論文），頁 48～49。

小型商業貸款局或少數族裔企業局中帶有決策性的職位或聯邦法官。該宣言並強調「任何一名候選人未作上述承諾前，華裔公民，不分黨籍，都保留捐款，不提供助選經費」。「政治宣言」獲得全美各地中華公所主席、華埠服務機構負責人，以及各類性質華人團體代表的一致簽署，並得到當時參選的若干總統候選人正面回應，更促使 1988 年布希總統任命趙小蘭（Elain Chao）擔任交通部副部長、王培擔任人權委員會副主席、張之香（Julir Chang Block）擔任尼泊爾大使及丁景安（Jan C. Ting）擔任移民歸化局副局長等職務。〔註6〕

　　在上述有利條件下，1980 年代華人參政契機日趨成熟，一方面可由華裔選民註冊登記增加及投票率升高觀之；一方面則反應在聯邦、州、地方等層級官員任命人數的增長及各種民選公職參選熱況。〔註7〕華裔參政途徑亦日趨多元，呈現集團式參政趨勢，民選官員人數比重漸增，華裔參政相當程度上日益倚重華裔選民，在美國中小型都市尤其明顯，南加州許多郊區都市即為此類代表。此趨勢肇因於美國各都會區與大型都市人口結構複雜，不利華裔政治人物參選，而某些中小型都市由於華裔住民聚居優勢，相對提供華人政治菁英大展拳腳舞臺。〔註8〕據統計，2004 年洛杉磯地區 88 個小城市中，由華人擔任市議員和市長人數近 20 名，佔全美華人議員（市長）近半數，〔註9〕其中聖谷華裔民選官員人數更居洛杉磯地區之冠，可見聖谷已成為美國華裔參政的熱門區域。美國第一位華人市長黃錦波即於 1978 年當選喜瑞都市（Cerritos City）副市長，並連續擔任 3 屆副市長，兩屆市長；陳李婉若則於 1982 年當選為蒙市市議員，1983 年成為全美史上第一位華人女市長。這些成就說明聖谷地區華裔參政領航者角色。

　　因此，本章將主要著重聖谷地區華裔民選官員參政情況、民選官員表現及華人參政對當地社區影響等面向。其中蒙市華人無論在參政時間、參政人

〔註 6〕林啟文，《華裔美人參與政治活動之研究：一九六五年至一九九三年》，頁 49。
〔註 7〕美國政治參與有多種層面，包括遊行抗議、社區服務、政黨與競選工作，以及參與美國各級選舉的投票，而美國華人政治參與的類型，多以參與社區活動、政黨競選活動，乃至於捐款與投票支持居多。參見汪樹華，《美國華人政治參與之研究》，頁 47～49。
〔註 8〕華裔出任美國政府公職共有三途徑：一為憑藉學歷與經歷，通過考試擔任各種公職；二為通過競選進入各級決策機構；三為被提名委任領導職務。一般而言，美國華人主要通過第二與第三種方式進入美國政界。參見孟令明，〈九十年代美國華人參政剖析〉，《八桂僑史（季刊）》，第 3 期（1997 年），頁 33。
〔註 9〕參見新華網，網址：http://big5.xinhuanet.com/。

數及參政成就等方面皆爲聖谷最具代表性都市，因此筆者將以蒙市優先討論，次而擴大探討聖谷華人參政趨勢，最後陳述聖谷地區華人政治組織及其影響。

第一節　蒙市華人政治參與、困境與轉機

一、蒙市政治發展概況

美國學者艾辛格（Peter Eisinger）曾將族裔團體的政治發展分成 3 個階段：（一）經濟調適階段（economic adjustment）；（二）社區建立階段（political community building）；（三）政治團結階段（political consolidation）。〔註 10〕蒙市華人政治發展則吻合此模式。1980 年代蒙市華人移民在經濟發展有成，建立華人社區已初具規模的基礎上，邁入族裔政治代表的階段。

（一）蒙市政治發展走勢

美國地方自治體系，由州、縣、市政府組成。其中市爲美國最小行政單位，在法理上屬市自治體（municipal corporation）。按美國行政劃分，大城市體制爲「市長—議會制」（mayor—council system），即市長負責行政，議會專責監督；小城市體制爲「議會—經理制」（council—manager system），即立法決策與行政事務區隔，市議會決定政策，再任命一位專業經理人專責管理市政業務，類似民間企業公司董事長與總經理之性質。小城市市長則由議員輪流擔任，每位議員 4 年任期內，擔任約 9 個月市長。〔註 11〕蒙市自 1940 年代晚期，即採取「議會—經理制」，市議會由 5 位民選議員組成，每隔 2 年改選 2 至 3 名市議員，決定市府政策。1982 年蒙市更通過法令，規定市議員 4 年在職期間可輪值擔任市長職位 9 個半月。除市議員外，蒙市市府書記（city clerk）、市財務長（city treasurer）亦經由民選產生。由於市議會爲蒙市最主要的市政主導者，因此市議員選舉結果，往往決定市政的發展走向。

蒙市早年政治發展多由當地白人住民主導，1970 年代前，蒙市主要政治與社會組織如 Kaffee Klatch、獅子會（Monterey Park Lions Club）、扶輪社

〔註 10〕葛永光，《文化多元主義與國家整合：兼論中國認同的形成與挑戰》（臺北：正中書局，1991），頁 152。
〔註 11〕林昭燦，《美國政府與政治新論》（臺中：捷太出版社，2006），頁 191～192。

（Rotary Club）、蒙市同濟會（Kiwanis Club of Monterey Park）與蒙市商會（Chamber of Commerce）等，成員幾乎皆為白人住民，他們或推舉參選人參與市議員選舉，或為其背書，具有強大的政治影響力。然而此壟斷局面在 1950 年代中期後稍有鬆動，主要原因在於當時若干新住民遷入蒙市，這些新住民多為猶裔、歐裔與少數的拉丁裔及日裔，在政治屬性上較傾向於民主黨，具開明派思想，其訴求著重較佳生活品質，要求更多公園、圖書館等公共設施。這些新住民與既有的政治、社會組織較疏離，主要透過如「蒙特利民主俱樂部」（Monterey Democratic Club）等組織聯繫，發揮其影響力。〔註12〕因此，大致言，1950 年代至 1970 年代初，蒙市政治版圖主要由上述兩大群體分庭抗禮。而蒙市最重要的地方報紙—《蒙特利進步報》（Monterey Progress）則是當地政策討論與輿論交流最重要的平臺。

至 1970 年代，蒙市多族裔社區逐漸成型，政治活動亦日趨多元，少數族裔移民如華裔與西語裔開始進駐蒙市，首先衝擊當地經濟與社會組織結構。如 1977 年蒙市若干華人新移民企業家即有自組獨立的蒙市華人商會（Monterey Park Chinese Chamber of Commerce）構想，後在謝叔綱與當地商會強力勸說下，方才加入當地商會體系，並在商會中成立一新的「華美人委員會」（Chinese American Committee）。然而華裔商人始終與商會格格不入，他們不滿商會干預其商業決定，並自認受到商會其他成員敵視，這種情緒使蒙市華裔商人與商會間維持疏離；同樣情況，某些國際性組織，如獅子會與同濟會在蒙市的分會，對於華人而言亦顯得扞格不入，部分蒙市華人移民遂於 1980 年代中期，自行組建專屬華人的獅子會與同濟會。〔註13〕因此，1970 年代中期後，原本掌握蒙市當地政治勢力的若干團體，開始遭受華裔等少數族裔移民挑戰，而蒙市若干社區領袖進行政治統合的構想亦宣告失敗。〔註14〕

〔註12〕 John Horton, *The Politics of the Diversity：Immigration, Resistance, and Change in Monterey Park, California*, p.66.

〔註13〕 1980 年代初期，蒙市華人移民即向國際獅子會要求建立分會，1985 年「小臺北獅子會」（Little Taipei Lions Club）終獲建立；「同濟會」情況亦如此，儘管當地原有蒙市同濟會不贊成此作法，但 1980 年代中期，蒙市華人同濟會依然成立。之後，又傳出華人又欲自組扶輪社，引來當地人士撻伐，認為華人移民是分離主義者。Fong Timothy Patrick, *The Unique Convergence：A Community Study of Monterey Park, California*, pp.58～61。

〔註14〕 1974 年蒙市曾就「校區統一」（School Unification）議題進行「G 議案」（Proposition G）表決。由於蒙市 4 個學區—Alhambra、Montebello、Garvey

另一方面，1970 年代末期至 1980 年代初，爲美國許多地方自治都市出現政治紛擾時期。一般而言，美國地方城市政治多環繞「都市發展」、「稅收」、「生活品質」等議題，但 1970 年代後由於地方都市人口快速增長，上述議題爭議加劇，此情況在加州地區尤其嚴重。雪上加霜者，1977 年加州選民投票通過「13 號創制案」（Proposition 13）〔註15〕，大幅降低地產稅（property tax），更使依賴地產稅支撐的地方政府面臨嚴重財務危機，爲此加州各地方政府全力推動市內開發，以獲取更多稅收彌補地產稅損失，但亦導致原居民不滿，政治紛爭遂由之而起。其中蒙市都市開發多由華人主導，且相對迅速，故蒙市反對開發勢力籠罩濃厚反華裔之種族主義色彩，並造成「緩慢發展運動」（slow-development movement）與「控制成長」（controlled-growth）等訴求大行其道，〔註16〕其支持者多爲當地定居已久的白人住民。這類訴諸草根性動員的政治勢力，以成立於 1981 年 7 月的「蒙市居民協會」（Residents' Association of Monterey Park，簡稱 RAMP）最具典型。〔註17〕

「蒙市居民協會」主要訴求爲保障生活品質及保衛蒙市既有原貌。其中心思想爲「控制都市成長」，反對高稅收，訴諸草根性選民，主張更直接主導

與 Los Angeles 都包括蒙市以外都市，因此蒙市某些社區領導人傾向建立專屬蒙市學區，以增強社區向心力，但該議案牽涉極廣，一者鄰近的 Alhambra 與 Montebello 的某些市民亦有權對此表態，二者蒙市有可能必須加稅，而某些家長認爲學區獨立，意謂將與原本較佳的 Alhambra 學區切割，造成學校資源減少，影響學童教學品質。故 1974 年「G 議案」最後以 23,780 票對 19,101 票遭到否決，蒙市甚至出現 5,771 對 5,696 票，反對票較多情況。此投票結果使某些冀求社區統一的蒙市社區領導人與鼓吹該案甚力的《蒙特利進步報》大感失望，更暗示蒙市建立更緊密社區的構想破滅。參見 Timothy Patrick Fong, *The Unique Convergence：A Community Study of Monterey Park, California*, pp.74～76.

〔註15〕「13 號創制案」由加州保守的共和黨勢力所推動，1978 年 6 月該法案在加州通過，並在全國引起迴響。該案主張透過創制權（initiative），削減全州 57%房地產稅（property tax），並規定若欲變更稅率，必須經過州立法機關 2/3 以上同意方可實行。該法案最重要的意義在於用減稅及刪減政府支出來限制政府權力。

〔註16〕蒙市原是 3K 黨等一些白人種族至上團體的重鎮，在華人湧入蒙市引起原居民不滿時，轉入地下活動的 3K 黨又開始蠢蠢欲動，蒙市及附近華語電影院遭到破壞，並遭塗寫種族歧視字句，報導華人新聞的英文報紙如《蒙特利進步報》、《阿罕布拉促進郵報》等報辦公室，亦出現塗鴉或被遭受破壞現象，這些激進份子還四處寄發仇恨信函，咒罵華人。陳李琬若著，《臺灣女孩美國市長陳李琬若自述傳奇生平》，頁 168～169。

〔註17〕Timothy Patrick Fong, *The Unique Convergence：A Community Study of Monterey Park, California*, pp.86～88.

市府決策。針對移民問題，該組織亦採保守態度。「蒙市居民協會」成員多為
50 歲上下的白人住民，黨派屬性橫跨民主黨與共和黨等各黨派。該組織活動
力與號召力均盛，成立不久即推舉屬意人選進入都市計劃部門，以掌握都市
發展方向。此後歷屆蒙市市議員選舉，「蒙市居民協會」或推出代表候選人，
或為特定人士背書，或強力推動各種議案，均發揮強大影響力。〔註 18〕其主
張「控制都市發展」訴求更主導蒙市 1990 年代的市政走向，直至 2000 年後，
蒙市強調發展呼聲才又重新興起。

　　「蒙市居民協會」的出現象徵蒙市草根性力量集結，這股政治上效應主要
藉由反土地規劃、反大規模建設、反中文招牌等議題引爆，從 1976 年「A 議案」
（Proposition A of 1976）、「B 議案」（Proposition B of 1976）的否決〔註 19〕，1978
年對「13 號議案」壓倒性支持〔註 20〕，1981 年對「A 議案」（Proposition A of
1981）否決〔註 21〕，1982 年「K 議案」（Proposition K of 1982）與「L 議案」
（Proposition L of 1982）的通過，〔註 22〕與 1984 年「Q 議案」（Proposition Q of

---

〔註 18〕 Fong Timothy Patrick, *The Unique Convergence：A Community Study of Monterey Park, California*, pp.86～88；陳李琬若著，《臺灣女孩美國市長陳李琬若自述傳奇生平》，頁 175。

〔註 19〕 「議案 A」為恢復由市府運作的救護車服務；「議案 B」則主張市財務長與市府書記由民選改為委任。參見 Fong Timothy Patrick, *The Unique Convergence：A Community Study of Monterey Park, California*, pp.76～78.

〔註 20〕 1978 年蒙市市議會在加州公民投票前否決「13 號議案」，但 3 個月該案在加州公民投票中以懸殊比例通過，其中蒙市贊成該案者高達 61%。Fong Timothy Patrick, *The Unique Convergence：A Community Study of Monterey Park, California*, pp.79～83.

〔註 21〕 該議案起因於蒙市市議會對大西洋大道以西 30 畝斜坡用地由單一住宅轉而地目變更為複式用地，以興建 150 個單位公寓，故引起周遭居民不滿，認為市府與發展商狼狽為奸，該計劃實行將使該地區人口大增，影響生活、教育品質。當地住民遂組成「四方公園住家協會」（Sequoia Park Homeowners Association），迅速募集 4,400 份簽名連署，對該地目變更（rezone）進行公民投票。而「反華論調」在議案爭論過程中屢次被搬上臺面，各種反華傳單四處散發，指稱 150 個單位公寓主要由「華人為主的東方人進駐」（primarily Oriental, mostly Chinese）。投票結果最後「A 議案」遭到壓倒性否決，該建設計劃亦隨之停擺。Timothy Patrick Fong, *The Unique Convergence：A Community Study of Monterey Park, California*, pp.86～88；陳李琬若著，《臺灣女孩美國市長陳李琬若自述傳奇生平》，頁 173～191。

〔註 22〕 「K 議案」：要求每年住宅建造不得超過 100 個單位；「L 議案」：要求任何超過 1 畝以上的地目變更需經過全體市民投票通過方可實行。Timothy Patrick Fong, *The Unique Convergence：A Community Study of Monterey Park, California*, pp.96～100.

1982）的否決〔註 23〕等過程，可看出「蒙市居民協會」及其所代表之白人政治力量的展現。1986 年「蒙市居民協會」背書的 3 位市議員候選人擊敗 3 位現任議員，均告當選，至此「蒙市居民協會」聲勢如日中天，主導蒙市議會決策，其激進派甚至以愛國主義口號，行種族主義之行，1986 至 1987 年間著名的「獨尊英語運動」（English Only Movement）即為箇中代表，其影響不但促成反制的「罷免活動」（The Recall Movement）發生，更讓蒙市於陷入政治動盪。

另一方面，1980 年代蒙市少數族裔政治參與日趨加強。1982 年蒙市議會 5 名議員中即有 4 名為少數族裔，佔絕對多數，贏得主流媒體如《時代》（Times）雜誌對其「優勢少數族裔」（majority minority）議會讚揚，認為它是中產階級熔爐和諧代表，〔註 24〕1985 年蒙市更為美國「城市聯盟協會」（Municipal League）與《今日美國報》（USA Today）評選為「全美模範城市」（All America City Award），其多元族裔共存與少數族裔政治成就受到美國社會的普遍認同。

在蒙市少數族裔參政中，華人在蒙市政治的崛起顯得十分亮眼，其中最醒目者為蒙市華人住民迥異於華人過往對政治冷默常態，熱切關心各種政治議題，全力爭取自身權益，並帶動華人政治人物參政風潮，陳李琬若（Lily Lee Chen）與趙美心（Judy Chu）相繼於 1982 及 1988 年當選市議員，1990 年則出現第 3 位華人市議員姜國樑（Samuel K. Kiang）。1990 年蒙市市議會首次出現 2 位華人議員，為當時美國華人地方參政罕見成就。其後，蒙市華人政治勢力持續擴展，至 2003 年蒙市首次出現過半數，即議會共有 3 位華人市議員—劉達強（David T. Lau）、伍國慶（Michael Eng）與趙譚美生（Betty Tom Chu）。華人在蒙市政治的優勢地位，讓蒙市成為美國唯一由華人主導市議會都市，〔註 25〕蒙市也成為美國華人參與地方政治最具指標性個案。

〔註 23〕 1982 年蒙市「L 議案」通過任何超過 1 畝的土地變更需經全體市民投票通過。1983 年蒙市議會通過北大西洋大道 56 畝開發計劃，欲使當地成為零售業發展區域，是為「Q 議案」。該案在 1984 年投票過程中遭到否決。Fong Timothy Patrick, *The Unique Convergence：A Community Study of Monterey Park, California*, pp.89～91、106～109.

〔註 24〕 1982 年蒙市新市議會 5 名成員中有 4 名為少數族裔：Monty G. Manibog 為菲律賓裔，David Alamada 與 Rudy Peralta 為拉丁裔，陳李琬若為華裔，參見 Timothy Patrick Fong, *The Unique Convergence：A Community Study of Monterey Park, California*, pp.96～104；Kurt Anderson, "New Ellis Island：Immigrants from All Over Change the Beat, Bop, and Character of Los Angeles," *Times*（June 13, 1983）.

〔註 25〕 Michelle Rester, "City's Council Gets New Majority：Members Represent City's Population," *San Gabriel Valley Tribune*（March 16, 2003）.

　　總言之，1980 年代後蒙市政治發展走勢呈現雙軌情況，一方面以華人爲首的少數族裔政治影響力日增，成爲少數族裔參政模本，另一方面以「蒙市居民協會」爲代表的原居民政治力量亦相應抗衡。至 1990 年代此衝突態勢逐漸和緩，極端訴求不再受到市民青睞，取而代之者爲強調族裔溝通與合作，〔註26〕1988 年主張此訴求的趙美心即因此以最高票當選市議員，1990年極端派市議員 Barry Hatch 落選更彰顯蒙市政治回歸理性、族裔溝通與合作的路線。「蒙市居民協會」亦體認政治現實，轉而支持「控制成長」主張的少數族裔政治人物。而華人在族裔政治衝突、妥協與合作的過程中，不但逐漸成爲蒙市政治主要力量，培植多名華裔政治人士，其積極爭取政治主導權的態度，更爲美國華人參政建立良好典範。

（二）蒙市重要政治活動及其影響

1、獨尊英語運動

　　「獨尊英語運動」（English Only Movement）在蒙市興起有其背景因素。首先 1985 年間，蒙市新舊住民間矛盾已經檯面化，華人移民進入蒙市人數之眾，不但引起蒙市市容的改觀，其生活方式、語言文化上的差異，更加深彼此隔閡，如某些華人亂丟垃圾、隨地吐痰、插隊購物、在公眾場合大聲喧嘩、不遵守交通規則及徹夜打牌等，讓當地住民頗有微詞。而華人開車問題如不遵守交通規則、隨意停車、鳴放喇叭等，更令當地住民難以忍受，蒙市部分住民在汽車保險桿上張貼調侃華人標語：「我終於成功地開車通過蒙市街道」，甚至大西洋大道亦被戲稱爲「自殺大道」。此外，華裔幫派與犯罪問題更是始終流言不斷，1985 年蒙市警察局長艾德在美國國會主辦的亞裔犯罪公聽會上，以竹聯幫骨幹份子「白狼」張安樂曾在蒙市經營餐館爲例，指稱許多來自亞洲的犯罪集團都透過蒙市銀行洗錢，並認爲臺灣竹聯幫在美國的總部即設於蒙市。〔註27〕這些對華裔移民的負面形象，讓中文招牌爭議，成爲當地住民情緒宣洩的引爆點。

　　中文招牌爭議自 1970 年代末期後始終不斷，批評者多基於公共安全與資訊流通爲由，主張中文招牌必須增加英文翻譯，至 1980 年代此種呼聲日烈，

〔註26〕 Marilyn Lewis, "Monterey Park's Cross-Cultural Coalition May Hint at a New Order in California Unlocking Power of Ethnic Alliances," *San Jose Mercury News*（June 1, 1994）.

〔註27〕 參見 Mark Arax, "Asian Criminals Prey on Federal but Silent Victims Series：Asian Impact：Fourth of Four Parts," *Los Angles Times*（April 19, 1987）.

甚至伴有強烈反華情緒。因此即使是華裔政治人物，亦不得不就此議題表態，如陳李琬若即承諾當選將改善之。故 1982 年當選後，陳李琬若一度冀望透過柔性勸導，使華人商家自動增添英文翻譯，但成效不彰。1985 年蒙市議會初步通過法令，要求商家招牌上需附有英文翻譯。但此舉並未消除「蒙市居民協會」激進派 Frank Arcuri 與 Barry Hatch 等人疑慮，其堅決主張僅存英文招牌，不得出現英文以外字樣，並威脅市議會若不就範，將推動公投表決。這股針對中文招牌所衍生的「獨尊英語運動」遂於 1986 年在蒙市粉墨登場。

「獨尊英語運動」為「英語為官方語言運動」（English as the Official Language）激進派之主張。「英語為官方語言運動」在美國許多地區早已蔚為風潮，淵遠流長，〔註28〕但真正發揮影響力為 1980 代後，少數族裔尤其是西語裔、亞裔移民大量進入美國方才迅速聚合能量。「英語為官方語言運動」主張統一語言使國家團結，多種語言使國家分裂，極力尊崇英語的至高性，認為必須將之提昇為官方語言。1980 年代該運動獲得美國社會共鳴，肇因於白人群體對少數族裔語言取代英語的恐懼心理，但更深層意義往往出於反移民情緒，故這類運動在移民人數眾多的州特別泛濫，如加州即為「英語為官方語言運動」大本營。因此，1981 年加州參議員早川雪（S. I. J. Hayakawa, R-CA）就提出「美國英語」（U.S. English）提案，要求訂定英語為官方語言，並禁止雙語選票及保存移民母語的雙語教育，甚至希望禁止外語教學與使用其他外語。不過該案過於偏激，國會未經討論即予以否決。〔註29〕但由早川雪創立於 1983 年的「美國英語組織」（U.S. English, Inc.）卻在全美各地陸續成立，積極鼓吹以法律或公民投票方式，尋求各州宣佈英語為官方語言。加州地區尤其響應該類呼求，各種相關法案相繼創制，如 1984 年 11 月加州經公民投票通過「38 號議案」（Proposition 38 of 1984），規定所有選舉相關文件（election materials）只以英語書寫印行；〔註30〕1986 年 11 月加州通過「63 號議案」（Proposition 63 of

---

〔註28〕 1967 年，伊利諾州即已通過「官方英語」法律。1980 年代初，西語為主的古巴裔移民大量移居，佛羅里達州邁阿密市亦以懸殊差距通過法律，限制當地移民使用西語及克里奧語（Creole）。不過至 1981 年全美僅 2 州將英語訂為官方語言，可見 1980 年代前此運動並未引起美國主流社會重視。Timothy Patrick Fong, *The Unique Convergence：A Community Study of Monterey Park, California*, pp.118～119.

〔註29〕 吳坤暉，〈一九九八年美國加州地區廢除雙語教育之探討〉，《淡江人文社會學刊》，第 6 期（2000 年 11 月），頁 202。

〔註30〕 1975 年美國聯邦選舉法於開始實施「雙語協助投票」（bilingual ballots），根據該法 203 條規定，全美任一縣選區某一少數族裔選民超過 5%，且證明英文能

1986），修正加州憲法，宣佈英語爲加州官方語言，且要求立法當局採取所有必要手段提升英語地位（to enhance the role of English）；〔註31〕加州 2 個小城市 Fillmore 與 Alameda 亦在 1985 年通過官方英語法令。

在美國社會普遍官方英語運動情緒下，族裔衝突劇烈的蒙市採取更極端主張之「獨尊英語運動」，不只尋求英語爲官方語言，更進一步將捍衛英語同捍衛美國主流文化、價值劃上等號，故逐漸衍生爲「約翰・韋恩」式〔註32〕，帶有極端種族族歧視的愛國主義運動。

蒙市「獨尊英語運動」發起人 Frank Arcuri 與 Barry Hatch 於 1985 年 8 月所發佈的請願通告，即可觀其端倪。該通告指稱：「英語是我們在蒙市使用的語言，是英語統合我們成爲美國人……讓我們使英語成爲全國統一的象徵。」他們並進一步指控市議會：「如果市議會不解決問題，那麼我們就要從它們手上奪回權力。」Hatch 甚至狂哮：「華人應該要了解是單一語言團結我們的國家。」〔註33〕1985 年 11 月 11 日，Arcuri 與 Hatch 蒐集蒙市數千份簽名，提交市府書記核對，希望提出公投提案，於 1986 年 4 月與市議員選舉一起進行投票表決。然而市府檢察長（city attorney）Richard Morillo 認爲該提案有技術上的瑕疵，目的不明確，故予以駁回，要求再次連署提案。Arcuri 則指控市府檢察長爲「狡猾律師」（tricky lawyer），宣誓將對抗到底，並將該案提交「洛杉磯最高法庭」（Los Angeles Superior Court）審理，該案最後遭到駁回。至此，蒙市「獨尊英語運動」在法律層面上已然終結，但主導者 Arcuri 卻繼續展開另一波請願活動，以限制中文招牌，同時也爲當時全加州性的「獨尊英語運動」進行連署活動。〔註34〕

力不足時，當地選務處必須爲該族裔提供雙語選舉資訊服務，指導選民如何投票和履行選民義務。加州「38 號議案」很明顯牴觸聯邦法律規定。參見 Renee Leyva etc., "Proposition 38," *Los Angeles Times*（Nov. 15, 1984）.；林啓文，《華裔美人參與政治活動之研究：一九六五年至一九九三年》，頁 27～28。

〔註31〕 Timothy Patrick Fong, *The Unique Convergence：A Community Study of Monterey Park, California*, pp.118～119；U.S. English, Inc.網址：http://www.us-english.org/.

〔註32〕 約翰・韋恩（John Wayne）爲美國著名演員，1940 年代至 1970 年代間主演多部美國西部電影，其縱馬持槍、見義勇爲的牛仔形象被視爲美國精神象徵。

〔註33〕 Timothy Patrick Fong, *The Unique Convergence：A Community Study of Monterey Park, California*, p.112.；Ray Perez, "A City Is Divided by Its Languages English-Only Plan for Signs Stirs Opposition," *Los Angles Times*（Apr 10, 1987）.

〔註34〕 Timothy Patrick Fong, *The Unique Convergence：A Community Study of Monterey Park, California*, pp.112～113、116～117.

蒙市「獨尊英語運動」如火如荼之際，反對聲浪亦不斷湧現。由亞裔、拉丁裔爲主所組成，成立於 1985 年 11 月的「蒙市種族和諧聯盟」（Coalition for Harmony in Monterey Park，簡稱 CHAMP）即爲反對「獨尊英語運動」之代表組織。該組織強調多元文化包容之價值，主張增加「英語爲第二語言」（English as a Second Language，簡稱 ESL）課程經費，改善當地移民英語問題。該組織領導人之一伍國慶（Michael Eng）表示：「這種（獨尊英語）請願活動是以分裂取代團結，以紛擾替代和諧，將使我們回到黑暗時代……他們扭曲了愛國主義與美國主義」。他並呼籲：「我們的目的只是爲了維持全市多元族裔和諧、包容與合作的精神。」〔註35〕

1986 年蒙市市議員選舉，即環繞於「獨尊英語運動」議題。在選舉過程中，「蒙市居民協會」推薦 3 位候選人—Chris Houseman、Patricia Reichenberger 與 Barry Hatch，除 Chris Houseman 認爲焦點應該放在發展與土地利用政策上而對「獨尊英語」議題持較持保留態度外，其他 2 人均爲「獨尊英語運動」堅定支持者。而現任 3 位議員—陳李琬若、David Almada 與 Rudy Peralta 則大致上反對「獨尊英語運動」，傾向主張較溫和的「英語外加第二語言」（English Plus）。〔註36〕選舉結果，「蒙市居民協會」推薦的 3 位候選人均告當選，而陳李琬若等現任 3 位議員均中箭落馬。選後《世界日報》發表蒙市市議員深井正二看法，認爲陳李琬若等人落選是「獨尊英語運動」的犧牲者，亦反應蒙市部分居民的種族歧視與反新移民趨勢。〔註37〕

總言之，「獨尊英語運動」掛率，代表美國價值至上的意識型態於 1986 年選舉後，已在蒙市市議會成爲主導力量，此情況進一步加深華人爲主的少數族裔移民與新議會間的鴻溝，並促成罷免活動的發生。

2、罷免活動

1986 年選舉後，蒙市市議會以保守派議員居多，其中 Barry Hatch 尤爲箇中代表，因此新議會多項高度爭議性舉措持續引發爭議。首先以 Barry Hatch 爲首，新議會響應當時加州熱門的「63 號議案」，要求蒙市將英語訂爲官方語言；其次，新議會對蒙市建物、公寓與複式住宅提出 40 天停止建造決議，使

〔註35〕 Timothy Patrick Fong, *The Unique Convergence：A Community Study of Monterey Park, California*, p.115.

〔註36〕 「英語外加第二語言」運動包容多元族裔，其主張爲增加少數族裔之「英語爲第二語言」課程及成人英語班。

〔註37〕 陳李琬若著，《臺灣女孩美國市長陳李琬若自述傳奇生平》，頁 246。

原本正在進行的若干建設瞬間停擺；三者，新議會否決前此已得市府規劃部門批准，由「臺灣長輩會」主持，在蒙市設立老人公寓的計劃；其四，在 Patricia Reichenberger 與 Barry Hatch 提案下通過「9004 決議案」（Resolution 9004），實施禁建，規定 1 年內不允許提出任何營建案；其五，蒙市市府出版的市政公報廢止中文版，以協助族裔溝通為宗旨的「社區關係委員會」（Community Relations Commission）也遭到裁撤；〔註 38〕其六，新議會通過法令，禁止市府前懸掛外國國旗，只能懸掛美國國旗或加州州旗。最後一項決議直接影響舉辦經年，由蒙市姐妹市—臺灣永和市所贊助的「雙十國慶」，Chris Houseman 因此批評同僚「耍一場大而欺騙的把戲」（playing a big, phony game）。〔註 39〕

新議會一連串挑釁式的舉動，激怒蒙市少數族裔與某些特定團體，如「9004 決議案」讓許多發展商憤憤不平，醞釀以法律訴訟途徑解決；否決「臺灣長輩會」老人公寓的計劃激起臺灣移民反抗，當時「臺美公民協會」（Taiwan American Citizens League，簡稱 TACL）即發動大規模示威表達抗議，約 400 名臺裔長者群集市府，高舉「善待長者」（Be Kind to the Elderly）與「中止蒙市種族隔離制度」（End Monterey Park Apartheid）等標語，當時「臺美公民協會」領導人，臺裔銀行家吳澧培直言：「這是無庸致疑的種族主義，蒙市正處於暗潮中」；針對新移民的各種壓制措施，則使當地華裔住民群起洶湧，紛紛要求市議會改弦易轍。然而新議會對上述抗議行動不加置喙，Patricia Reichenberger 即認為抗議群眾多不居住於蒙市，因此持續一意孤行立場，此態度終於導致「罷免活動」。〔註 40〕

1986 年 7 月，來自南加州各地 6 百名社區人士，以朱妙珍、伍國慶及學者卡登倫（Jose Calderon）等人為首的「蒙市種族和諧聯盟」，在蒙市市府前進行大規模示威；以「美好都市」（A Better Cityhood，簡稱 ABC）為名的罷免推動組織，則持續進行對 2 位市議員—Barry Hatch 與 Patricia Reichenberger 的罷免連署簽名活動，數月後共蒐集 6 千 8 百份罷免連署簽名，經洛杉磯縣

〔註 38〕 Timothy Patrick Fong, *The Unique Convergence：A Community Study of Monterey Park, California*, pp.122～126；陳李琬若著，《臺灣女孩美國市長陳李琬若自述傳奇生平》，頁 249～250。

〔註 39〕 Timothy Patrick Fong, *The Unique Convergence：A Community Study of Monterey Park, California*, pp.129～130.

〔註 40〕 Timothy Patrick Fong, *The Unique Convergence：A Community Study of Monterey Park, California*, pp.126～127.

選務部審核通過，做出裁決要求蒙市舉行罷免投票。Barry Hatch 與 Patricia Reichenberger 對罷免活動嗤之以鼻，認爲僅是「不滿的發展商與落選市議員的把戲」（the work of disgruntled developers and defeated council members），而一向支持新議會的「蒙市居民協會」則採取反制措施，駁斥罷免活動爲發展商藉種族主義論調興風作浪。因此，1987年6月進行的罷免投票，使蒙市再次陷入極端對立局面。〔註41〕

罷免投票結果，雖然投票率創蒙市歷年特別選舉投票率新高，但對 Barry Hatch 與 Patricia Reichenberger 的罷免案均告失敗。〔註42〕罷免活動失敗原因約可歸納爲數點：（1）「美好都市」運動由發展商策動，使「蒙市居民協會」指控罷免活動爲發展商利益僞裝具有相當說服力；（2）罷免活動並未深入蒙市基層；（3）「美好都市」運動錯認非白人住民皆支持該項運動；（4）「美好都市」運動無法證明 Barry Hatch 與 Patricia Reichenberger 作法牴觸法律。〔註43〕

然而，罷免活動亦使華人正視種族歧視議題，並促成華人高度團結。罷免過程中，聖谷數個城市的華人群眾聯合發起反歧視運動，使蒙市議會不得不正視華人反抗聲浪，日後有關新移民議案討論，蒙市議會有所顧忌，不再輕舉妄動，同時也開始重視華人群體心聲。此外，罷免活動與新議會一連串反華人、反移民舉動，促使蒙市華人參政意識進一步加強。此後任何議題一旦牽涉華人利益，蒙市華裔住民即予以關切，甚至不惜進行抗爭，並積極培養爲華裔社區發聲的政治人物，促成日後蒙市華裔參政的盛況。

總言之，罷免活動一方面是對新議會與蒙市草根性力量的反制，但一方面也促使華人政治力量的高度團結。蒙市華人在「獨尊英語運動」與「罷免活動」過程中，正視自身政治權益，積極投入政治運作，爲華人在蒙市日後的政治發展奠下良好基礎。

3、市民反看板運動

相較於「獨尊英語運動」與「罷免活動」，1995至1997年間的「市民反看板」（Citizens Against Billboards）運動則回歸社區議題。該運動緣起於美國

〔註41〕陳李琬若著，《臺灣女孩美國市長陳李琬若自述傳奇生平》，頁250～251。
〔註42〕對 Barry Hatch 投票結果：5,136 票反對，3,211 票贊成；對 Patricia Reichenberger 投票結果：5,163 票反對，3,222 票贊成。參見 Timothy Patrick Fong, *The Unique Convergence：A Community Study of Monterey Park, California*, p.135.
〔註43〕Timothy Patrick Fong, *The Unique Convergence：A Community Study of Monterey Park, California*, pp.135～136.

某大型主流廣告公司計畫在蒙市南郊設立大型廣告看板，該公司藉由補助蒙市部份社區團體以爭取地方支持。當時市議會中除趙美心外所有議員基於紓解市府財政壓力考量，均傾向同意此方案。蒙市多數住民則反對此案。〔註44〕

　　華裔社區運動領導人 Lucia Su 等人爲對抗廣告公司，發起名爲「市民反看板」公投活動，蒐集超過 5,000 份簽名連署，在 1997 年 3 月選舉中進行表決，即「方案 B」（Measure B of 1997）。廣告公司則進行反制，於選前向法院提告，指稱「市民反看板」團體未完全符合公投程序，要求法院取消公投活動。「市民反看板」團體則依法律程序對抗，於 1997 年 2 月贏得加州高等法院（the California Superior Court）勝訴，並在該年 3 月的公投中獲得壓倒性通過（86.3%，史上最高）。該次運動主要領導人 Lucia Su 事後認爲公投活動爲全社區多族裔共同的努力，適切表達當地各族裔心聲，她認爲透過參與主流政治彰顯訴求有其必要性，而團結各族裔群體才能共同營造更美好的社區。〔註45〕由「市民反看板」運動觀之，蒙市族裔政治已就公共議題進行跨族裔合作，並回歸對當地市民切身之要的社區議題，而華人在這類運動中的領導作用與跨族裔間的協調角色則日漸重要。

圖 4-1　蒙市市府外觀　　　　圖 4-2　蒙市市府內景

資料來源：筆者拍攝　　　　　　資料來源：筆者拍攝

〔註44〕 Richard Winton, "Monterey Park Ban on Billboard Remains in Effect, Pending Election ," *Los Angeles Times*（May 4, 1995）；Richard Winton, "Monterey Park Billboard Ban Stays," *Los Angeles Times*（May 7, 1995）.

〔註45〕 參見 Wei Li, *Spatial Transformation of an Urban Ethnic Community From Chinatown to Chinese Ethnoburb in Los Angeles*, pp.175～176；Richard Winton, "Monterey Park Ban on Billboard Remains in Effect, Pending Election," *Los Angeles Times*（May 4,1995）.

二、蒙市華人政治成就

1980 年代後，華人已成為蒙市政治天平不可忽視的主導力量，相對蒙市也提供華裔參政舞臺，不但培養多位華裔政治明日之星，更使蒙市政策朝向有利華人方向前進：

（一）蒙市華人政治菁英

1、陳李琬若

陳李琬若為第 1 位在蒙市發光發熱的華裔民選官員。陳李琬若 1936 年出生中國天津，1948 年遷至臺灣，1958 年赴美留學，1964 年獲華盛頓大學社會工作碩士學位，1970 年任「洛杉磯縣社會福利部亞裔事務處」處長，1980 年任「洛杉磯縣社會福利部計劃資源局」局長，並曾被福特與卡特總統任命為「聯邦婦女權益委員會」、「全國成人教育委員會」委員。由其學經歷可看出陳李琬若為一行政經驗豐富，長於社會服務工作的華裔官員。〔註 46〕這樣的背景加上自 1969 年即定居蒙市，在參與蒙市地方選舉上，熟稔政治運作的陳李琬若具備有利條件。

1981 年 6 月，蒙市市議員馬丁尼茲（Matthew Martinez）獲選加州州議員，議員遺缺進行補選。雖然該次補選任期不到 1 年，但現任者競選下任議員具備相當優勢，競逐者頗眾。該次補選則為陳李琬若初試啼聲之作。她首先獲得拉丁裔加州參議員托瑞斯（Art Torres）公開背書（endorsement），並組織包括前蒙市市長戴維斯（Louise Davis）、蘭利老人中心（Langley Senior Citizen Center）主任貝斯萊恩（Beth Ryan）、大眾傳播專家陳大安、中華會館前主席司徒健等人為成員的「親信幕僚會」（kitchen cabinet），且密集拜會蒙市各社團組織如體育協會、家長會、鄰里守望互助會、民主黨協會等。之後，在蒙市 Bell & Beau（即今蒙市林肯酒店）與 Luminarius 西餐館舉辦 2 場公開募款餐會，得到華人大力贊助，當時華裔最高民選官員余江月桂、蒙市長青書局老闆劉冰、旅館業鉅子王桂榮等人都是其支持者。募款餐會為陳李琬若募集領先所有參選者的 2 萬多美元競選經費。〔註 47〕

陳李琬若競選策略著重草根性拜訪，透過鄰里茶會（coffee hour）、登門拜訪（precinct walk）等方式進行選戰，她曾自陳競選活動期間踏破 3 雙鞋，可見其深入基層。由於當時知名度不高，且政見需要進行宣傳，陳氏大量利用報紙與郵寄傳播各種中英對照的文宣廣告，自我推銷。再者，華裔選民為

〔註 46〕陳李琬若著，《臺灣女孩美國市長陳李琬若自述傳奇生平》，頁 327。
〔註 47〕陳李琬若著，《臺灣女孩美國市長陳李琬若自述傳奇生平》，頁 173～179。

其重要選票來源，但當時華裔選民登記（voter registration）比例不高，陳陣營遂於華人出入頻繁的餐館、超市、老人公寓與零售商店等門前設立「馬路選民登記站」，免費爲民眾辦理選民登記，並透過華人教會有效動員及推廣通信投票（vote by mail）等方式，鼓舞當地華人踴躍投票，拉抬選情。最後選舉結果，匆匆投入競選不過 2 個多月的陳李琬若在 6 位參選者中，僅以 28 票之差敗給長久經營當地社區的草根性領導人士 Ira Gilman，可說雖敗猶榮。〔註 48〕在該次補選中，陳李琬若的競選方式體現美國華人參與競選活動的靈活性，反應華人在蒙市競選公職的高度可能性。之後，1982 年 4 月蒙市市議員選舉，陳李琬若以最高票當選市議員，開創華人參與地方政治的先聲。

　　1983 年 11 月 28 日，陳李琬若就任蒙市市長，成爲全美第 1 位華裔女市長，其「加冕」（coronation）不但吸引美國主流媒體關注，美、臺、港、中等地中文媒體更是大肆報導，認爲「陳李琬若任市長，是華人在美國地位上升的一個重要里程碑」。〔註49〕其擔任市長任內，銳意革新，在改善蒙市交通、關閉蒙市當地垃圾場、爭取蒙市成爲洛杉磯奧運場地等方面都獲得市民普遍好評。另外，陳李琬若也推動多種對華人社區有利政策，如鼓勵華人市民參與市議會公聽會（public hearings）；〔註 50〕鼓勵市府聘用華語或西語等雙語雇員，對現有市府職員提供亞裔文化培訓課程；在市政公報上附加中文；在蒙市圖書館中增添更多中文圖書與報紙，成立英語培訓班、英文及公民入籍班（Literacy for All of Monterey Park，LAMP），並舉辦各種介紹多元族裔文化的文娛活動；與臺灣獅子會聯繫，獲得 1 萬冊中文圖書捐贈；提名多位華人出任各市政委員會（city commission）委員等。〔註51〕這些政策對蒙市華人市民嘉惠良多，並進一步提升華人在蒙市地位。

　　1986 年陳李琬若競選連任失利，但在民主黨政壇依然十分活躍，1988 年爭取加州民主黨國會議員提名，1994 年被任命爲「商業部工業政策委員會」（Industry Policy Advisor, Department of Commerce）顧問，1995 年被任命爲「國防三軍婦女顧問委員會」（Defense Advisory Committee on Women In The Service）

〔註 48〕　陳李琬若著，《臺灣女孩美國市長陳李琬若自述傳奇生平》，頁 179～191。
〔註 49〕　陳李琬若著，《臺灣女孩美國市長陳李琬若自述傳奇生平》，頁 206。
〔註 50〕　美國地方都市市議會通過任何法律前，均需經過民眾公聽會，而公聽會往往在市議會討論議案時進行，市民均有權上臺表達意見，故公聽會往往是當地民意呈現，也常左右市議會政策的制定。陳李琬若著，《臺灣女孩美國市長陳李琬若自述傳奇生平》，頁 216。
〔註 51〕　陳李琬若著，《臺灣女孩美國市長陳李琬若自述傳奇生平》，頁 216～219。

委員，1998 年擔任「國務院東西方中心」（East West Center, Department of State）常務董事（Board of Governors）。2000 年擔任「亞太裔領袖小組主席」，2003 年被任命為加州老人福利委員。陳李琬若曾任「百人會」（committee of 100）會長，〔註52〕在華裔政治圈中頗有影響力。

2、趙美心

趙美心為第三代華裔，1954 年出生於加州，1974 年以優秀成績從洛杉磯加州大學（University of California, Santa Barbara）數學系畢業，1979 年取得加州心理專業學校（California School of Professional Psychology）博士學位，在洛杉磯加大、東洛杉磯大學（East Los Angeles College）教授心理學及亞美研究，1970 年代中期後遷至蒙市。趙美心除在學術圈有所成就外，亦活躍於地方社區，不但身為襄助移民青年迅速適應美國的「亞裔青年計劃」（Asian Youth Project）創辦人之一，同時也參與紅十字會、「西聖谷家庭諮商服務」（the Family Counseling Service of The West San Gabriel Valley）、「西聖谷青少年休閒計劃」（the West San Gabriel Valley Juvenile Diversion Project）等。這些社區經驗對其日後從政大有俾益。〔註53〕

圖 4-3　趙美心

資料來源：www.americanchronicle.com

1985 年趙美心展開其民選公職起步，以最高票當選嘉偉學區第 1 位亞裔學區委員，該學區包括柔似蜜市與蒙市，服務對象多為英文不甚流利的亞裔新移民學生。趙美心在學區委員任內，十分技術地平衡亞裔與拉丁裔學生需求，幫助家長了解學校行政系統運作，並成功建立「跨族裔」形象。除學區委員外，趙美心亦涉足擔任聯合金庫（United Way）聖谷分會亞太裔工作小組

〔註52〕陳李琬若著，《臺灣女孩美國市長陳李琬若自述傳奇生平》，頁 279～293；劉曉莉，《大贏家──100 位頂尖華人》，頁 8～10。

〔註53〕Timothy Patrick Fong, *The Unique Convergence：A Community Study of Monterey Park, California*, p.142.；劉曉莉，《大贏家──100 位頂尖華人》，頁 14～16。

主席，替亞太裔心理諮詢及社會服務機構爭取經費與權益，並活躍於華裔教授協會及南加州華裔家長教師協會等組織。〔註54〕

1988 年，趙美心以最高票當選蒙市市議員，年僅 34 歲。其後 13 年間數次連任，從 1990 年起，連續當選 3 任蒙市市長。2001 年 5 月，趙美心更上一層樓，以超過 58% 選票，贏得加州以西語裔選民居多的第 49 選區〔註55〕眾議員席位，成為加州第 3 位華裔女性眾議員，2004 年連任成功。2006 年，趙美心轉戰加州稅務委員（Board of Equalization Member），並順利當選。

趙美心由蒙市市長、加州眾議員到加州稅務委員，為蒙市華裔政治人士中最具代表性的民選官員。事實上，趙美心雖然身為華裔，但向以族裔間和諧、溝通與合作橋樑自許，也因此其選舉往往能獲得跨族裔選票的奧援。然而本身不通華語，再加上某些政策並未獨厚華人，也讓部分華人社區人士質疑趙美心族裔代表的正當性。如 1991 年，蒙市華裔市議員姜國樑提出「九一一雙語案」，〔註56〕建議聘請雙語（華語與西語）911 緊急熱線接線生，但遭市議會否決，趙美心在該案投票中亦持反對立場，引起部分華人不滿。其後，一向對華人友善的蒙市市府經理馬克‧路易斯（Mark Lewis）遭到免職，趙美心亦持贊成態度，這些舉動再加上趙美心及其夫婿伍國慶與「蒙市居民協會」的友好關係，皆讓許多華人質疑其立場。而身為民主黨開明派，近年趙美心明確支持工會與同性戀結婚等議題，亦在華人社區引起爭議。〔註57〕

然而趙美心擔任民選官員期間，亦有許多卓越貢獻。如擔任蒙市市議員

〔註54〕劉曉莉，《大贏家——100 位頂尖華人》，頁 14～16；Richard Winton, "Chu Is Known as Bridge-Builder Assembly：The Politician Earned Her Experience as an Activist, Eventually Serving on the Monterey Park City Council for 13 Years," *Los Angles Times*（May 18, 2001）.

〔註55〕第 49 選區包含阿罕布拉市、蒙市、聖蓋博市、柔似蜜市、聖瑪利諾市、南艾爾蒙地市、艾爾蒙地市等。

〔註56〕蒙市居住許多華裔長者，由於不通英語，故遇到緊急事件需向警局或相關單位求援時往往求助無門，因此華人社區積極推動雙語接線生的聘用，姜國樑則向市議會提出該方案。見 Timothy Patrick Fong, *The Unique Convergence：A Community Study of Monterey Park, California*, pp.149～150.

〔註57〕Timothy Patrick Fong, *The Unique Convergence：A Community Study of Monterey Park, California*, pp.150～151；陳李琬若著，《臺灣女孩美國市長陳李琬若自述傳奇生平》，頁 253～254；David Pierson, "Political Power Couple Facing New Dynamic：Some Question Whether Judy Chu and Mike Eng still Represent an Asian Community far Different than When They Entered Political in the 1980s," *Los Angles Times*（June 2, 2006）.

期間，推動「和諧週」（Harmony Week），內容包括以多族裔社區共存等爲題的全市作文競賽、榮譽公民晚會，與促進商家、服務性團體間和諧等，「和諧週」如今已是蒙市傳統，並擴充爲「和諧月」（Harmony Month），每年 10 月間均舉辦各式活動，強調族裔和諧的價值，廣獲各界認同；「社區圓桌會議」（Community Roundtable）則提供社區領導人溝通意見的場合。〔註 58〕此外，在擔任加州眾議其間，趙美心亦通過許多嘉惠亞裔社區的法案，如反仇恨犯罪的「AB2428 法案」〔註 59〕、保護家庭暴力受害婦女與兒童的「AB2018 法案」以及保護亞裔消費者權益的「AB309 法案」等，均爲其貢獻。

3、伍國慶

伍國慶與趙美心爲蒙市著名華裔政治夫婦。伍國慶爲第二代華人移民，成長於夏威夷，獲得夏威夷大學學士和碩士學位，後在加州大學洛杉磯分校完成法學博士課程，爲著名移民律師。1985年開始擔任蒙市圖書館委員，在反對「獨尊英語」運動中爲「蒙市種族和諧聯盟」重要骨幹份子，出力甚大。另一方面伍氏亦爲「西聖谷亞太民主俱樂部」（the West San Gabriel Valley Asian Pacific Democratic Club）創辦人之一，爲頗有影響力的地方政治領導人士。〔註 60〕伍氏十分熱心社區活動，設立各種獎學金

圖 4-4　伍國慶

資料來源：蒙市市府網站

〔註 58〕 Wei Li, *"Anatomy of a New Ethnic Settlement：The Chinese Ethnoburb in Los Angeles," Urban Studies*, p.175.：《星島日報》，2006 年 9 月 16 日，B1 版。

〔註 59〕「AB2428 法案」亦稱「肯尼法」（Kenny's Law），以華裔受害人邱顯泰（Kenny Chiu）命名。2001 年 6 月 30 日，來自臺灣，17 歲的邱顯泰在家中被鄰居刺殺 25 刀而死。雖然陪審團認定被告殺人罪成立，但被告卻以精神不健全而未受制裁，僅送交精神病院治療。該法案內容：因仇恨犯罪而被判入獄或送進精神病院的罪犯，在假釋、釋放或離開精神病院後，受害者家庭將受到自動保護令的保護，此外，罪犯也將受到有關仇恨犯罪的進一步教育。參見《世界日報》，2004 年 10 月 5 日，B1 版。

〔註 60〕 John Horton, *The Politics of the Diversity：Immigration, Resistance, and Change in Monterey Park, California*, p.122.

如馬凱博高中獎學金等提供青少年接受高等教育機會，並由其「Eng and Nishimura 律師事務所」提供蒙市和諧週、櫻花節等活動資金。

2003 年，伍國慶當選蒙市市議員，2004 年 8 月就任蒙市市長。伍氏在市議員任內頗多政績，如 2004 年支持保護地方政府收入，限制州政府截留地方政府稅收的「1A 提案」（Protection of Local Government Revenue），以改善當地警治、消防、公共衛生、圖書館和公園建設等迫切需要服務；〔註61〕2005 年則與劉達強、馬丁尼茲（Sharon Martinez）、譚趙美生、凡提（Benjamin F. Venti）等人提出更積極的「AA 方案」（Measure AA），主張蒙市單一住宅的屋主每月多交 3.33 美元，欲在 25 年中籌款 250 萬美元，用於改善警察局和消防局陳舊設施，增加 4 位警員和 3 位急救人員來幫助市民解決緊急情況。另外，伍國慶長年推動蒙市圖書館增設中文書籍，設立英文課程，為老人提供成為美國公民的講座、錄影帶與相關資料等活動，且積極籌款推動圖書館擴建，並於 2006 年擴建完畢。

伍氏對華裔圈經營頗深，十分鼓勵少數族裔民眾發揮政治作用，保護自身利益，且積極主張更多華裔人士投身政壇。伍氏亦活躍於華裔菁英組成的「百人會」與「華裔民選官員協會」（Chinese-American Elected Officials，簡稱 CEO）。2006 年，伍氏接續其妻趙美心州眾議員遺缺，競選加州眾議員並高票當選，為蒙市華裔從政再譜一曲新章。

4、劉達強

劉達強為香港移民，1970 年代即已定居蒙市，為專業會計師。劉氏深耕基層，曾於嘉偉學區教育委員會（Garvey School District, Board of Education）任職 7 年，並活躍於當地社區組織，如聖蓋博谷同源會（Chinese American Citizens Alliance of San Gabriel Valley）、蒙市獅子會（Monterey Park Lions Club）、休閒娛樂委員會（Recreation and Parks Commission）、社區關係委員會（Monterey Park Community Relations Commission）、洛杉磯縣人際關係委員會

〔註61〕據伍氏說法，加州州政府自 1992 年至 2004 年間自蒙市收取稅收 2,400 萬美元。由於地方政府經費主要由當地稅收維持，稅收歸州政府勢必將造成地方政府財政危機。而其直接影響即為減少地方政府公共支出，如減少圖書館開放時間，或縮簡警員、消防員人數等預算，對當地生活品質造成影響。故 1A 提案有助於蒙市之類的地方政府正常運作。參見《大紀元報》，網址：http://www.epochtimes.com/b5/4/10/15/n691243.htm；陳李琬若著，《臺灣女孩美國市長陳李琬若自述傳奇生平》，頁 172。

等。2001 年劉氏當選蒙市市議員，2005 年再次獲得連任，為蒙市前景看好的華裔政治人物。

劉達強擔任蒙市市議員期間重視長者與青少年服務，堅定反對賭場興建，致力改善警局及消防局，鼓勵商機平衡經濟發展及市府財政收支，並與趙譚美生、伍國慶等人推動「大西洋時代廣場」等開發建設方案，增加地方商業繁榮與就業機會。﹝註 62﹞此外，劉氏在華裔社區貢獻方面亦相當卓越，如加強雙語服務，鼓勵華人參與政治活動，加強與亞洲各都市官方間交流與合作等。2004 年劉氏並曾擔任「華裔民選官員協會」會長。

5、趙譚美生

趙譚美生於 2003 年當選蒙市市議員，2005 年 7 月擔任蒙市市長，為蒙市第 6 位華裔市長，同時也是蒙市第 3 位華裔女市長。趙譚美生畢業於南加州大學，為加州第 1 位華裔女律師，同時也是現今華美銀行前身—「蒙特利儲貸會」創會董事之一，曾創辦多家銀行，具有豐富商界經驗。趙譚美生定居於蒙市超過 40 年，對當地社區事務相當熟悉，再加上學經歷均佳，成為其從政有利後盾。﹝註 63﹞

由於 1990 年代「控制成長」之風，蒙市都市建設與發展多牛步化，影響都市稅收。趙譚美生由於具商業背景，就任市議員後大力推動商業計劃，發展「大西洋時代廣場」等都市計畫，活絡社區經濟，改善蒙市不振的經濟狀況。另外，趙譚美生堅決反對印第安賭場在蒙市興建及任何麻將賭博活動，以保障當地住民生活品質。﹝註 64﹞趙譚美生任內，舉辦了大量文化、教育及節慶活動，如防範青少年吸毒活動（DARE）；社區與企業合辦的優秀學生學費減免項目；資助本市學校增添設備的校園美化項目；幫助母語為非英語學生學習的 LAMP 項目等。趙譚美生亦曾擔「華裔民選官員協會」副會長。

綜言之，自 1982 年以來，蒙市已先後誕生 6 位華裔民選市議員，人數居聖谷之冠，即便放諸全美，亦屬鳳毛麟角。其中趙美心與伍國慶先後出任州級民選官員，可見蒙市已成為華裔政治人物培育搖籃。近年蒙市華人參政情況更加熱絡，不但華人選民投票踴躍，競選各種公職的華裔人士各是絡繹於途，如 2003 年市議員選舉即有 6 位華裔候選人參選，2007 年則有 5 位華裔參

﹝註 62﹞ Michelle Rester, "Monterey Park Council Members Deny Tribal Casino Claims, Market Place Rumors Flying," *San Gabriel Valley Tribune*（Sep. 5, 2003）.

﹝註 63﹞《世界日報》，2006 年 3 月 9 日，B2 版。

﹝註 64﹞《星島日報》，2006 年 4 月 3 日，A3 版。

與選舉。另外，在學區委員、財務長等民選及各項派命的公職方面，華裔更是大有展獲，如吳學儒（Mitchell Stanley Ing）於 2001 年當選蒙市財務長，2005年連任，並有意角逐 2007 年市議員；梅仲明則於 2004 年 2 月代理蒙市警察局長，同年 11 月正式就任，成為南加州第一位華裔警察局長。上述華人菁英或通過民意洗禮，或憑藉專業訓練擔任公職，使蒙市華人參政成為全國矚目的焦點。

（二）蒙市華人參政的貢獻

　　蒙市華人參政人數之眾，反應當地華人社區對政治參與的熱情。事實上，蒙市華人對於政治議題關切態度晌非其他聖谷都市所能比美。蒙市華人住民積極關心政治議題的直接貢獻，即促使市府當局正視華人權益，做出對華人有利的政治決策，並使華人獲得更多便利與尊重。

　　首先，蒙市官方早在 1992 年選舉即印行包含英語、西班牙語與華語 3 種語言的選票，為聖谷創舉。事實上，根據美國聯邦選舉法於 1975 年實施之「雙語協助投票」（bilingual ballots） 203 條例規定，全美任一縣選區某一少數族裔選民超過 5%，且證明英文能力不足時，當地選務處必須為該族裔提供翻譯，包括雙語選票資訊服務。〔註 65〕但此規定多嘉惠西語裔選民，對華裔幫助不大。然而 1980 年代末期蒙市華人罷免活動與一連串爭取自身權益舉動，讓蒙市市府正視華人等少數族裔選民權益。因此，更貼近華裔選民的雙語選票服務遂於蒙市實行，進一步深化蒙市華人政治參與。其後，蒙市市府政策繼續朝此方向前進，2003 年 12 月，蒙市市議會通過「市政服務雙語化政策」，市屬設施如市政廳、公園、社區中心等增列國際標示；市政廳內各部門櫃臺增列中文與西班牙文標示；重要文宣指南、申請表格、新聞稿、市府網站、市

〔註65〕此條例於 1992 年到期，又延長 15 年，美國國會並放寬對獲得雙語協助投票服務的資格，即擴充為同一縣選區某一少數族裔的英語不流利選民人口超過 1 萬人，或佔選民總人口的 5%，其適用範圍可擴大至全美 256 個縣。此外，參眾兩院的議案對全美主要都市，持同一語言的少數族裔，亦列入雙語選票保障內。易言之，都市中若有講相同語言的少數族裔聚居社區，其中有 1 萬人以上無法講英語時，選票及資料必須雙語印刷，此法令對如洛杉磯、紐約皇后區等選民有利，並使亞太裔選民投票率大幅增加。2006 年該條例再經美國國會同意，延長 25 年。見林啟文，《華裔美人參與政治活動之研究：一九六五年至一九九三年》，頁 26～28；Johanna Neuman, "Voting Rights Act Renewal Wins House Approval：Republican Leaders Side with the Democrats to quash GOP Moves to Revise the Measure," *Los Angles Times*（June 14, 2006）.

府第 55 頻道電視臺等，均增列華語及西班牙語；公共安全事宜則必須通知西語、日語與華語等非英語媒體；聘請警員與消防員時將儘量優先雇用通曉雙語，特別是亞洲語言者。〔註 66〕蒙市「市政服務雙語化政策」爲聖谷地區之首例，亦爲當地華裔住民多年追求之成果。另外，蒙市在圖書館增加中文圖書與開辦各種有助華裔等少數族裔適應美國課程則持續進行，市議會開會亦有中文翻譯，2004 年蒙市更開辦以華語爲主的「華人公民警校」（Chinese Citizens Police Academy）。〔註 67〕上述這些成就與華人在蒙市政治影響力日增，特別是 2003 年後華人掌握蒙市市議會多數密切相關。

其次，蒙市爲洛杉磯地區最具代表性的華人社區，許多華人節慶皆在蒙市舉行，蒙市市府對於各式慶典不但支持，同時予以贊助，如 2000 年蒙市市府開始主辦「新年元宵節」（Lantern Festival）相關活動，年年參與人數暴增，現已爲蒙市固定節慶活動，享譽遠近，不但嘉惠當地華裔住民，更提供美國居民認識亞洲文化機會；〔註 68〕每年 10 月 10 日，蒙市市府皆升旗慶祝，市長以降官員皆蒞臨蒙市舉辦的雙十節慶典觀禮，以表重視。再者，蒙市華人於市議會的優勢，對於宣揚華人文化亦有正面意義，如伍國慶於 2003 年推薦北美聖谷華文作家協會會長劉於蓉出任選蒙市文化藝術委員，透過舉辦畫展、書展、演講等活動，向主流社會介紹華人文化與藝術，這些舉動都有助蒙市華人地位提升。〔註 69〕

其三，蒙市少數族裔人口眾多，成爲促進蒙市積極對外交流的橋樑，如 1981 年蒙市即與臺灣臺北縣永和市締結爲姐妹市，〔註 70〕兩市間交流頻繁，兩市市長與官員經常率團互相訪問交流，〔註 71〕近年蒙市又與中國泉州市締

〔註 66〕《世界日報》，2003 年 12 月 18 日，B1 版。

〔註 67〕Jason Kosareff, "Police Academy Taught in Mandarin," *San Gabriel Valley Tribune*（Dec. 20, 2004.）

〔註 68〕Becky Oskin,"Keeping Light of Tradition Burning Chinese Lantern Festival Marks End of New Year ,"*San Gabriel Valley Tribune*（Feb. 25, 2002）.

〔註 69〕參見《大紀元報》，2003 年 6 月 20 日，網址：http://www.epochtimes.com/b5/3/6/20/n331515.htm。

〔註 70〕蒙市現共有 5 個姐妹市，分別爲日本的 Nachikatsuura、臺灣的永和市、中國的泉州市、墨西哥的 Morelia 市與韓國首爾市等。由姐妹市締結情況可看出蒙市多元族裔組成的人口結構對其在政治與文化上的影響。參見《世界日報》，2006 年 1 月 23 日，B3 版。

〔註 71〕Irene Chang, "A Sisterly Visit Monterey Park Gives Taiwan Guests a Taste if Chinatown," *Los Angles Times*（Feb. 3, 1991）.

結爲姐妹市，加強與亞洲間合作。這些交流活動主要皆由蒙市華裔議員主導舉辦，不但拉進蒙市市府與市民間距離，更提供蒙市與海外互動機會。

　　總言之，蒙市多年來提供美國華裔參政舞臺，培養出陳李琬若、趙美心、伍國慶等活躍的華裔政治人物，而此趨勢隨著華人社區在聖谷的擴張，更具備鼓勵聖谷各都市華人從政者學習與借鑑的價值。蒙市華人社區擺脫政治冷漠，在多元族裔政治中歷經衝突、成長與茁壯的經驗則具有啓示作用，影響近年華人住民日眾但政治影響力有限的許多聖谷都市華人住民，使其心生效法。筆者認爲隨著聖谷近年華人社區的擴張，蒙市華人參政經驗已經逐漸外擴，其發展趨勢頗有循蒙市模式之處，筆者在下一節中將繼續探討。

第二節　聖谷華人參政情況

　　1980 年代後，蒙市華人在積極參政中逐漸主導當地政治決策，使華裔住民獲得豐碩回報，對聖谷其他都市具有鼓舞作用。事實上，隨著華人在聖谷各都市開疆拓土，華人社區如雨後春筍般建立，其時間稍晚於蒙市，規模亦略遜蒙市，但與當地社區互動及可能面臨的白人住民反彈等情況，與前述 1980 年代蒙市華裔處境並無二致，如天普市華裔進入當地社區，即引起反彈，當地白人市議員參選人甚至在無證據情況下，任意指控華人婚紗店暗藏洗錢與賣淫；〔註 72〕同樣情況，西來寺（Hsi Lai Temple）在哈仙達崗建寺過程中波折重重，頻遭當地住民反對，自 1979 年購地，直至 1986 年方始動工，其間歷經 6 次公聽會，100 多次協調會，西來寺眾甚至挨家挨戶進行說明解釋；〔註 73〕亞凱迪亞市某日華聯姻家庭，在 2 年內門窗被石塊或 BB 彈打破不下 20 次；〔註 74〕聖瑪利諾市則出現華裔學生遭白人同學毆打事件。〔註 75〕上述華裔在當地社區之弱勢處境，使許多華裔住民視政治參與爲改善現狀之必要手段。

〔註 72〕 Wei Li, *Spatial Transformation of an Urban Ethnic Community from Chinatown to Chinese Ethnoburb in Los Angeles*, p.174.

〔註 73〕 Wei Li, *Spatial Transformation of an Urban Ethnic Community from Chinatown to Chinese Ethnoburb in Los Angeles*, pp.171～172.

〔註 74〕 Leland T. Saito, *Race and Politics：Asian Americans, Latinos, and Whites in a Los Angeles Suburb*, p.56.

〔註 75〕 Jill Stewart, "Chinese in San Marino：Isolation," *Los Angeles Times*（June 8, 1984）.

　　然而，由於聖谷各都市華裔社區情況互殊，華人參政步調亦不一致。以西聖谷中比鄰蒙市的阿罕布拉市、聖蓋博市與柔似蜜市為例，1990 年 3 市華人人口比例皆超過 2 成，2000 年則皆在 3 成以上，但 2003 年聖蓋博市才出現第一位華裔市議員梅志堅（Chi Mui）；柔似蜜市第一位華裔市議員陳奕泉（John Tran）則是 2005 年方告當選；阿罕布拉市更遲至 2006 年才出現第一位華裔市議員沈時康（Stephen K.Sham）。可見當地華裔社區之繁榮不等於政治參與的成功。

　　阿罕布拉市等 3 都市華人參政情況明顯冷淡，主要歸因於當地華裔居民結構及其屬性。以阿罕布拉市為例，當地華裔居民多年輕新移民，7 成為租屋居住，相較於蒙市華裔多購屋自住，呈現鮮明對比。易言之，阿市華裔住民僅視阿市為暫棲之所，生活稍待優渥，則轉住他地，自然無心當地政治議題。再者，阿市華裔新移民英語溝通能力欠佳，無投票權與被選舉權，更沒有社區服務及從政經驗，對政治活動自然無置喙餘地，因此在華裔住民與當地疏離情況下，始終未能孕育華裔民選議員參選環境，而勞工階級較多，居民流動性較高的柔似蜜市與聖蓋博市亦有類似情況。〔註 76〕相對的該 3 市華裔住民權益即不易彰顯，進一步影響當地華裔參政。如柔似蜜市超過 3 成華裔比例，但市府在投票上並沒有提供華語翻譯人員，或在選舉文宣上提供相關翻譯，甚至包括投票紙、投票間與投票注意事項等均無相應華語指示，〔註 77〕對華裔參政無形中形成阻礙。

　　另一方面，較之阿罕布拉市等都市，亞凱迪亞市、聖瑪利諾市、南帕莎迪那市、鑽石吧市與胡桃市等具備較佳華人參政條件。一者，這些都市華人人口比例普遍不低；二者，這些都市華人住民素質較整齊，多屬中產階級以上專業人士，其參與社區活動較積極，同時也更重視自身權益；三者，這些都市華人組織相對健全，動員更具效率，如「亞凱迪亞市華人協會」（Arcadia Chinese Association）、「聖瑪利諾華人協會」（Chinese Club of San Marino）、「鑽石吧華人聯誼協會」（Diamond Bar Chinese-American Association）、「胡桃市華人協會」（Walnut Chinese Association）、「南帕莎迪那市市民參政會」（CCSP）、「聖瑪利諾—南帕莎迪那政策行動委員會」（PAC）等組織皆有助當地華人社區政治活動的開展。

〔註 76〕《世界日報》，2004 年 2 月 6 日，B2 版。
〔註 77〕參見華聲報，網址 http://61.135.142.227:82/gate/big5/www.chinaqw.com.cn/node2/node2796/node2882/node2884/userobject6ai253863.html。

　　因此，亞凱迪亞市等都市華裔政治成就亦較顯著，如臺裔移民頗眾的亞凱迪亞市，先後已有臺裔張勝雄（S.H. Chang）於 1994、2000 年，鄂志超（John Wuo）於 2002、2006 年分別當選 2 任議員，並促成當地華裔從政熱潮，2006 年市議員選舉，該市就有 4 位華人裔參選人，可見盛況；聖瑪利諾市於 2000 年則有林元清（Matthew Lin）當選市議員，2004 年再度連任；南帕莎迪那市也曾於 1992、2003 年先後出現徐惠誠（Paul Zee）與劉文輝（Mike Ten）等 2 位華裔市議員；胡桃市自 1995 年至今則有林恩成（*Joaquin Lim*）擔任 4 任市長，且 2006 年當地第 1 位華裔女議員蘇王秀蘭（Mary Su）亦告當選；鑽石吧市則有臺裔張文彬（Wen Chang）分別於 1997 與 2005 年當選議員。這些都市華裔參政相對熱烈使當地華裔權益相對上升，如鑽石吧市曾推動類似蒙市的中文服務方案，胡桃市在選票服務上則包括華語翻譯；〔註 78〕聖瑪利諾市、亞凱迪亞市與鑽石吧市等都市，其華裔在投票、議題討論上均較為便利。此外，聖谷都市中亦不乏與亞洲地區都市締結為姐妹市者，如鑽石吧市與臺灣三峽鎮、柔似蜜市與臺灣基隆市、阿罕布拉市與中國海南省三亞市等均締結為姐妹市，彼此關係友好，互動頻繁。

　　總言之，聖谷各都市華人參政趨勢，大致皆持續深化，尤其中產階級聚居之都市華裔居民從政情況更加明顯。而聖谷整體華裔從政有數特點，值得重視。首先，聖谷華人政治人物多為專業人士，學養均優，如陳李琬若為社會學碩士，趙美心、伍國慶均具博士學位，劉達強為專業會計師，姜國樑、趙譚美生為律師，林恩成為大學教授，林元清、張勝雄為醫師，這些華裔菁英皆學有所長，在各自專業領域中皆備受敬重，其投身政界，容易獲得非華裔選民青睞。〔註 79〕

　　其次，由於美國選民對於社區服務資歷極為看重，故有心從政者往往多與聞社區事務，深耕基層。其中學區教委向為華裔看重之基層民選公職，〔註 80〕

〔註 78〕　參見胡桃市府網站：http://ci.walnut.ca.us/general.asp?id=114。

〔註 79〕　一般而言，聖谷都市之民選議員薪俸皆不高，因此擔任議員者多為兼職，各具本業。

〔註 80〕　學區為美國最基層的教育行政單位，現今全美共有 2 萬多個學區，由學區教委管理，學區教委主要職責為：(1) 制定教育計劃；(2) 制定教育經費預算，徵收教育稅；(3) 管理人事；(4) 購買教材、教具，提供校車；(5) 維修校舍等。學區教委對該區學校管理與教學上均有極大決策力，而華裔家長一向重視子女教育，因此在爭取學區教委上亦十分積極。參見梁威，〈美國基礎教育考察概述〉，《教育科學研究》，第 4 期（1999 年），頁 81。

亦為華裔從政的試金石，聖谷不少華裔政治人物，如趙美心、劉達強、陳奕泉等皆出身學區教委；某些學區教委亦為更高層級政治人物在基層的代表，如嘉偉學區的羅亨利（Henry Lo），即為加州州議員蘿美洛（Gloria Romero）的社區代表，在基層甚有聲望；前天普學區教委陳祥寧（Ed Chen）則任阿諾‧史瓦辛格加州州長競選聯盟副主任，並於選後出任州政府級官員；羅蘭崗學區教委張培駿（Albert Chang）則曾任美國國會議員 John Shimkus 和前國會議員 Tom Bliley 的全時助理。〔註81〕近年華人參選聖谷學區教委情況日趨熱絡，2005 年聖谷即有 11 位華裔角逐各學區教委，並有 7 位獲得當選，顯示華人在聖谷基層政治佈局中已有相當實力。

其三，聖谷華裔女性從政者眾，具有相當指標意義。以蒙市而言，自 1982 年來 6 位華裔市長中即有 3 位女性市長，聖谷各都市華人女性民選官員更不乏其人，如天普市第一位華裔議員汪嵩之（Judy S. Wong，2003 年當選），胡桃市第一位華裔女議員蘇王秀蘭（Mary Su，2006 年當選），及鄰近聖谷的喜瑞都市（City of Cerritos）的李欒復青（Laura Lee）、胡張燕燕（Grace Hu）等皆為顯例。而這些華裔女性民選官員從政優異表現更鼓勵許多華裔女性投入政治活動，並顯示華人傳統男性主導政治的刻板印象，並未窒礙聖谷華人女性政治人物從政機會，而華裔女性參與政治的熱況，更說明當地華裔積極參與政治活動的決心。

其四，隨著聖谷華人參政人數的增長，各都市華裔民選官員間的合作日趨頻繁，其中「華裔民選官員協會」（CEO）即為聖谷乃至洛杉磯地區華裔政治人士間彼此溝通的最佳平臺。這些華裔民選官員在針對華裔相關議題上多團結一致，共同發聲，凝聚聲勢，如推動華人農曆新年訂為加州法定假日，關切加州州長阿諾‧史瓦辛格否決二戰時期日軍侵華編入加州教科書，〔註82〕或齊聲譴責歧視華人舉動或言論等方面，「華裔民選官員協會」成員多立場堅決，共同發聲，並達到絕佳效果。這類透過各都市華裔政治人物相互間溝通與合作機制，有效加強聖谷華人在美國社會的政治影響力。

其五，近年聖谷華裔民選官員多不再以華裔選民自限，往往擴及亞太裔選民，甚至出現與少數族裔結盟現象。部分華裔政治人士取「彩虹聯盟」

〔註81〕參見羅蘭崗學區網頁：http://www.rowland-unified.org/mandarin/board_members_albert_chang.htm。

〔註82〕參見星島環球網：http://www.singtaonet.com:82/global/america/t20051011_12681html。

（rainbow coalition）〔註83〕理念，積極與西裔或非裔等少數族裔密切合作，關心少數族裔議題，藉此獲得政治力量。如 2006 年因「187 法案」〔註84〕再次死灰復燃而引發的大規模抗議遊行中，即不乏華裔政治人士參與；維拉萊構沙（Antonio R. Villaraigosa）透過跨族裔奧援，於 2005 年成爲洛杉磯市 133 年來首位墨西哥裔市長，更使「維拉萊構沙效應」成爲「華裔的鏡子」，讓許多華裔領袖獲得啓發，並更積極推動與少數族裔政治上的聯繫。〔註85〕因此，聖谷乃至洛杉磯地區華裔跨族裔結盟現象將是未來華裔政治發展重要趨勢。

　　另一方面，聖谷華人從政亦不乏挑戰。首先華裔政治性社團種類繁多，各自爲政，使華裔政治力量不易集中。現代心理學大師佛洛伊德（Sigmund Freud, 1856～1939）曾提出「對細微差異的自戀」（the narcissism of minor differences），耶魯大學教授彼得‧蓋伊（Peter Gay）用以印證相近宗教宗派間激烈摩擦，〔註86〕以之對照華裔群體間因移民移民背景之故，往往執著母國事務或特定議題，如兩岸統獨問題等，造成當地華裔政治力量分散之情況，說明華裔群體間團結不易的現實；其二，華裔候選人間協調不足，某些都市華裔參選爆炸，彼此互相攻訐，削弱華裔自身的政治力量。如亞凱迪亞市華裔選民數足以當選 2 位市議員，然而 2006 年亞市卻出現 4 位華裔參選人，在過度競爭下，最後僅當選 1 人。此外，如參選經費問題、華裔社區選民登記、動員等，皆左右當地華裔進一步參政成效。

　　總言之，聖谷華裔參政基本上在各都市皆有進展，從民選議員之增加，到各都市更重視華語服務等項目的拓展，聖谷各都市正逐漸複製蒙市華裔成功參政之經驗，發展各都市華裔參政特色，爭取華裔權益，並透過彼此合作，擴大聖谷整體乃至洛杉磯地區華裔參政成果。

〔註83〕「彩虹聯盟」首次出現於黑人政治領袖賈克遜（Jesse Jackson）1984 年競選美國總統活動中，藉著關懷國內少數族裔問題與支持其他弱勢團體立場，以吸引西語裔、亞裔、婦女及環保團體選票。參見林啓文，《華裔美人參與政治活動之研究：一九六五年至一九九三年》，頁 37。
〔註84〕1994 年加州通過限制非法移民的「187 法案」。根據該法案，將取消非法移民子女受教育和醫療保健權利，主要針對對象爲拉丁裔，特別是墨西哥裔非法移民。該法案頗隱含反對少數族裔移民的情緒，後爲美國聯邦法院裁定不得執行。但 2006 年該案又有重振之勢。
〔註85〕《世界日報》，2005 年 7 月 2 日。
〔註86〕彼得‧蓋伊（Peter Gay），《史尼茨勒的世紀》（*Schnitzler's Century*）（臺北：立緒文化事業有限公司，2004），頁 252。

第三節　華人政治社團與其貢獻

美國華人參政團體眾多，其中南加州尤居鰲頭，甚至流傳 7 人 8 會首笑語。然而華人參政團體作用亦大，對華裔參政貢獻良多，其主要活動大致為四類：（一）籌募競選經費；（二）舉辦政見發表會；（三）提供選民登記及投票服務；（四）從事選民教育等。〔註87〕以下就聖谷地區主要華人參政團體及其貢獻作一介紹：

一、全國性華人政治組織

（一）美華協會

「美華協會」（Organization of Chinese Americans，簡稱 OCA）於 1973 年創立於華盛頓，為全美第 1 個促進亞太裔社會、政治、經濟福祉之非營利、非黨派團體，亦為早期華美人政治影響力最大組織之一，其分會廣佈美國各地，深入各地華人社區。至 2006 年「美華協會」在全美共有 85 個分會，會員人數超過 1 萬人。〔註88〕

「美華協會」宗旨為：1、追求社會公義、公平機會及合理對待（to advocate for social justice, equal opportunity and fair treatment）；2、促進公共參與、教育與領導力（to promote civic participation, education, and leadership）；3、加強團結與社區建構（advance coalitions and community building）；4、強化文化傳承（foster cultural heritage）。「美華協會」每年在教育、領導、社交等方面都舉辦許多相關活動，並發行華美人相關刊物與書籍：《形象》（*Image*）、《亞太裔的新風貌：21 世紀的多樣化與改變》（*The New Face of Asian Pacific America: Numbers, Diversity and Change in the 21st Century*）、《恢復發言權：911 後亞太裔美人之精神與統一》（*Voices of Healing: Asian American and Pacific Islander Spirit and Unity After 9/11*）等。〔註89〕此外，「美華協會」在支持華美人參政上貢獻甚大，以加州地區為例，余江月桂（March Fong Eu）競選加州州務卿、胡紹基競選洛杉磯市長及陳李琬若、趙美心競選蒙市市議員等過程中，「美華協會」無論在籌款活動、人力動員上皆予以全力奧援，而對於華美人相關政

〔註87〕林啓文，《華裔美人參與政治活動之研究：一九六五年至一九九三年》，頁 171。
〔註88〕參見「美華協會」網站，網址：http://www.ocanatl.org。
〔註89〕參見「美華協會」網站，網址：http://www.ocanatl.org。

治議題或事件，如 1996 年的「政治獻金案」〔註90〕、1999 年「李文和間諜案」〔註91〕等，「美華協會」均居華裔立場發聲。再者，爲吸納亞太裔青年加入，「美華協會」亦設立青年部（Young Organization of Chinese Americans，簡稱 YOCA），並舉辦「美華協會作文比賽」（the OCA essay contest）、「美華青年大使計劃」（the OCA Youth Ambassador Program）、「美華暑期實習」（OCA summer internships）等相關活動。〔註92〕

創立於 1991 年的「美華協會大洛杉磯分會」（Organization of Chinese Americans—Great Los Angeles Chapter，簡稱 OCA—GLA）則爲「美華協會」在洛城的支會，不但參與「美華協會」全國性各類活動，同時亦著重洛杉磯地區之經營，如 1993 年該分會即創設「辦獎學金計劃」（student scholarship program），提供多項獎學金，嘉惠亞太裔子弟，至 2006 年獎學金總數已達 102 種；2001 年創辦「學生實習計劃」（student internship program），提供數名亞太裔大學生在亞美人社區工作機會，工作性質包括協助亞太裔投票、仇恨犯罪立法（hate crimes initiatives）等。此外，「美華協會大洛杉磯分會」亦熱切支持攸關華裔或移民等議題，如 1994 年發起「187 法案」論壇（Proposition 187），2002 年贊助「誰殺了陳果仁?」（Who Killed Vincent Chin?）記錄片等。

〔註90〕 「政治獻金案」是由 1996 年總統大選期間，民主黨一宗政治捐款所引發。當時《洛杉磯時報》質疑韓國某電器公司向民主黨全國委員會捐助 25 萬美元，涉嫌違法。《紐約時報》、《華盛頓郵報》、《華爾街日報》和《新聞週刊》等各大媒體跟進，競相挖掘兩黨，尤其是民主黨涉嫌非法籌集捐款的內幕。最後焦點則集中於如黃建南、夏玲及崔亞琳等爲民主黨籌款的亞裔人士，懷疑他們與亞洲公司、地區或國家有秘密關係，影響亞裔參政。參見劉寧榮，〈美國政治獻金案形勢〉，《亞洲週刊》，第 11 卷第 31 期（1997 年 8 月），頁 55。

〔註91〕 李文和爲新墨西哥 Los Alamos National Laboratory 工作的一位臺美人科學家，1999 年 3 月，紐約時報文章宣稱 Los Alamos National Laboratory 爲 W-88 核子彈頭科技源頭，推測中國已透過間諜活動取得。李文和在未經聽審下突然被解雇，並被美國當局起訴，罪名爲涉嫌從機密電腦網絡傳送核子機密，並以其違反敏感資訊和原子能源法案的守密罪，控以 59 項罪名。經歷了 3 年綜合性的調查與監禁，受到超過 260 爲幹員以及 1,000 個訪談，美國司法部承認在無證據下控訴李文和間諜活動罪名，該案最後美國政府賠償李文和 160 萬美元。此案發生過程中在美國華裔社區掀起爭議。參見 Iris Chang , *The Chinese in America—A Narrative History*（New York：Viking Penguin's Press, 2003）, pp.359～364.

〔註92〕 參見「美華協會」網站，網址：http://www.ocanatl.org。

另外在贊助華人社區請願、遊行及襄助各華裔政治人士參選公職等活動方面，「美華協會大洛杉磯分會」亦不遺餘力。〔註93〕

（二）臺灣人公共事務會

1982 年 2 月 14 日，「臺灣人公共事務會」（Formosan Association for Public Affairs，簡稱 FAPA）成立於洛杉磯，為非營利性的公共政策研究及教育性機構。其宗旨：1、配合臺灣島內民主力量，促進臺灣的自由和民主；2、宣揚臺灣人民追求民主自由的決心，造成有利於臺灣住民自決和自立的國際環境；3、維護及增進海外臺灣人社會之權益。「臺灣人公共事務會」成立後總部設於華盛頓 D.C.，致力於增進海內外臺灣人人權及權益，並與其他臺美人團體在美國從事國會遊說以及草根外交工作，為臺裔移民第 1 個海外遊說團體。「臺灣人公共事務會」聘有執行長、國會聯絡人、研究員等全職人員數名，同時在各地廣設分會，至 2006 年在全美共有 55 個分會。〔註94〕

「臺灣人公共事務會」多年來成績斐然：1、促請美國國會議員舉辦各種聽證會，加強美國朝野重視臺灣民主與人權問題，進而施加壓力促成臺灣廢除戒嚴；2、邀請臺灣在野民主運動人士訪美，並舉辦民主訓練營；3、促成美國行政當局同意在美國護照上填入「臺灣出生」字樣；4、促請國會議員提出多項友臺決議案，包括「臺灣前途決議文」、「臺灣安全加強法」等；5、藉請願、示威及記者會方式，達成提升臺灣領袖訪美及過境的接待規格；6、協助成立「國會臺灣連線」（The Congressional Taiwan Caucus），於美國國會有系統推動與臺灣相關議題；7、持續舉辦「舊金山和約」研討會及紀念活動等；8、推動臺灣加入「世界衛生組織」（W.H.O.）在內的國際組織。〔註95〕

（三）臺美公民協會

「臺美公民協會」（the Taiwanese American Citizen League，簡稱 TACL）由洛杉磯臺裔社區領導人士創立於 1985 年 7 月 13 日。「臺美公民協會」宗旨為提升臺裔在美地位，爭取美國憲法保障下人人平等的權益，期對美國政經、社會、文化與外交政策之運作產生永續影響。「臺美公民協會」透過 1、確定

〔註93〕 參見「美華協會大洛杉磯分會」網站，網址：http://www.oca-gla.org。
〔註94〕 參見 FAPA 網站，網址：http://www.fapa.org/；王桂榮，《王桂榮回憶錄——一個臺美人的移民奮鬥史》，頁 305。
〔註95〕 參見 FAPA 網站，網址：http://www.fapa.org/；臺灣會館，《大洛杉磯臺灣會館 2002 年鑑》（柔似蜜市：大洛杉磯臺灣會館，2002），頁 67。

身份認同；2、建立聯絡網；3、培養優質公民等方式落實其宗旨。「臺美公民協會」至今在全美共有 14 個分會，會員人數達 1,500 餘人。〔註96〕

「臺美公民協會」自創會之初即將發展第二代領導才能，積極協助第二代進入美國社會之主流列為主要工作之一，並舉辦相關活動：1、暑期政務實習（Summer Internship Program，SIP）：自 1992 年開始，每年夏天遴選 8 至 10 名應屆高中或大學畢業生至美國國會議員及政府部門辦公室實習，實際觀察並參與民主運作，同時接觸臺美人社區，認識臺灣文化與政經現況；2、社會教育：舉辦各式座談會如美國選舉說明會或仇恨犯罪警覺座談會等，達社區教育目的；3、領導人才訓練營（Leadership & Identity Development，LID）：每年舉辦夏季與冬季人才訓練營，完全由第二代臺裔籌劃執行，提供臺裔青少年認識臺灣文化機會；4、新聞專業實習（Journalism Internship Program）：1999 年開始，「臺美公民協會」與《太平洋時報》合作，每年訓練 5 至 10 名高中生，參與採訪、編輯等新聞作業；5、社區參與：「臺美公民協會」藉各種活動鼓勵臺美人參與公共決策，舉凡人口普查、公民入籍、選民登記、國慶遊行、臺美人傳統週、環保等皆致力推動。〔註97〕

（四）百人會

1990 年「百人會」（Committee of 100）成立於紐約，為非黨派、非營利之華美人政治性組織。「百人會」會員不限於百人，而是取其「百人」喻意「人多智慧高，團結即力量」之意。「百人會」入會要求嚴格，不僅要求會員必須為美籍華人，同時需具備 3W，即 Wisdom（在自身專業有貢獻）、Work（對中美關係有貢獻）、Wealth（財力雄厚），簡言之成員為美國各行業中傑出華裔人士所組成，包括政界吳仙標、陳香梅、趙美心、陳李琬若、胡紹基；企業界王嘉廉、蔡志勇；科學家吳健雄、林同炎，教育家田長霖，醫學家何大一等人。由於「百人會」會員皆為美國華裔之翹楚，具有相當影響力。〔註98〕

「百人會」宗旨為改善美國華人權益，提升華人地位，引導華人參選參政，開展與美國其它族裔聯絡，及促進中美關係發展。「百人會」對美國華人

〔註96〕參見「臺美公民協會」網站，網址：http://www.tacl.org/；臺灣會館，《大洛杉磯臺灣會館 2004 年鑑》（柔似蜜市：大洛杉磯臺灣會館，2004），頁 92。

〔註97〕參見「臺美公民協會」網站，網址：http://www.tacl.org/；臺灣會館，《大洛杉磯臺灣會館 2004 年鑑》（柔似蜜市：大洛杉磯臺灣會館，2004），頁 92。

〔註98〕參見百人會網站，網址：http://www.committee100.org/；沈燕清，〈百人會與美國華人社會〉，《華僑華人歷史研究》，第 1 期（2004 年 3 月），頁 29～30。

社區貢獻頗多，如 1996 年反對「H-R202」、「S-1394」等限制移民法案，1997 年對「政治獻金案」影響華人參政表達關切，1999 年聲援李文和等。其次，「百人會」亦通過民意調查等手段，消除主流社會對華裔偏見，指出華裔為美國模範少數族裔為假象，要求改變美國人普遍對亞裔偏見，為亞裔創造機會。至於中美關係營造方面，「百人會」極力參與，透過討論會、增加中美經貿交流及實地訪問等方式，達其目的。大體而言，「百人會」較不著重美國當地華裔政治性動員，而傾向關注華人社區與中美關係的綜合性組織。〔註99〕

（五）亞美政聯

「亞美政聯」（Chinese Americans United for Self Empowerment，簡稱 CAUSE）成立於 1993 年，初為強調華美人政治團結之組織，2003 年更名為 "Center for Asian Americans United for Self Empowerment"，將服務範圍拓展至包括亞太裔移民，為非黨派、非營利，以加強亞美裔政治參與之組織，其會員包括政界、商界、專業人士等社區領導人士。〔註100〕

「亞美政聯」較屬於選民教育機構，宣導美國華人踴躍參與各式政治活動，其作法：1. 邀請民選官員、政治策士和學者舉行政治講習會；2. 協助華裔辦理選民登記，舉行選民教育座談會（英文、中文與廣東話），並透過義工提供接聽雙語熱線、向老人中心發送選務資料、介紹提案和公職、接送和輔導老人投票等；3. 與「日裔公民協會」（JACL）、「同源會」（CACA）洛杉磯分會及聖谷分會等，共同主辦「學生暑期政治實習計畫」，培養華裔明日之星；4. 發行簡易選民指南（包括中、英、日、韓等 7 個版本），各種語言的錄音帶版，幫助亞裔美國公民克服語言障礙，踴躍參與投票。〔註101〕

（六）80/20 促進會（80/20 Initiative）

1998 年「80/20 促進會」（80/20 Initiative）」成立於洛杉磯，為專門針對 2000 年美國總統大選成立的選舉促進組織。其主要成員包括華裔、菲裔、日裔、韓裔及印度裔等亞裔團體，其中華裔菁英如吳仙標、田長霖等人尤為該

〔註99〕 參見百人會網站，網址：http://www.committee100.org/；沈燕清，〈百人會與美國華人社會〉，《華僑華人歷史研究》，第 1 期（2004 年），頁 30～33；莊國土，〈從移民到選民：1965 年以來美國華人社會的發展變化〉，《世界歷史》，第 2 期（2004 年），頁 76。

〔註100〕 參見「亞美政聯」網站，網址：http://www.causeusa.org/。

〔註101〕 參見《星島日報》，2006 年 9 月 11 日，B1 版；《星島日報》，2006 年 10 月 24 日，B1 版。

組織中之先鋒者。「80/20 促進會」鑑於華裔選民投票行為分散，不足以產生政治影響力，因此主張集中 80%的亞裔選票，投給特定總統候選人，期以展現關鍵少數之決定性力量，促使各黨總統候選人提出更多有利華人政策。

　　2000 年與 2004 年美國總統大選中，「80/20 促進會」呼籲亞裔支持高爾（Albert Arnold Gore）、凱瑞（John F. Kerry），均發揮一定影響力。雖然 2 次美國總統大選，「80/20 促進會」所支持者均未獲當選，但該組織團結亞裔選票作法，獲得美國主流政治重視。「80/20 促進會」目前擁有 75 萬網路支持者，為全美最大亞裔組織。〔註 102〕

二、聖谷地區華人組織

　　聖谷地區華人政治組織最具代表性為「華裔民選官員協會」（Chinese-American Elected Officials）。「華裔民選官員協會」成員主要為南加州華裔民選官員如眾議員、市議員、學區教委、水區管理委員等所組成，為全美第一個凝聚華裔民選官員力量組織。該組織宗旨為維護美國華裔權益，推動華裔積極參政，並培養新生代華裔政治菁英。在攸關華裔公共議題上，「華裔民選官員協會」充份發揮為華裔發聲功能，且藉由華裔民選官員間交流，充份凝聚華裔政治力量。

　　「華裔民選官員協會」設有會員事務委員會、公民選舉教育委員會、中式餐飲業衛生標準委員會、紀念祖炳民教授領袖訓練營等 4 委員會，拓寬多觸角服務，進行諸如大選提案介紹、華裔參選人政見發表、領袖培訓計劃等有利華裔社區政治參與活動。此外，「華裔民選官員協會」亦積極與臺、中等地官方與民間組織進行交流，擴大當地華裔政治影響力。除「華裔民選官員協會」外，聖谷各都市華人協會等相關組織亦充份扮演促進當地華裔參政之重要媒介：

（一）亞凱迪亞市華人協會

　　「亞凱迪亞市華人協會」（Arcadia Chinese Association）成立於 1984 年，其宗旨為：1. 在 Arcadia 社區範圍內，促進社區的和諧和縮小文化差距；2. 協助華人居民瞭解美國文化、傳統、政府、學校、社區，特別是鼓勵華人居民

〔註 102〕 參見萬曉宏，〈「80/20 促進會」與美國華人參政新策略〉，《華僑華人歷史研究》，第 3 期（2003 年 9 月），頁 40～46；「80/20 促進會」網站，網址：http://80-20initiative.blogspot.com/。

參與社區義工活動；3. 通過活動促進非華人對華人文化、歷史、語言、文學和藝術的瞭解；4. 支持 Arcadia 社區教育、慈善和文藝活動；5. 對 Arcadia 有卓越成就和貢獻的居民提供獎學金和獎勵。

「亞凱迪亞市華人協會」多年為亞市重要的華人代表組織，也是當地華裔與非華裔間的重要橋樑。「亞凱迪亞市華人協會」不但持續對市政府、警察局、消防局、圖書館、學區、教育基金會、紅十字會、博物館、美以美醫院等機構提供捐款，並且一直是當地高中家長會、音樂協會、體育協會、獅子會、童軍團等社團的贊助者。每年亦舉辦各種形式的義工活動，如招待市政府所有員工午餐、與市府合辦免費法律諮詢日、招待社區內年長者春節聚餐，春節舉辦華人慶祝新年活動等。「亞凱迪亞市華人協會」亦設有華語中文網站，內容包括市政府、警察局、消防局、學區圖書館等相關資訊及服務。此外，「亞凱迪亞市華人協會」在獎掖亞市華人參政方面，如舉辦政見發表會、籌款活動、協助華裔選民投票等方面亦貢獻良多。〔註 103〕

（二）鑽石吧華人聯誼協會

「鑽石吧華人聯誼協會」（Diamond Bar Chinese-American Association）成立於 1990 年，隨著當地華人人口增長，「鑽石吧華人聯誼協會」組織亦隨之擴大，如 1991 年開辦中文學校（Chinese-American School），至今共有 22 個班級，超過 500 名學生；1992 年創立長青會（Chinese-American Evergreen Association），服務華裔長輩；1992 年創設家長會（Chinese-American Parent Association），確保學童學習中文及其傳統，並成為家長與老師間的橋樑；2000 年更發行鑽石報（*Diamond Bar Chinese-American Newspaper*），向當地華美人介紹相關新聞及訊息；此外，「鑽石吧華人聯誼協會」尚有峰嶺社、籃球會、高爾夫球會等社團，為凝聚鑽石吧市華人社區的重要橋樑，也是南加州地區頗負盛名的義務性服務組織。〔註 104〕

「鑽石吧華人聯誼協會」為當地華裔社區團結象徵，也為當地華裔從政者提供良好動員的人際網路，因此「鑽石吧華人聯誼協會」對於鑽石吧市華裔民選官員如市議員張文彬、核桃學區教委李安岳、鑽石吧水區管理委員張玲齡等人當選公職皆具正面意義，亦對當地華人參政貢獻良多。

〔註 103〕參見亞凱迪亞市華人協會網站，網址：http://arcadiachineseassociation.org/。
〔註 104〕參見鑽石吧華人聯誼協會網站，網址：http://www.dbcaa.com/。

（三）聖瑪利諾華人協會

「聖瑪利諾華人協會」（Chinese Club of San Marino）成立於 1979 年，爲聖谷地區最早出現的華人協會之一。聖瑪利諾市爲華裔，尤其是臺裔移民情衷之都市，且當地華裔住民多爲中產階級以上，重視社區活動與子女教育，故 1981 年「聖瑪利諾華人協會」，即成立由其任命之校董會直接管理的中文學校，配合當地學區教委常由華裔家長擔任優勢，聖瑪利諾中文學校遂成爲聖谷首屈一指的中文學校，響譽遠近。

「聖瑪利諾華人協會」發展迅速，在社區溝通和服務上樹立良好名聲，如幫助警局和消防局做義務翻譯，或組織「八人晚餐」〔註 105〕等，這些努力使「聖瑪利諾華人協會」成爲華裔住民與當地社區間良好的溝通橋樑，更直接地促成聖瑪利諾市華人參政成功。近十餘年「聖瑪利諾華人協會」所推動之植樹節活動，不但綠化聖瑪利諾環境，更廣獲一般市民好評。〔註 106〕

除上述 3 聖谷都市之華人協會外，「南帕沙迪那市市民參政會」（CCSP）、「聖瑪利諾─南帕沙迪那政策行動委員會」、「羅蘭崗華人協會」（Rowland Heights Chinese Association）、「哈仙達崗華人協會」（Hacienda Heights Chinese Association）及由陳李琬若主導，於 1983 年在洛杉磯成立的「華人參政促進會」（Chinese Political Action Committee，簡稱 PAC）皆爲地方性質，貼近當地華人社區需求的華人組織，這些組織的成立對當地華人從政貢獻良多。

〔註 105〕「八人晚餐」即兩對華裔夫婦做東，邀請兩對白人夫婦做客，一邊吃飯，一邊溝通，增加了解和友誼。《世界日報》，2005 年 3 月 19 日，B5 版。
〔註 106〕《世界日報》，2006 年 3 月 11 日，B4 版。

第五章　華人社會與文化活動

　　聖谷華人社區的建立，歷經經濟發展與政治參與，伴隨移民自身的社會適應與文化認同，交織華人在當地的社會與文化活動。事實上，綜觀美國移民史，移民在美國社會的適應與文化的認同往往需要長時間磨合。美國社會學家衛思（Melford Weiss）曾將加州華人移民史分爲三個時期：（一）維持傳統時期（the era of tradition maintenance，1850～1900）；（二）適應轉型時期（the period of transition，1900～1940）；（三）現代適應時期（the contemporary era，1940～至今）。〔註1〕可見加州華人代際間適應社會過程之艱辛。

　　然而，對於 1960 年代後，新一代華人移民而言，多樣化教育、職業、專業背景，豐厚經濟實力，再加上郊區居住型態，使其有別於傳統華埠之華人住民，在同化速度上呈現跳躍狀況，其適應間期亦明顯縮短。誠如紐約大學移民史教授瑞默斯（David Reimers）所言：「1965 年後的一代確實不一樣，同化過程遠較以往快速。」〔註2〕見諸聖谷華人社區，確然符合此狀況。故無論在經濟發展與政治參與上，聖谷華人體現快速適應於美國社會的新移民特徵，成爲美國「模範少數族裔」。而在社會文化活動方面，聖谷華人則透過各式華人組織、中文學校、華文媒體、宗教組織與華人文學等多元觸角，建構兼容並蓄之聖谷華人文化社區，一方面連結太平洋兩岸華人文化傳承，另一方面則豐富美國多元文化社會。

〔註 1〕許木柱，〈少數民族的社會心理適應──以加州華人爲例的人類學探討〉，《海外華人研究》，第 1 期（1989 年 6 月），頁 90。
〔註 2〕《世界日報》，2006 年 1 月 12 日，B1 版。

第一節　華人社會適應與同化

　　移民適應與同化課題向為美國學界關注。聖谷地區為美國華人人口最集中的區域，其同化狀況更具指標性作用。事實上，鑑於全球化趨勢，資訊廣泛流通，同化觀念及方式已迥異於過往，甚至早在移民前即已進行，此情況在聖谷華人新移民群體中尤其明顯。多為中產階級以上專業人士的聖谷華人新移民，赴美前，或在校接受英語訓練，或久已親炙美式文化，或曾至美旅遊，或接受完整的移民諮詢服務等，赴美後，融入美國社會情況較為順利，所受文化衝擊相對輕微，其社會階梯晉升亦較迅速。

　　另一方面，聖谷某些華人高度聚居都市，對移民初期社會適應具正面作用。以蒙市為例，華人住民生活於幾近非英語環境，初抵美境之際，可避免立即適應困頓，對不諳英語之華人移民而言，尤顯重要。以一位林姓臺裔移民為例，其於 1980 年代移民美國前，友人即建議定居蒙市，並誇稱：「在蒙市不管做什麼事，都可把英語放在後口袋中。」（did everything in Monterey Park, you could put English in back pocket）；〔註3〕蒙市某位周姓業主亦曾向筆者表示：「在蒙市生活與臺北無異」；學者 Timothy Fong 更主張蒙市為全美第一個「郊區華埠」（Suburban Chinatown），其營造華人移民熟悉母語環境，提供華人移民適應上的便利，與華埠功能頗為類似。

　　然而，蒙市雖提供華人初期社會適應理想環境，但對其進一步同化美國社會卻未必有利。如南加州旅館業大王王桂榮初至美國之際，即不願居住蒙市，認為既然來到美國，就要融入美國社會；〔註4〕《洛杉磯時報》亦曾報導一位臺灣林姓移民為使自己與子女更融入美國社會，移民之初即捨棄居住蒙市，而定居於歐裔住民較多的帕莎迪那市，以置身英語環境，加快適應過程。其想法：「如果我住在蒙市，我將不會學習英語，將不能自立。」〔註5〕因此，如蒙市之類的西聖谷華人高度聚居都市，雖然一方面成為華人移民初期適應美國的避風港，但在某程度上亦是華人進一步同化於美國社會的絆腳石。筆者曾於第二章敘述華人新移民在聖谷的 4 波遷移，一定程度上可印證華人新移民先落腳蒙市等西聖谷都市，立足穩固後，為尋求更深度同化，再次遷移

〔註3〕Mark Arax, "Taiwan Native Pursues American Ways A Woman of Independent Mind Series：Asian Impact," *Los Angeles Times*（April 16, 1987）.
〔註4〕王桂榮，《王桂榮回憶錄──一個臺美人的移民奮鬥史》，頁 184。
〔註5〕Mark Arax, "Taiwan Native Pursues American Ways A Woman of Independent Mind Series：Asian Impact," *Los Angeles Times*（April 16, 1987）.

至亞凱迪亞市、聖瑪利諾市或東聖谷各都市之遷移與社會適應間某種模式的存在。此遷徙順序，反映聖谷華人循序漸進的同化歷程。

在生活適應方面，聖谷華人移民同化首要之務，即克服語言障礙，尤其對身處主流社會職場的新移民成年者而言，語言溝通能力不佳直接影響其在各職業領域的表現。即使學術成就燦然的田長霖校長，亦自陳早年授課與演講受限於口音及英語文法，未能完全適應教學環境，再經過長時間磨練後方予克服；〔註6〕華裔教育家，現任美國勞工部美西總長的張曼君（Marian Tse），自臺灣赴美留學、就業過程中亦曾面臨語言上的障礙。然而，聖谷地區各官方或非官方組織，如各市府及教育單位所提供諸多針對移民需求的英語課程或社區活動，使華人新移民學習英語相形便利，語言鴻溝不再是難以逾越的障礙。

此外，華人新移民同化成敗的另一考驗為文化調適。對華人移民而言，華人族裔價值觀，如重視家庭道德義務關係、尊重權威、工作勤奮、重視子女教養等，與美國主流社會價值觀未必完全吻合，故華人移民周旋於華美兩種文化間必然面對雙重文化認同的衝突。英國文化研究大師史都華·霍爾（Stuart Hall）曾主張文化認同不是一個永遠靜止的點，而是在兩端間不斷來回擺盪，尋找平衡點。〔註7〕對華人移民而言，在華美兩種文化間迴盪，尋找屬於自己的定位並非易事。部分美國華裔學者曾比喻華裔移民文化認同過程為回力棒（boomerang），從早期完全孤立，固守華人傳統文化，接著快速同化（rapid immersion and assimilation），全盤接受美式文化思維，最後重新體會族裔根源，獲取雙重文化精華；〔註8〕加州大學華裔教授王靈智（Wang Ling-chi）則以根（非靜態）為代表，提出5種華裔美國人認同模式：（一）落葉歸根（louye guigen：the sojourner mentality）；（二）斬草除根（zhancao-chugen：total assimilation）；（三）落地生根（luodi shenggen：accommodation）；（四）尋根問祖（xungen wenzu：ethnic pride and consciousness）；（五）失根忘祖（shigen qunzu：the uprooted）。王靈智主張華裔美國人認同情況由5種模式中任一或數種複合所形構。〔註9〕因此，華人移民面臨雙重文化調適過程所呈現文化認同

〔註6〕劉曉莉，《相信就會實現──成功華人圓美國夢》（臺北：遠流出版事業股份有限公司，1994），頁31～32。

〔註7〕Patrick Williams and Laura Chrisman Ed., *Colonial Discourse and Post-Colonial Theory：A Reader*（New York：Columbia University Press, 1994），p.395.

〔註8〕《世界日報》，2006年1月12日，B1版。

〔註9〕Ling-chi Wang, "Roots and Changing Identity of the Chinese in the United States," *Daedalus*（spring 1991），pp.181～205.

模式因人而異，其審視並粹取華美雙重文化優點與建構自身認同過程更非一
蹴可幾，往往需經代際學習及磨合。

　　總言之，聖谷華人適應與同化歷程，由語言、職場就業、生活習慣到文化
認同，均面臨種種挑戰。筆者以聖谷華裔青少年與長者具體同化情況〔註10〕，
進一步反應聖谷華人社區同化過程。

一、聖谷華裔青少年同化情況

　　1980 年代，聖谷華裔青少年人數快速增長，為當地華人移民人口結構中
重要組成部分（參見第二章）。有別於成年華人移民，華裔青少年群體正值求
學階段，可塑性極強，教育即成為影響其同化之首要因素。

　　一般而言，聖谷正規教育體系原以歐裔學生為主體，1980 年代後由於華
裔為主之少數族裔學生迅速增長，促使當地教育體系質變。以聖谷地區最大
的阿罕布拉學區（The Alhambra School District）〔註11〕為例，1970 年該學區
1 萬 8 千名學生中僅 9%為亞裔，29%為拉丁裔，歐裔白人學生則高達 62%；
至 1987 年，其 2 萬名學生中，亞裔學生即佔 48%，拉丁裔佔 36.5%，歐裔白
人學生則降至 15%。不過十數年間，以華裔為主的亞裔學生增長之速，令人
咋舌，亦使阿罕布拉學區成為全美亞裔學生比例最高學區。〔註12〕類似情況
普遍出現於 1980 年代後聖谷各學區。聖谷為數甚眾的華裔學生，限於語言能
力，多無法接受純英語授課模式，使其接受美國式教育成效大打折扣，直接
影響其初步同化進程，故雙語教育的實行即為襄助華裔學生適應學校環境的
關鍵。〔註13〕

〔註10〕此處華裔青少年乃指進入大學前之中學階段華裔學生；華裔長者則指稱 65 歲
　　　　以上華裔移民。

〔註11〕該學區包括阿罕布拉市與部分蒙市及聖蓋博市。

〔註12〕Elaine Woo, "Ethnic Diversity School Districts to Test Series：Asian Impact：First
　　　　of Four Parts," *Los Angeles Times*（April 9, 1987）.

〔註13〕美國雙語教育中依英語與母語使用比例，約有 5 種教學方式：（1） 英語為第
　　　　二語言（English as a Second Language）：即在特定時間提供英語教學輔導課
　　　　程，使不會說英語的學生能夠熟練英語，該班級通常為小班制，教師能依學
　　　　生需要提供個別教導；（2）過渡式雙語教育（Transitional Bilingual Education）：
　　　　對不懂英語或英語能力不佳學生（Limited-English-Proficient students），初期
　　　　以母語教授主要科目，並加強學習英語，直至其能在學業無損失情況下，參
　　　　與正規課程及其他活動；（3） 單一讀寫的雙語教學 （Mono-literate
　　　　Bilingualism）：即用學生之母語教導聽說（aural-oral），對讀、寫（ reading and

雙語教育在美國已行之多年，毀譽參半。〔註14〕但 1980 年代華裔等少數族裔學生快速增長，使聖谷地區多數學區實行雙語教育成爲必然選擇。〔註15〕然而，聖谷學區實行雙語教育卻面臨種種困難。首先，近半數亞裔學生英語程度有限（Limited English Proficient），且程度參差不齊，如來自臺、港等地華裔學生英語能力明顯優於越裔學生，難以有效分班。其次，雙語教師本已難尋，學生又有多達 10 多種語言或方言，使聘用雙語教師顧此失彼，難以周全。綜觀 1980 年代聖谷各學區之雙語教師比例均極低，如 1987 年阿罕布拉學區僅 40 名雙語華語教師，19 名雙語越語教師；包含 2,600 位亞裔學生的嘉偉學區（the Garvey School District），亦僅 21 位雙語華語教師，6 位雙語越語教師，故以其他語系教師暫代雙語教師情況勢不可免。其三，不易取得合適雙語教材則是另一難處，阿罕布拉學區於 1987 年即派遣數位行政人員前往臺灣尋找華語教材，但成果不彰；近 1 萬 9 千名學生的羅蘭統一學區（Rowland Unified School District）〔註16〕則成立教師工作組，爲其 19%的亞裔學生，編

writing）則僅用英語教學；（4）部分雙語教學（Partial Bilingualism）：教授學生母語之聽、說、讀、寫，但在某些特定科目如音樂課、美術課等則只用英語；（5）完全的雙語教學（Full Bilingual Program）：在平等基礎下，以英語及母語教授所有科目及二種文化，希望學生在聽、說、讀、寫各方面能使用二種語言。參見曾美琪，《雙語教育對美國族裔之以影響：案例研究：加州阿罕布拉學區（Alhambra District）》（臺北：淡江大學美國研究所，1997，碩士論文），頁 12～13；楊澤恒，〈美國雙語教育的歷史和現狀〉，《大理學院學報》，第 1 卷第 2 期（2002 年 3 月），頁 80。

〔註14〕1968 年，美國國會通過「雙語教育法」（Bilingual Education Act of 1968），其初衷主要爲幫助少數族裔移民子女解決在校學習時因語言障礙所遭遇之困難，以漸進的學習方式，適應並同化於美國社會。1974 年舊金山某華裔家庭爭取公平教育的「劉氏對尼可斯」（Lau V. Nicholas）一案，促使美國國會通過平等教育機會法（Equal Educational Opportunity Act of 1974），雙語教育在美國各州普遍施行。經過多年雙語教育實行，美國教育界對雙語教育成效褒貶參半，支持方認爲雙語教育爲英語能力不足學生提供學習管道，反對方則認爲雙語教育影響移民子女學習英語意願與進程，造成教育資源浪費，並導致族群對立。近年加州地區在雙語教育上則出現重大變革，其中以 1998 年廢除雙語教育實施之「安茲提案」（Unz Initiative）最具爭議性。參見吳坤暉，〈一九九八年美國加州地區廢除雙語教育之探討〉，190～191。

〔註15〕1980 年代加州法律規定，同一年級中超過 10 位以上單一語言之少數族裔學生，則必須爲其提供雙語教育。參見 Elaine Woo, "Ethnic Diversity School Districts to Test Series：Asian Impact: First of Four Parts," *Los Angeles Times*（April 9, 1987）.

〔註16〕該學區包括羅蘭崗與部份拉朋地市（La Puente）。

寫適合教材。上述難處加上雙語教育為配合少數族裔學生程度，其教材難度往往簡化，使學生求學缺乏競爭力，而來自白人家長壓力與學區資源難以負擔等，則使雙語教育實行更加艱鉅，這些問題突顯 1980 年代聖谷雙語教育實行之侷限，嘉偉學區雙語教育顧問 Lily Chang 曾直言：「我們始終落於需求之後」（We are way behind what we need），〔註17〕一語道出 1980 年代聖谷雙語教育之困境，亦反應當地華裔青少年適應起步之不易。

除教育問題外，聖谷為數頗眾華裔青少年孤身在美情況，使華裔社區充滿不安定感，其社會適應更充滿變數。《洛杉磯時報》在 1987 年曾關注聖谷地區普遍的臺裔「幼童輸出」（child dumping）至美現象，在其探訪南加州地區學校主管及華人社區人士後驚訝發現，當地竟有 40% 華裔青少年隻身在美，父母則遠在臺、中、港等地。〔註18〕這些華裔青少年或寄宿親屬家中，或單獨租屋居住，但皆以稚齡獨自面對艱困的適應現實。《洛杉磯時報》曾報導，阿罕布拉學區某華裔高中生數日未上學，校方與其家長聯絡，方知其孤身居住。隔日，該家長由臺北與校方通話，告知其正罹患感冒，無處求援；某華裔女學生則抱怨：「我已 18 個月未見到雙親。」；另一華裔學生則每日清晨必與遠在家鄉的父母通話，經年不斷；這些例子極鮮明反映華裔學生徬徨無助與難以適應當地的心理，而在寂寞、無助及語言隔閡下，華裔青少年極易趨向負面行為，衍生兩種極端情況，其一為性格孤僻，不願接觸人群；其二，誤入歧途，或逃學，或涉入幫派〔註19〕、性、吸毒及酗酒等問題。〔註20〕聖

〔註17〕 參見 Elaine Woo, " Ethnic Diversity School Districts to Test Series：Asian Impact：First of Four Parts," *Los Angeles Times*（April 9, 1987）．

〔註18〕 Mark Arax, "Families Send Their Children to Go It Alone in New Land Series：Asian Impact, First of four Parts," *Los Angeles Times*（April 9, 1987）．

〔註19〕 據統計，聖谷地區約有 52 個亞裔幫派，成員估計超過 1 萬人，加入幫派者從兒童、青少年到中年，有男有女。亞裔幫派大致分為兩類，一種是「街頭型」，為路邊及校園小混混，以欺壓弱小勒索錢財為主，成員約十幾歲左右；另一類為「成熟型」，從事非法夜總會、毒品、走私等活動，部分與臺灣、香港及中國黑幫有關連。華裔青少年涉入幫派者不乏其人。如聖谷當地警方曾捕獲一名年輕的四海幫份子，家住豪宅，父母每月給上萬元零用錢，房裡有健身房，卻搶錢、勒索。因此加入幫派不見得是為了錢，許多只是想要酷或幫派保護。而幫派都有自己的代號，如「亞裔小子」是「12」、華青幫是「23」、白龍幫是「87」、Pine 街幫是「16」。參見《世界日報》，2005 年 7 月 26 日，B1 版。

〔註20〕 劉曉莉，《相信就會實現──成功華人圓美國夢》，頁 193～197。

蓋博高中教務主任 Stephen Kornfeld 於 1987 年接受《洛杉磯時報》訪問時即表示：「那些時常惹麻煩的學生通常都沒有父母在身邊照料。」〔註21〕

　　然則，1980 年後聖谷華裔青少年普遍適應則是漸趨佳境，其間當地若干組織如「亞太裔家庭中心」（Asian /Pacific Family Center）、「南加州華裔家長教師協會」（Chinese American Parents-Teachers Association of Southern California）及聖谷各學區之華裔家長會如「亞凱迪亞高中華裔家長會」（Arcadia High School Chinese Booster Club）、「鑽石吧高中華裔家長會」（Chinese American Parents Association of Diamond Bar High School）、「核桃學區華裔家長協會」（Chinese American Parents Association of Walnut Valley Unified District）等，對華裔子弟適應美國社會均有正面作用。以「亞太裔家庭中心」為例，該組織透過同儕群體，幫助初至美國之華裔青少年渡過在美最初幾年的生活，並提供心靈上撫慰。該組織一位主管曾言：「此計劃幾近似於代理人家庭作用」（these programs could almost be like a surrogate family）。此種由同族裔同儕襄助方式，確實充份發揮其成效；〔註22〕成立於 1980 年之「南加州華裔家長教師協會」，多年來則充當華裔家庭與學校間橋樑，如為學區聘請會說中文之家長聯絡員、促進雙語教育、增加雙語教師、每年固定舉辦定期教育講座與鋼琴比賽、推動華裔青少年領袖訓練講習會及提供高中畢業學生獎學金等。〔註 23〕這些組織的存在有助於聖谷華裔下一代的社會適應。

　　聖谷華裔青少年適應初期雖不乏崎嶇，但由其在學業的表現普遍優異，可視為其社會適應成功表徵。以阿罕布拉學區為例，1980 年代華裔學生學業表現即普遍優於歐裔與其他少數族裔學生，在數理等學科方面更是出色，當地學務人員即認為：「華裔學生不但未降低學校成績水平，反而是加分。」〔註24〕近年，聖谷華裔學生各方面成就更是有目共睹，根據加州 2004～2005 學年「學

〔註21〕 Mark Arax, "Families Send Their Children to Go It Alone in New Land Series：Asian Impact, First of four Parts," *Los Angeles Times*（April 9, 1987）.

〔註22〕 Mark Arax, "Families Send Their Children to Go It Alone in New Land Series：Asian Impact ,First of four Parts", *Los Angeles Times*, April 9, 1987.

〔註23〕 參見成露茜等著，吳元黎編，《美國華人社會——華裔美國人社會的自畫像》（華盛頓：東亞研究所，1992），頁 151；《大紀元報》，網址：http://www.epochtimes.com/b5 /3/4/13/n299731.htm。

〔註24〕 Elaine Woo, "Ethnic Diversity School Districts to Test Series：Asian Impact：First of Four Parts," *Los Angeles Times*（April 9, 1987）.

術表現指數成長報告」（API Growth Report）〔註25〕顯示，聖谷地區各學區華裔學生表現極為優良，其中聖瑪利諾學區華裔學生 API 成績高達 947 分，接近 1,000 滿分，其他如南帕莎迪納學區（904 分）、亞凱迪亞學區（898 分）、ABC 學區（896 分）、哈仙達崗學區（890 分）、天普學區（889 分）、帕莎迪那學區（869 分）、柔似蜜學區（849 分）、阿罕布拉學區（820 分）、嘉偉學區（810 分）等學區華裔學生皆有超過 800 分以上的優秀成績；〔註26〕2006 年加州學術標準測驗（STAR）評鑑方面，聖谷各學區華裔學生在數理與英文成績亦均高於洛縣平均水平，其中聖瑪利諾和亞凱迪亞學區表現最佳，遠優同僑，其次之天普學區、胡桃學區、阿罕布拉學區、聖蓋博學區、羅蘭崗統一學區、嘉偉學區與哈仙達崗等學區華裔學生表現亦十分傑出。〔註27〕因此，聖谷華裔學生整體申請並進入大學比例亦居美國各學區前茅。

　　聖谷華裔青少年個人學術表現方面亦是成就非凡，歷年奧林匹克科學競賽不乏聖谷地區華裔學生獲獎，美國各項重要學術競賽，如有「小諾貝爾獎」之稱的「英特爾科學獎」（Intel Science Talent Search）或「西門子西屋科學獎」（The Siemens Westinghouse Competition in Math, Science&Technology）等，聖谷華裔學生歷年均為得獎大戶。另外，華裔在南加州地區各名門大學亦表現傑出，如爾灣加州大學（University of California, Irvine）被稱為華裔移民大學，華裔主導校內學生組織、校園社團、大學刊物等，並因此催生加州地區各大學開設亞美研究科系，提供亞美研究計劃與相關課程。〔註28〕上述這些成就，顯示近年聖谷華裔青少年在適應美國社會上，已進入融合階段，並開始發光發熱。

〔註25〕 API 為 Academic Performance Index 之縮寫，1999 年加州立法通過「學術表現指數報告」（API Base Report）與「學術表現指數成長報告」（API Growth Report）為加州學區教學品質主要參考依據。評斷標準以 800 分、700 分與 700 分以下為三個標準，800 分以上則為優良學區。參見加州教育局（California Department of Education）網站：http://www.cde.ca.gov/ta/ac/ap/。

〔註26〕 見星島環球網：網址：http://www.singtao.com/index_archive.asp?d_str=20051029&htmlpage=oversea&news=1029ao13.html。

〔註27〕 見星島環球網：網址：http://www/singtao.com/index_archive,asp?d_str=20060817&htmlpage=oversea&sub=3。

〔註28〕 Icy Smith（鄧瑞冰）, *The Lonely Queue：The forgotten history of the courageous Chinese Americans in Los Angeles*, p.178.

二、聖谷華裔長者同化情況

相較華裔年輕一代，華裔長者在社會適應與同化上更顯艱鉅。一般而言，華裔長者適應美國難題，主要來自數方面：（一）語言鴻溝：華裔長者移民赴美前多半不通英語，大多為依親移民，且與子女同住，語言問題遂限制其對外溝通。再加上年歲較長，學習語言相對困難，形成恐懼心理，某些華裔長者在家甚至不敢接聽電話、應門或與鄰居交游，這種情形在郊區移民社區極為普遍。前加州聖荷西州立大學（San Jose State University）副校長李欽湧即認為身處郊區環境，語言不通造成華裔長者巨大壓力，並使其與社會隔絕。一位華裔長者更直紓心聲：「不管過去讀多少書，來到美國，我們都是瞎眼聾子兼啞巴!」；〔註29〕（二）無法自理日常生活：受限語言與交通問題，華裔長者往往無法自理日常生活，買菜、搭車、匯款、寫信、就醫等皆必須仰仗家人，無形中成為生活低能兒，造成許多華裔長者自覺成為家中負擔；（三）文化隔閡：不同文化背景與風俗習慣，小至飲食，大至觀念想法，華裔長者與美國社會顯得格格不入，無所適從。與受美式教育的兒孫輩難以溝通，更令其困擾。〔註30〕因此，美國華裔長者長期生活抑鬱，適應困難，甚至罹患心理疾病者，不乏其人。

然而，聖谷相對繁榮華人社區，有助化解華裔長者部分生活壓力，使其適應過程較具彈性。再者，聖谷地區各類組織繁多，提供諸多管道，亦有助紓緩長者適應焦慮。以下試舉三類組織說明。

（一）由華裔長者組成之各團體，包括臺裔為主的「南加州臺灣長輩會」（Taiwanese American Senior Association）、以洛縣華埠為中心的「華埠老人服務中心」（Nutrition Program For The Elderly）、以越緬寮等地華裔移民長者組成的「美國南加州華裔頤養協會」（The Elderly Indo-Chinese Association）及以東聖谷華裔長者為主的「羅蘭長青會」（Rowland Heights Evergreen Seniors Association）等組織。這類組織多由長者組成，對長者需求多能有效滿足，以「南加州臺灣長輩會」為例，其成立於 1975 年，迄今擁有會員超過 1,300 人，服務對象以年滿 50 歲以上長者為主，藉由舉辦每月慶生會、料理研究、合唱團、臺灣民俗舞、旅遊、登山團體等各類相關活動，使臺灣長者間能互訴鄉

〔註29〕 薛繼光，〈在美國的日子——臺灣銀髮族移民記〉，《光華》第 23 期，1998 年
　　　5 月，頁 24。
〔註30〕 薛繼光，〈在美國的日子——臺灣銀髮族移民記〉，頁 24～28。

情，彼此交流。資助興建「鶴園老人公寓」更是嘉惠臺裔長者良多。〔註31〕

（二）聖谷各都市華人協會，如「亞凱迪亞市華人協會」、「鑽石吧華人聯誼協會」等，多設有專門為華裔長者服務部門，時時為長者舉辦各種團體活動。以「鑽石吧華人聯誼協會」為例，其附屬之「長青會」成立於 1992 年，會員數至今已成長至數百位，每年均舉辦包括慶生會、各式講座、交友交流及鼓勵長者發揮專長，開班授徒等各式活動。〔註32〕「亞市華協松柏長青會」（ACA Senior Citizens Club）則提供當地華裔長者聚會交流平臺，不但開設土風舞、太極拳、書法、旅遊等各種相關課程，同時也透過如敬老大會等活動，進一步拉近華裔長者與當社區距離。〔註33〕

（三）聖谷某些都市亦設有老人中心，提供華裔長者另一融入當地社區途徑，其中以蒙市的「蘭利老人中心」（Langley Senior Citizen Center）為典型代表。該中心本為歐裔長者活動中心，在華裔進入蒙市後，亦對華裔長者開放，並成為其休閒娛樂去處。該中心透過鼓勵華裔長者參與各類社區活動及擔任義工等作法，使華裔長者與社區間建立更友善溝通管道，俾使之更貼近社區脈動。〔註34〕

近年，由於聖谷華裔長者人數日增，部分長者不願成為家中依賴人口，促使聖谷地區老人公寓林立，其中尤著者為艾爾蒙地市「鶴園公寓」與「長青老人公寓」（Palm Garden Apartments）、蒙市「金齡老人公寓」（the Golden Age Village）〔註35〕、哈仙達崗「御園新城豪華退休公寓」（Royal Park Apartment）

〔註31〕 參見臺灣會館，《臺灣會館 2000 年鑑》（柔似蜜市：臺灣會館，2000 年 5 月）團體會員簡介。

〔註32〕 參見鑽石吧華人聯誼協會網站，網址：http://www.dbcaa.com/。

〔註33〕 參見亞凱迪亞市華人協會網站，網址：http://www.dbcaa.com/。

〔註34〕 John Horton, *The Politics of the Diversity：Immigration, Resistance, and Change in Monterey Park, California*, pp.40～43.

〔註35〕 「金齡老人公寓」創辦人為吳玉清（Frances Wu），她於 1974 年獲南加大社會學博士學位，當時即提出一照顧老人的綜合計劃，包括老人公寓、衛生條件、文化服務。1975 年吳玉清創辦華裔金齡老人協會（Chinese American Golden Age Association），3 年內會員數成長至近 300 人，並舉辦各式活動。1978 年，在取得聯邦房屋部（Housing and and Urban Development）房屋助貸款後，「金齡老人公寓」終於在蒙市動土，並於 1980 年完工，共計 120 個單位。該公寓不僅設備齊全，同時包括各類休閒活動，再加上管理完善，成為聖谷地區頗負盛名的老人公寓。見 Monterey Park 75th Anniversary Committee and Historical Society of Monterey Park, *Reflections, from 1916：Monterey Park's past, present and future*, p.106；Timothy P. Fong, *Monterey Park oral history：Frances Wu*（Monterey Park：The Historical Society of Monterey Park and Monterey Park Historical Commission, 1990）.

及羅蘭崗的「維多利亞崗」（Winsor at Victoria Heights）等，成為華裔長者在當地生活的另一種方式。聖谷地區老人公寓多半環境清幽，價錢平易。〔註36〕長者毋需假手他人，即可自理生活，病痛時亦有緊急呼救按鈕，不致乏人聞問；再加上寓友年齡相若，交友或參與各類活動更顯和樂，故極受華裔長者喜愛，著名老人公寓的申請往往大排長龍，常見申請數年方得搬入案例。

　　再者，華裔長者除居家外，就醫亦為另一常見需求。大多數華裔長者對醫療服務需求孔急，某些慢性病患更需長期復健，因此老人日間看護保健中心（Adult Day Health Care Center），近年在聖谷亦成長迅速，著者如蒙市的「ABC日間保健中心」（ABC Day Health Center）與「長青日間保健中心」（Ultralife Adult Health Care）、亞凱迪亞市的「亞凱迪亞成人日間保健中心」（Arcadia Adult Day Health Center）、聖蓋博市的「喜樂康保健中心」（CGM Health, Inc.）與「康泰日間保健中心」（New Valley Adult Day Health Care Center）、阿罕布拉市的「萬通康護中心」（W.S. Adult Day Health Care）與「明愛日間保護中心」（M&T Adult Day Health Care Center）、艾爾蒙地市的「長庚健康中心」（Sunny day Adult Day Health Care）、天普市的「仁愛日間保健中心」（Temple City Adult Day Health Care）、西科維納的「明康成人日間保健中心」（Mikkon Adult Day Health Care）及羅蘭崗「佳福成人日間保健中心」（Joyful Adult Day Health Care）等。老人日間看護保健中心盛行，一者反映當地日眾華裔長者醫療上的需求，二者醫療與休閒娛樂綜合，提供華裔長者生活上的另一種選擇。因此，聖谷多數老人保健中心不止具備醫療服務，同時亦提供長者活動與課程規劃。以「長庚健康中心」為例，該中心除為許多華裔長者提供醫療外，亦提供多元文化、風俗及語文活動，如設立英文班、攝影社、國畫社、舞蹈社、日語及國語老歌社、棋藝社、文化茶座社、電腦社、查經社、及乒乓球社等多樣性社團，協助長者們減少隔閡及孤寂，融入於美國主流社會。〔註37〕

〔註36〕美國政府社會福利政策中「SSI 計劃」（Supplemental Security Income Program）規定，65 歲以上長者或殘障人士若符合中低收入戶規定，如名下存款低於一定數額（加州為 2,000 美元），每月可得數百美元津貼，享有醫療保險補助（即所謂白卡，Medical Cal），且只有符合 SSI 標準者，方可申請老人公寓，而住費大半由政府補助。由於 SSI 醫療保險優惠及欲申請老人公寓，不少華裔長者因此將財產分予子女，藉此符合 SSI 規定。參見薛繼光，〈在美國的日子——臺灣銀髮族移民記〉，頁 32；美國社會安全局（Social Security Administration）網站：http://www.ssa.gov/pubs/11000.html#part1。

〔註37〕參見長庚健康中心網站，網址：http://www.sunnydayhealthcare.com/。

圖 5-1　位於蒙市的 ABC 日間保健中心

資料來源：筆者拍攝。

圖 5-2　位於艾爾蒙地市的長庚健康中心

資料來源：長庚健康中心網站，參見網址：http://www.sunnydayhealthcare.com/
aboutus/about.htm。

第二節　華人社會與文教活動之推展

聖谷華人在同化過程中，以中文學校、華文傳媒、華人宗教組織及各式社團等方式推展其社會文教活動，一方面傳承華人傳統文化，一方面則持續融入美國主流社會。

一、中文學校

中文學校在美國發展已逾百年。自 1965 年後，隨著新移民在美國人數日增，中文學校更是日漸蓬勃，尤其 2003 年美國大學理事會宣佈成立 AP 華語文，掀起「中文熱」學習熱潮，全美各地 2,400 所高中相繼開辦 AP 華語文課程，中文學校發展更益趨熱絡。〔註 38〕2004 年「全美中文學校聯合總會」（National Council of Association of Chinese Language Schools,簡稱 NCACLS）會員總數即已超過千家，學生總數更突破 10 萬人，顯見中文學校已蔚為風潮。

南加州中文學校近二十餘年間，成長亦十分顯著，2005 年南加州即約有 130 家中文學校，約佔全美十分之一強，〔註 39〕其中近半數位於聖谷地區，分佈以亞凱迪亞市 9 所中文學校居冠，蒙市 8 所居次，阿罕布拉市、胡桃市、哈仙達崗、天普市等約有 5 所，柔似蜜市、聖蓋博市、羅蘭崗、西科維納市則有 4 所。〔註 40〕中文學校由西聖谷到東聖谷廣泛分佈各華人聚居都市情況，可見中文學校與華人社區共生共榮。〔註 41〕

聖谷地區中文學校具有文化、教育、社會等多元功能，有助華人文教與社會活動的開展。在文化功能方面，今日聖谷中文學校除著重華語學習外，更提倡文化藝術學習，以蒙市「僑心國語學校」（Chiao-Hsin Chinese Language School）為例，每週除中文學習外，另提供相關文化課程，諸如介紹中華歷史與文物，背誦華人古典詩詞，了解華人習俗包括新年、中秋節、冬至等各節日之文化意涵等，使學生潛移默化間親炙原鄉文化薰陶。〔註 42〕易言之，遍

〔註38〕 楊乃莊主編，《全美中文學校聯合總會聯合會刊》第 10 期（Macon（喬治亞州）：全美中文學校聯合總會，2005 年 10 月），頁 157。
〔註39〕 朱苑綺，《美國大洛杉磯地區中文學校之探討——以洛杉磯郡和橘郡為例（1965～2005）》（臺中：國立中興大學歷史所，2006，碩士論文），頁 34。
〔註40〕 該處各都市中文學校數目以「南加州中文學校聯合會」會員統計為準。
〔註41〕 朱苑綺，《美國大洛杉磯地區中文學校之探討——以洛杉磯郡和橘郡為例（1965～2005）》，頁 38。
〔註42〕 僑心國語學校，《僑心國語學校 2004 年年刊》（蒙市：僑心國語學校，2004），頁 54～56。

佈聖谷之中文學校，無形中即成為中華文化向外傳播據點。〔註43〕

　　在教育功能方面，中文學校提供之華語學習，可補美國正規教育之不足，使華裔子弟更增學業競爭力。蒙市一位華裔熊姓女大學生即十分感激幼時在「僑心國語學校」華語學習經驗，因而使其SATII中文科目獲得優異成績。〔註44〕此外，中文學校提供的各種文化選修課，輔以各類社團、競賽活動，如美國華人運動會、南加州中文學校聯合會舉辦之演講、朗誦、書法、才藝等各類比賽，不但有助華裔子弟充實內涵，增加華裔族裔認同，更能訓練其領導、規劃與組織方面能力。再者，中文學校多強調學生人格教育的養成，灌輸學生孝順、努力求學、守秩序及友愛心等華人傳統價值觀，並從實際日常生活中言行身教。〔註45〕蒙市「天主教鳴遠中文學校」（Catholic Ming Yuan Institute）江校長即向筆者表示每年暑假期間均帶領學生前往蒙市巴恩斯公園（Barnes Park）義務性清掃環境，臺灣921大地震期間，「天主教鳴遠中文學校」全校師生亦以慰問信方式，表達其關心；〔註46〕「僑心國語學校」王校長辦學理念亦重視學童禮儀及人格道德的培育。〔註47〕故中文學校不只提供華語學習，同時也型塑華裔子弟內在人格健全。

　　社會功能方面，首先中文學校較之美國教育體系，更能扮演華人家庭親子間溝通橋樑角色，使受華人傳統教育家長與受美式教育子女間，體會彼此文化契合，促進互動與理解；其次，中文學校亦具社團聯誼功能，華人家長在等待子女下課之際，閒話家常，利用各種社團進修，彼此交流，有助華人社區溝通與團結；再者，中文學校各類活動與表演，或提供社區宣導政令及舉辦各種講座，均向美國主流社會宣揚中華文化優點，成為中西文化交流平臺，善盡其社區責任。〔註48〕最後，中文學校子弟以幼童居多，對華裔家長

〔註43〕朱苑綺，《美國大洛杉磯地區中文學校之探討——以洛杉磯郡和橘郡為例（1965～2005）》，頁103～104。

〔註44〕僑心國語學校，《僑心國語學校2000～2001年年刊》（蒙市：僑心國語學校，2001），頁104。

〔註45〕朱苑綺，《美國大洛杉磯地區中文學校之探討——以洛杉磯郡和橘郡為例（1965～2005）》，頁104～105。

〔註46〕2006年7月7日，筆者與「天主教鳴中文學校」江校長進行約一小時訪談。

〔註47〕2006年7月3日，筆者與「僑心國語學校」王校長進行約一個半小時的訪談。

〔註48〕朱苑綺，《美國大洛杉磯地區中文學校之探討——以洛杉磯郡和橘郡為例（1965～2005）》，頁105～107；周敏、黎熙元，〈族裔特性、社會資本與美國華人中文學校——從美國華人中文學校和華僑輔助性教育體系的發展看美國華人移民 的社會適應〉，《世界民族》，第4期（2005年），頁38～39。

而言，中文學校安親班功能亦功不可沒。〔註49〕

　　總言之，聖谷地區中文學校蓬勃發展，象徵當地華人文化傳承的興旺。而中文學校擺脫一元化教育功能，朝向傳承中華文化、多元教育與社會服務等方向邁進，更使中文學校之文教及社會作用日益彰顯。因此，聖谷地區中文學校對內教化華裔子弟語言與文化的價值，對外則成為華人與主流社會文化傳播與交流窗口，。

圖 5-3　僑心國語學校　　　圖 5-4　僑心國語學校上課情況

資料來源：筆者拍攝　　　　　資料來源：筆者拍攝

圖 5-5　鳴遠中文學校　　　圖 5-6　鳴遠中文學校上課教室

資料來源：筆者拍攝　　　　　資料來源：筆者拍攝

〔註49〕如天主教鳴遠中文學校江校長表示，由於美國小學多在 2 點下課，其時家長多正上班，學童乏人照顧，而美國法律規定，幼童不能獨自在家，故如天主教鳴遠中文學校等中文學校便使幼童有所依托，其安親班功能十分顯著。

二、華文傳媒

　　華人傳媒業為另一聖谷華人興盛事業。1980 年代，得利於日漸茁壯的華人社區需求，包括報紙、電視、廣播、網路等華文傳媒業在聖谷發展一日千里，如北美最大華文報紙《世界日報》將其洛杉磯總部設於蒙市，《國際日報》及《太平洋時報》總部則分別設於蒙市及柔似蜜市，《星島日報》亦以聖谷為主要銷售地區。在電視方面，聖谷地區約有 10 多種華文電視頻道，包括臺、港、中等地製作之連續劇、娛樂綜藝與新聞節目；廣播方面，三大廣播公司—洛杉磯 KAZN AM1300 廣播電臺（號稱北美最大的中文廣播電臺）、洛杉磯 KMRB AM1430 粵語廣播電臺（南加州唯一也是北美最大的中文粵語廣播電臺）及 KAHZ AM1600 中文廣播電臺等，亦在聖谷擁有廣大聽眾及市場。〔註50〕網路傳媒方面，包括僑委會製作的「臺灣宏觀電視」、「宏觀周報」、「宏觀影音電子報」及各類電子報如《大紀元報》、《僑報》等，皆使聖谷華人社區與亞洲訊息同步。這些華文傳媒的蓬勃，使當地華人社區文教活動更加多元。

　　華文傳媒業與聖谷華人社區同步成長，對聖谷華人社會與文化層面皆有深刻影響。在社會層面方面，首先華文傳媒業有助新移民社會適應，移民透過華文報刊及電視等，可即時了解主流社會訊息，並獲得居住、飲食等生活資訊，順利邁入同化階段；其次，華文傳媒業充份發揮族裔團結機制，透過各種華裔議題報導討論、華裔人士成功經驗、華人生活點滴及華人文藝活動宣揚等，華裔群體建立其認同觀，凝聚華人社區向心力；三者，華文傳媒充當華人社區與原鄉間情感聯繫管道，使移民與故鄉維持聯繫，舒緩其在陌生國度的焦慮與不安，滿足其思鄉情感需求。〔註 51〕蒙市一位詹姓臺裔居民曾向筆者表示：「華文傳媒具有主流媒體所不能取代功能，對華人社區是不可或缺的。」而洛杉磯一位主流媒體主管更認為，主流和少數族裔傳媒間最大區別，在於少數族裔報紙提供來自家鄉諸多消息，能滿足移民需求。〔註 52〕

　　華文傳媒在聖谷文教貢獻亦甚卓越。首先，華文報刊在推廣華語言學習及華人文化活動能度見上頗具成效。從報導中文學校需求，推動解決中文學

〔註50〕陳菁菁，《美國洛杉磯地區臺灣移民之華文報業（1980～2004）》（臺中：國立中興大學歷史所，2006，碩士論文），頁 172～174。

〔註51〕陳菁菁，《美國洛杉磯地區臺灣移民之華文報業（1980～2004）》，頁 161～164；周敏，蔡國萱，〈美國華文媒體的發展及其對華人社區的影響〉，《社會學研究》，第 5 期（2002 年），頁 93～94。

〔註52〕《世界日報》，2006 年 5 月 4 日，B2 版。

校教材、師資和學分認證問題,乃至專闢版面提供華人子弟學習中文之用,皆可見華文報刊對華語推廣重視,如《世界日報》推出中英對照「家長伴讀指南」與「兒童世界」,鼓勵華裔孩童善用華語即爲一例。此外,華文傳媒傳佈移民原鄉文化作用亦大,如《太平洋日報》堅定推動「臺美人傳統週」(Taiwanese American Heritage Week)相關活動,利用報刊文學園地鼓勵第一代臺裔移民,以臺語及客語進行文學創作,並透過舉辦臺灣文化爲主的音樂會等方式,推廣臺美文化在美生根。〔註53〕

其次,華文傳媒尤其是華文報刊,有助於美國華人文學發展空間。華文報刊如《世界日報》及前《國際日報》文藝副刊,爲美華文學提供園地,培育出陳若曦、黎華、王鼎均諸多美國華裔作家,使美華文學能永續發展,成爲華裔文化潮流的代表。〔註54〕華文媒體對華人文學或歷史等相關創作更見支持,如華裔作家張純如以《南京大屠殺》一書蜚聲國際,美國華文媒體如《世界日報》等推波助瀾功不可沒。華文傳媒與文學結合,彼此相得亦彰。

綜言之,華人傳媒興旺對聖谷華人文教活動的推展具正面意義。相較於中文學校爲華人社區有形文化傳播據點,華文媒體則扮演無形文化傳播網作用。聖谷華文媒體的熱絡使華人社區訊息更流通,文化交流更順暢,讓華人社區一方面能建立自我文化傳佈體系,與原鄉文化共鳴茁壯,另一方面則與主流社會接軌,擴大華人社區文化的影響力。

三、華人宗教組織

宗教信仰代表聖谷華人社區文化精神面。一般而言,聖谷當地華人宗教組織可分爲兩大類,其一爲傳統華人宗教信仰移植美國社會之佛教、道教等宗教團體,其中以西來寺、慈濟與法印寺等爲箇中代表;其二爲華人所參與之西方宗教組織,如聖谷當地華人天主教與基督教會等。聖谷華人社區同時存在傳統華人及西方宗教信仰,顯示華人一方面同化當地,但一方面保存傳統信仰之心靈寄託。

就華人宗教組織而言,位於哈仙達崗之佛光山西來寺,可視爲當地華人佛教信仰代表。西來寺爲臺灣佛光山星雲法師在美國興建,取大法西來

〔註53〕陳菁菁,《美國洛杉磯地區臺灣移民之華文報業(1980～2004)》,頁166～168。
〔註54〕陳菁菁,《美國洛杉磯地區臺灣移民之華文報業(1980～2004)》,頁168～172。

之意命名，該寺佔地 15 英畝，建築面積共 10 萬 2 平方英尺，爲西半球最大佛寺，也是全美佛教信仰的重鎮，每年吸引眾多信徒及觀光客參拜；〔註 55〕慈濟則爲華裔尤其臺裔在美重要宗教信仰組織之一，「慈濟美國總會」即設於聖谷鄰近之聖迪馬斯市（San Dimas），並以此爲中心在全美各地如紐約、洛杉磯、芝加哥、華盛頓、達拉斯等建立數十個分會；〔註 56〕法印寺（Dharma Seal Temple）爲聖谷地區另一頗有影響力之佛教寺廟，1977 年該寺由來自臺灣之印海法師創立於蒙市，1990 年遷至柔似蜜市，信徒頗眾。〔註 57〕除佛教信仰外，各式華人民間宗教組織如道教、一貫道等，在聖谷地區亦頗有發展。這些華人寺廟與宗教組織，爲當地華人社區信仰與人文活動增添滋彩。

另一方面，遍佈聖谷各都市之華人基督教與天主教組織亦吸引許多華人教友，其中以「聖湯瑪斯天主堂華人傳協會」（Chinese Catholic Association of St.Thomas Aquinas Church）、「好牧者臺灣基督長老教會」（Good Shepherd Taiwanese Presbyterian Church，簡稱 GSTPC）、「臺福基督教會總會」（The General Assembly of Evangelical Formosan Church）、「慕道園華人浸信會」（Monterey Park Chinese Baptist Church）等較具代表性，這些華人教會固定教友多在百人以上，「聖湯瑪斯天主堂華人傳協會」甚至有近 600 位華人教友。此外，這些華人教會多提供多語言傳道服務，如「聖湯瑪斯天主堂華人傳協會」除英語與西語外，另提供華語與粵語彌撒，「好牧者臺灣基督長老教會」及「臺福基督教會總會」等臺裔移民組成教會，在華語、英語傳道外，亦以臺語傳播福音。透過這些教會，聖谷華人教友不但獲得信仰喜樂，更有利人際關係網拓展及社會適應。筆者曾親自參與「好牧者臺灣基督長老教會」周末禮拜，親身感受該教會凝聚臺裔移民向心力，彼此互助互動氣氛；「聖湯瑪斯天主堂華人傳協會」林修女則向筆者坦言，許多華人教友藉參與教會活動，立意人際關係網絡經營，希冀更適應當地生活。

〔註 55〕 參見西來寺出版，《佛光山西來寺》介紹小冊，頁 5～6。
〔註 56〕 參見慈濟網站，網址：http://www2.tzuchi.org.tw/，參閱日期：2007 年 2 月 5 日。
〔註 57〕 參見法印寺網站，網址：http://www.dharmaseal.org/index.html，參閱日期：2007 年 2 月 5 日。

圖 5-7　位於哈仙達崗的西來寺　　圖 5-8　西來寺寺內景觀

資料來源：筆者拍攝　　　　　　　　資料來源：筆者拍攝

圖 5-9　位於柔似蜜市的西來大學　　圖 5-10　西來大學校園一隅

資料來源：筆者拍攝　　　　　　　　資料來源：筆者拍攝

　　除宗教信仰外，無論傳統華人宗教或西方教會，皆兼具文教及社會救濟功能。就文教方面言，上述宗教組織或透過建立學校，或翻譯、發行刊物，或舉辦各式活動，豐富當地華人文教事業。以西來寺為例，1989 年即於哈仙達崗成立「佛光西來學校」（Buddha's Light His Lai School），推廣華語教育，傳揚中華文化；〔註58〕1991 年「西來大學」（University of the West）創立，標榜結合東西文化優點，除開設佛教等宗教課程外，語言、工商管理、人文學科及推廣教育等科系陸續成立，2006 年更通過成為美國「西部學校及大學聯

〔註58〕佛光西來學校網站，網址：http://www.hsilai.org/chinese/elementary/HsiLaiSchool/index.htm。

盟」（Western Association of Schools and Colleges, WASC）正式會員，所獲學位及學分獲全美各大學承認；〔註59〕1996 年西來寺成立「國際翻譯中心」，從事佛教經論翻譯工作，發行英文等各類佛教典籍翻譯，每月出版一本「英文佛學小叢書」，印刷一萬冊，免費供西方人士閱讀；此外，西來寺亦相繼成立「西來寺佛光合唱團」、「西來寺佛光青少年交響樂團」等團體，參與各類活動，並透過《美洲人間福報》、佛教圖書捐贈、佛光文藝展等方式，進一步與主流社會接觸。〔註60〕

慈濟在文教方面貢獻亦不遑多讓，2003 年「聖蓋博谷慈濟人文中心」即成立於阿罕布拉市，舉辦多項實用課程，包括親子成長班、SAT 數學課程、靜坐班、靜思英語班、插花班、書法班與讀書會等，將慈濟文化深入推展至各社區；〔註61〕美國慈濟人文學校亦相繼於全美各地成立，聖谷鄰近即有「美國總會人文學校洛杉磯分校」、「美國總會人文學校爾灣分校」等，爲華裔少年開設華語、人文課及才藝課等相關課程。〔註62〕

聖谷華人教會亦推動多樣性文教活動：華人教會建立或支持各式中文學校成立，如前述「天主教鳴遠中文學校」即爲蒙市天主教「耀漢小兄弟會」（Congregation of St. John The Baptist）創立，「僑心國語學校」亦長期租用「聯合衛理公會」（Methodist United Church）場地；〔註63〕聖谷各華人教會多數成立讀經班、查經班與兒童主日學校等，推展其基督教信仰文化。

聖谷各式華人宗教組織，亦大力推動社會公益及救助工作，如西來寺大量捐助聖谷地區各弱勢團體，並創辦「社會關懷小組」，每月固定慰問療養院華裔長者；1990 年代，成立於阿罕布拉市之「美國慈濟義診中心」（Buddhist Tzu Chi Free Clinic），則每週固定義診，不限種族，嘉惠南加州居民；「好牧者臺灣基督長老教會」對各種急難救助如救助貧困兒童，捐助

〔註59〕倪永苓主編，《佛光世紀洛杉磯版第 122 期》（柔似蜜市（加州）：國際佛光會洛杉磯協會，2006），頁 23。

〔註60〕參見《佛光山西來寺千喜年年刊》，網址：http://www.hsilai.org/chinese/new_index_1.html。

〔註61〕見《慈濟道侶 402 期》，網址：http://taipei.tzuchi.org.tw/taolu/402/p402-7b.htm。

〔註62〕參見慈濟網站，網址：http://www2.tzuchi.org.tw/go/go.htm。

〔註63〕參見黃（馬兆）麟主編，《天主教鳴遠中文學校十週年特刊》（蒙市：鳴遠中文學校，1997），頁 17；僑心國語學校，《僑心國語學校 2004 年年刊》，頁 3。

卡崔納風災皆不遺餘力；〔註64〕「胡桃市第一華人浸信會」（First Chinese Baptist Church, Walnut）與「聖湯瑪斯天主堂華人傳協會」等華人教會則時有收容遊民，免其饑困之舉，〔註65〕並常為英語能力不佳之教友翻譯或處理文件書信。

　　總言之，聖谷華人多樣化宗教組織型態，除提供心靈上信仰功能外，其文教及社會功能亦十分顯著。華人宗教組織多元功能，一方面有助其在聖谷發展茁壯，一方面也促進聖谷當地社會與文教活動的熱絡。

圖 5-11　位於阿罕布拉市的慈濟義診中心

資料來源：筆者拍攝。

〔註64〕王信心主編，《好牧者臺灣基督教長老教會二十五周年紀念特刊：1980～2005》（蒙市：好牧者臺灣基督長老教會，2005年12月），頁31。

〔註65〕《世界日報》，2005年12月2日，B1版。

圖 5-12　好牧者臺灣基督教長老　　　圖 5-13　好牧者臺灣基督教長老
　　　　教會禮拜場景　　　　　　　　　　　　教會

資料來源：筆者拍攝　　　　　　　　　資料來源：筆者拍攝

圖 5-14　聖湯瑪斯天主堂華人傳　　　圖 5-15　位於艾爾蒙地市之洛杉
　　　　協會　　　　　　　　　　　　　　　磯臺福基督教會

資料來源：筆者拍攝　　　　　　　　　資料來源：筆者拍攝

表 5-1　聖谷華人宗教組織

	宗教組織名稱	宗教組織名稱（英文）	位　　址
佛教	洛杉磯淨宗學會	Amida Society	Temple City
	聖格講堂・菩提精舍	Bodhi Monastery /Sanger Mission	Monterey Park
	國際佛光會世界總會	Buddha's Light Int'L Association World Headquarter	Hacienda Heights

	美國南海普陀山佛教會‧定慧寺	Buddhist Association of South Sea Pu Tuo	El Monte
	法印寺	Buddhist Ortho-Creed	Rosemead
	佛教慈濟義診中心	Buddhist Tzu-Chi Free Clinic	Alhambra
	佛塔寺	Buta Buddhism Research Center	West Covina
	大日如來寺	Dari Rulai Temple	City of Industry
	加州法鼓山護法會	Dharma Drum Mountain Buddhist Association	Rosemead
	佛乘宗大緣精舍	Forshang Buddhism Da Yuan Association	Alhambra
	草堂寺	Global Buddhist Association	Monterey Park
	佛光山西來寺	I.B.P.S. His Lai Temple	Hacienda Heights
	佛教正覺同修會—洛杉磯共修處	Los Angeles Joint Cultivation Center	City of Industry
	聖能寺	Sheng Neng Temple	Alhambra
	戒光禪寺	Sino-America Ching-Chueh Buddhist Association	El Monte
	洛杉磯佛教聯合會	The Los Angeles Buddhist Union	Rosemead
	威光雷藏寺	Waken Day Tseng Temple	El Monte
	世界佛教文化中心觀音寺	World Buddhist Culture Center	Monterey Park
一貫道	天信佛堂	Chong Hua Tong Moral Association USA Inc.	Alhambra
	奕光佛堂	Great Light Tao	Rosemead
道教	中華道教	Chinese Taoism Research Society	El Monte
	中國道教太平道觀	Pacific Taoist Center	Monterey Park
	蒙市般若修德善堂	Prajna Buddhist Mission	Monterey Park
	黃大先洞	Wong Tai-Sen Taoism Center	Monterey Park
天主教	耀漢小兄弟會	Congregation of St. John The Baptist	Monterey Park
		San Gabriel Mission	San Gabriel
	羅蘭崗聖伊利莎伯天主堂	St. Elizabeth Ann Seton Church	Rowland Heights
	哈崗聖若望教堂	St. John Vianney Church	Hacienda Heights
		St. Stephen Martyr School	Monterey Park

	聖斯德望教堂	St. Stephen's Martyr Catholic Church	Monterey Park
	德來修女會	Theresian Sisters	Monterey Park
	大洛杉磯地區華人天主教團體		Monterey Park
基督教	羅省華人播道會	Chinese Evangelical Free Church	Monterey Park
	浸信會救恩堂	Chinese Grace Baptist Church	Monterey Park
	基督教路德會	Emmaus Lutheran Church &School	Alhambra
	臺福傳播中心	Evangelical Formosan Church Communication Center	El Monte
		First Baptist of Walnut Valley	Walnut
	基督教恩光堂	First Christian Church	Alhambra
	神愛世人	God So Loved The World	Arcadia
	基督教路德會聖三一教會	Holy Trinity Lutheran Church	Hacienda Heights
	以馬內利基督教會	Immanuel Community Church of The Nazarene	Temple City
		Living Hope Community Church	Walnut
	救世傳播協會	Overseas Radio &Television Inc.	Arcadia
	臺福基督教會總會	The General Assembly of Evanfelical Formosan Church	El Monte
	基督福樂之家	Vineyard of Harvest Church	Walnut
	三一信義會		San Gabriel
	中國信徒家庭教會		Alhambra
	中華歸主趙君影神學院		Alhambra
	亞凱迪亞羅省基督教會	First Evangelical Church, Arcadia	Arcadia
	以勒基督全備教會		South El Monte
	信望愛華人浸信會		El Monte
	信義會伯利恆堂		Temple City
	信義會基督堂		Monterey Park
	凱旋門基督徒之家		Arcadia
	南培城聯合衛理公會		South Pasadena

南培城華人浸信會		South Pasadena
和平臺福基督教會	Evangelical Formosan Church of Alhambra	Alhambra
哈崗召會	Church in Hacienda Heights	Hacienda Heights
國際大使命教會	Great Commission Church International	Hacienda Heights
培城國語浸信會	Mandarin Baptist Church of Pasadena	Arcadia
基督之家洛杉磯第二家		Arcadia
基督徒敬拜中心	Christian Zion Church	Rowland Heights
基督徒豐生教會		Rosemead
基督徒信義會蒙市禮拜堂		Monterey Park
基督教南加州聖教會		Rowland Heights
基督教慕主錫安堂		El Monte
基督教救世軍洛杉磯堂		San Gabriel
基督教會眞道靈糧堂		Rowland Heights
基督教洛杉磯聖教會		Pasadena
基督教華人睦鄰行道會		Rosemead
堅信基督教會		Rosemead
好牧者臺灣基督教長老教會		Monterey Park
好牧者衛理基督教會	Church of the Good Shepherd United Methodist, Arcadia	Arcadia
宣道會活石堂		Hacienda Heights
希望基督教會	Hope Christian Fellowship	San Gabriel
恩信華人基督教會		Covina
恩光基督教會		El Monte
恩福基督教會		San Gabriel
愛滿地基督教信義會		West Covina
愛鄰臺福基督教會		Rowland Heights
慕道園華人浸信會	Monterey Park Chinese Baptist Church of Alhambra	Alhambra
新希望國際教會		Arcadia
東安臺福基督教會	Evangelical Formosan Church of East Valley	Walnut

東洛杉磯中華浸信會		Covina
東洛杉磯基督徒之家	Home of Christians, East Los Angeles	Hacienda Heights
核桃市第一華人浸信會	First Chinese Church, Walnut	Walnut
榮耀教會	Church of Glory	Alhambra
洛杉磯國語浸信會	Mandarin Baptist Church of Los Angeles	Alhambra
洛杉磯基督徒之家		Monterey Park
洛杉磯基督教錦光教會		Alhambra
牧者山國語聯合衛理公會		Monterey Park
生命泉基督教會		Diamond Bar
眞光長老會	Alhambra True Light Presbyterian Church	Alhambra
磐石基督教會		Temple City
示羅華人基督教會		Diamond Bar
第一臺灣基督教長老教會		Pasadena
第一連合衛理公會		Alhambra
羅省中華鋼紀愼教會		El Monte
羅省東區宣道會	San Gabriel Valley Alliance Church	Arcadia
羅省東區華人播道會	Evangelical Free Church of Walnut	Walnut
羅省華人信義會生命堂		Alhambra
羅省華人宣道會		Alhambra
羅蘭崗召會		Rowland Heights
羅蘭崗基督徒禮拜堂		Rowland Heights
聖公會聖加百利堂		Monterey Park
聖安臺福基督教會		Arcadia
聖蓋博第一衛理公會		San Gabriel
聖迦谷羅省基督教會	First Evangelical Church of San Gabriel Valley	Rosemead
聖迦谷靈糧之家		Rosemead
聖達臺福基督教會		Hacienda Heights
聖靈與火的教會		Hacienda Heights

華人宣道會恩光堂		West Covina
華人宣道會眞理堂		El Monte
華人房角石教會	Capstone Chinese Mandarin Presbyterian Church	Arcadia
華人福音教會		Temple City
華人衛理公會恩雨堂		Rowland Heights
華人路德會合一堂		El Monte
華夏基督教會		Alhambra
路德會沐恩華人教會		Diamond Bar
迦密山華人浸信會		Covina
鑽石崗召會		Diamond Bar
鑽石崗羅省基督教會		Walnut

資料來源：筆者整理自《加州彩頁》及各報刊。

四、華人同鄉會與校友會

同鄉會與校友會爲另一聖谷華人社會與文教活動重要推動媒介。以下則介紹聖谷地區較重要之同鄉會及校友會組織，並簡介其社會與文化服務概況。

（一）臺灣會館

臺灣會館成立於 1998 年，位址座落於聖谷柔似蜜市，爲南加州臺灣同鄉會聚會場所，亦爲當地臺裔移民文教傳佈與社會交流最重要組織。2000 年臺灣會館計有 51 個團體會員，個人會員則有 600 多位，至 2004 年團體會員增至 62 個，包括諸多重要南加州臺裔社團，如「南加州臺灣旅館同業公會」、「洛杉磯臺美商會」、「臺美基金會」（Taiwanese American Foundation）、「臺美公民協會」、「聖東臺灣同鄉會」（Taiwan American Association of East San Gabriel Valley）、「北美洲臺灣人教授協會南加分會」（North American Taiwanese Professor's Association）、「北美洲臺灣人醫師協會南加分會」（North America Taiwanese Professors' Association，NATMA-SCC）、「南加州臺灣客家會」（Southern California Taiwan Hakka Association）、「南加州臺灣人長輩會」（Taiwanese American Affiliated Committee on Aging）等。臺灣會館宗旨：1、舉辦公益、文藝及教育等活動，以發揚臺灣文化傳統；2、促進與主流社會交

流，提昇臺美人形象；3、鼓勵更多臺美人參與社區活動；4、培養第二代臺美人成為優秀公民，傳承優質臺美人文化。〔註 66〕由其宗旨可觀臺灣會館側重文教與社會活動面向。

臺灣會館歷年推動各類文教與社會活動：1、大力贊助每年 5 月舉行「臺美人傳統週」與「臺美小姐」活動。以 2003 年「臺美人傳統週」為例，臺灣會館下設之「全美臺美人傳統週支援會」即印製文宣 Taiwanese American—A Century of Progress 與 Taiwan, a Beautiful Island 各 6 千份，中英文雜誌 Heritage—A Taiwanese American Magazine 2 千份，寄達各地，並與南加州地區 25 個社團共同主辦，推動 4 項比賽、8 項展覽及在蒙市巴恩斯公園舉行之「美食藝文展親子遊園會」等活動；〔註 67〕2、2003 年會館開辦臺文學校，成立兒童班、青少年班、成人班，其後陸續增設「客語班」、「華語班」、「成人會話班」、「臺文寫作電腦班」等，宣揚臺灣文化。另外會館近年相繼成立之「臺灣會館愛鄉合唱團」、「臺灣會館籃球隊」、「臺灣會館桌球隊」等社團，亦與當地社區柔性互動頻繁；〔註 68〕3、臺灣會館附設之 250 人演講廳、50 人會議室以及兩間教室之硬體設備均提供各社團使用。會館每年並舉辦募款會、新春晚會、會員大會及災變賑災晚會等各類活動超過 60 場；4、臺灣會館圖書館館藏書 7,000 餘本，館藏包括臺灣文學、史地、社會、政經、人文等，提供當地社區人士免費借閱服務；〔註 69〕5、2000 年臺灣會館開始參與「洛杉磯河之友會」發起之洛杉磯河清潔運動，每年均有 200 位以上臺美人參加，推動河流保護理念；〔註 70〕

（二）臺灣同鄉聯誼會

「加州臺灣同鄉聯誼會」（Taiwan Benevolent Association of California）成立於 1979 年，政治立場有別於臺灣同鄉會，故吸引部分反對臺灣獨立之臺裔移民加入。「加州臺灣同鄉聯誼會」宗旨為「時時關心臺灣，處處服務鄉親」，

〔註 66〕臺灣會館，《大洛杉磯臺灣會館 2004 年年鑑》（柔似蜜市：臺灣會館，2004 年），會員宗旨。
〔註 67〕臺灣會館，《大洛杉磯臺灣會館 2004 年年鑑》，頁 33～34、39。
〔註 68〕臺灣會館，《大洛杉磯臺灣會館 2004 年年鑑》，頁 14、22。
〔註 69〕臺灣會館，《大洛杉磯臺灣會館 2004 年年鑑》，頁 28；臺灣會館網站，網址：http://www.taiwancenter.org/。
〔註 70〕臺灣會館，《大洛杉磯臺灣會館 2004 年年鑑》，頁 49；《世界日報》，2006 年 5 月 7 日，B2 版。

成立初期雖以聯誼爲名，但活動完全支持臺灣之國民黨政府，故初期活動重點在每年雙十節蒙市升旗典禮、鄉情座談會及爲政要舉行歡迎會等。1984年，「加州臺灣同鄉聯誼會」理事人數增加，故除「愛國活動」外，每月亦由一位理事主辦一項活動，由於每位理事興趣不同，活動遂更多元，其後「加州臺灣同鄉聯誼會」逐漸由政治性社團轉變爲社會文教爲主的多元性社團。〔註71〕

近年「加州臺灣同鄉聯誼會」各種活動多強調人文素養，以2005至2006年爲例，除與僑界近百社團共同籌備蒙市雙十國慶升旗典禮外，亦配合僑委會文化體育系列，舉行保齡球賽、國際華裔青少年音樂比賽、青少年美術比賽等，其中青少年音樂比賽尤廣受當地華人社區支持與好評。另外，「加州臺灣同鄉聯誼會」所舉行之臺灣家鄉小吃及猜謎比賽，亦吸引許多臺裔鄉親參加，有利彼此聯絡鄉誼。〔註72〕

（三）南加州中國大專院校聯合校友會

南加地區華裔各校校友會爲當地重要社會性聯絡網路，其中以成立於1982年之「南加州中國大專院校聯合校友會」（Joint Chinese University Alumni Association of Southern California）最具代表性。該組織原爲臺灣地區大專院校校友會聯合組織，後擴大包括中國地區大專院校，2005年該組織共有臺灣與中國38個校友會〔註73〕，約4萬名校友，爲北美地區華人最高教育水平，最大非營利華人組織之一。其宗旨爲：1、促進校友間之聯繫與切磋；2、廣集

〔註71〕臺灣會館，《大洛杉磯臺灣會館2004年年鑑》，頁103。
〔註72〕加州臺灣同鄉聯誼會，《加州臺灣同鄉聯誼會第二十八屆年會暨會長及理事長交接典禮》（阿罕布拉市（加州）：加州臺灣同鄉聯誼會，2006），頁6。
〔註73〕38個校友會會員名錄分別爲：臺灣大學校友會、師範大學校友會、清華大學校友會、中興大學校友會、交通大學校友會、成功大學校友會、東海大學校友會、東吳大學校友會、政治大學校友會、中山大學校友會、中央大學校友會、中原大學校友會、中國文化大學校友會、輔仁大學校友會、中山醫學院校友會、大同大學校友會、中正理工學院校友會、中原大學校友會、銘傳大學校友會、靜宜大學校友會、實踐大學校友會、世新大學校友會、元培科技學院校友會、臺北科技大學校友會、臺灣海洋大學校友會、臺灣藝術大學校友會、空軍官校校友會、明志科技大學校友會、海軍官校校友會、淡江大學校友會、國防醫學院校友會、陸軍官校校友會、逢假大學校友會、基督書院校友會、復興崗校校友會、珠海大學校友會、廣州大學校友會、廣東國民大學校友會。參見南加州中國大專院校聯合校友會，《南加州中國大專院校聯合校友會2005刊》，頁32。

校友專才，以謀求校友之福利；3、輔導及協助校友及校友子弟求學及就業；4、集合華人力量以爭取及維持華人之權益及福祉；5、促進華人與當地社團間之關係，交流與理解。〔註74〕

「南加州中國大專院校聯合校友會」除經常性郊遊聯誼外，亦著眼於促進與主流社會之融合，青少年領導人才之培養，社會公益活動之推廣，華人權益之維護及中華文化之傳播等，其活動包括：1、每年年會表揚傑出校友，展現團結與實力；2、參與華人相關事務，如贊助華人選民登記、全美祭孔大典、華人運動會等，並聲援李文和案等；3、慈善救濟，包括 1988 年起春節期間洛杉磯街頭冬令救濟活動，及 1994 年加州北嶺地震、中國華南水災、臺灣水災、1999 年臺灣九二一大地震、2005 年南亞海嘯等海外賑災救濟等；4、各種文化與社區活動，如 1987 年起即舉辦母親節園遊會，1993、1997、1998年分別舉辦第一屆大專杯卡拉 OK、高爾夫、桌球比賽，1996 年舉辦第一屆聯合藝展，2002 年成立「校友會發展組」，爭取年輕校友及留學生認同，2004年首次舉行室內國慶晚會及升旗典禮，2006 年大專杯心手相連慈善演唱會等，皆廣受當地華裔社區好評。〔註75〕

（四）南加州臺灣大專聯合校友會

由於南加地區部分臺裔移民認為「南加州中國大專院校聯合校友會」不能完全代表臺裔知識份子，1993 年遂另組「南加州臺灣大專聯合校友會」（Collegiate Alumni Association of Taiwan），會員約 500 餘人。其宗旨為「服務校友、增進福祉、聯絡僑社、融入主流、關心臺灣、回饋故鄉」。

「南加州臺灣大專聯合校友會」社區活動以音樂會及座談會為主。2002年該會主辦之「臺灣音樂風」音樂會，以闡揚臺灣音樂文化為先，廣獲好評；不定期舉辦之「熱門話題講座」，內容涵蓋政治、經濟、文化、社會、教育等多元性話題，甚受當地社區重視。2001 年發生 911 事件，「南加州臺灣大專聯合校友會」亦發動捐款、捐血，並與臺灣會館共同主辦 911 事件關懷音樂會。此外，「南加州臺灣大專聯合校友會」對臺灣事務相當關切，臺灣多次颱風，

〔註74〕南加州中國大專院校聯合校友會，《南加州中國大專院校聯合校友會 2005刊》，頁 9。

〔註75〕南加州中國大專院校聯合校友會，《南加州中國大專院校聯合校友會 2005刊》，頁 25～30；南加州中國大專院校聯合校友會，《南加州中國大專院校聯合校友會 2006 年年中會訊》，頁 7。

該組織皆發動捐款，並主辦或協辦來自臺灣之歌仔戲、布袋戲、絃樂團等國寶級文化表演團體之洛杉磯公演活動。〔註76〕

　　除「南加州中國大專院校聯合校友會」與「南加州臺灣大專聯合校友會」外，其他如「南加州臺灣師範院校校友聯合會」（Joint Teachers College and Normal Universities of Taiwan Alumni Association of Southern California）與高中校友會如「臺中一中校友會」、「南加州臺南一中校友會」（Tai-nan First High School Alumni Association）、「南加州嘉中校友會」（Chia-Yi High School Alumni Association of Southern California）等亦發揮華裔移民校友網路之社會與文教功能。

圖 5-16　位於柔似蜜市的大洛杉磯臺灣會館

資料來源：筆者拍攝。

〔註76〕臺灣會館，《臺灣會館 2002 年年鑑》（柔似蜜市：臺灣會館，2000 年），頁 89；臺灣會館，《大洛杉磯臺灣會館 2004 年年鑑》，頁 95。

圖 5-17　臺灣會館圖書室

資料來源：筆者拍攝。

　　總言之，透過中文學校、華文傳媒、華人宗教組織及華人同鄉會、校友會等，華人社會與文化能量深植聖谷，並持續發揚。近年聖谷華人社會文化熱潮更趨熱絡多元，如遍佈聖谷各都市之長青書局、書原、三聯書局等大型華人書局，亦扮演與上述文化途徑相似功能，提供當地華人閱讀、休閒資訊，有助華人文化展佈；〔註 77〕其他如分別成立於 1968 年、1975

〔註77〕 長青書局由臺裔移民劉冰於 1978 年創立於蒙市，迅速成爲當地圖書販賣出版鉅擘，劉冰甚至被戲稱爲蒙市地下市長。1998 年「長青文化公司」（Evergreen Prinintg）在聖谷地區已有 10 家連鎖書局，銷售臺、港、中、美等地圖書，並設有中文印刷廠，自行出版圖書。近年「長青文化公司」更成立長青文藝沙龍，作爲演講、圖書繪畫展覽場地，並年年舉辦大型中國圖書文化展，推廣華人文化，參見劉冰，〈美國長青書局發行人暢談創業史〉，《華文出版》第 357 期，2003 年 1 月，頁 29；劉愛莉，〈一手打造長青書局：劉冰，一部中國出版史！〉，《商業時代》，第 109 期（2002 年 12 月），頁 36～37；「書原」則爲中國移民宋如華於 2004 年創立於蒙市，如今全美已有 10 家分店，其中 3 家位於聖谷地區。書原號稱全美最大中文連鎖書店，以簡體字圖書爲主，亦販售各式影劇光碟、唱片等。筆者曾拜訪蒙市書原店，頗驚詫其店面之廣、藏書之豐；蒙市三聯書局則爲香港三聯書局之分店，開設於 1994 年，另有聖蓋博市分店，在聖谷書局與出版產業中亦具重要份量。

年及 1984 年之「聖谷中華文化協會」（San Gabriel Valley Chinese Cultural Association）、「南加州華人歷史協會」（Chinese Historical Society of Southern California，簡稱 CHSSC）、「華人歷史博物館」（Chinese American Museum，簡稱 CAM）等，對華人文化提升亦各具貢獻。這些華人組織與媒介多具備橋樑性質，對內聯絡華人人際網絡，傳佈華人文化能量，對外則作為與主流社會交通平臺，豐富華人文化內涵，為聖谷華人文化社區的建立奠下良好基礎。

第三節　華人文化社區的建構

　　聖谷華人移民透過中文學校、華文傳媒、華人宗教組織、同鄉會及校友會等組織，有效推展其社會文化網絡，使聖谷成為美國華人文化重要輻輳中心之一。美國華裔學者令狐萍（Huping Ling）曾提出「文化社區」（Cultural Community）模型，用以描述聖路易華埠勢微後，當地華人社區發展模式，其主張文化社區界定不需實體疆域，而是由其成員普遍文化行為與信念所定義，並透過中文學校、華人宗教組織、社區團體、文化單位等共同型塑之。〔註78〕「文化社區」概念有助闡釋近年不再以華埠為中心，而散居於各都市郊區華人新移民之社會文化特徵，聖谷即為典型代表之一。

　　聖谷華人文化社區以華人文化認同為核心，歷經由「美籍華人」（American Chinese）轉換為「華裔美人」（Chinese American）過程，並建構華美人自我認同的文化價值觀及其主體性。此可由對華人族裔稱謂上的爭議與轉變一窺堂奧。早期美國社會常以輕篾的「華佬」（Chinaman）或

〔註78〕令狐萍教授在《聖路易華人》一書中，曾指出「文化社區」模型之重要性：（1）「文化社區」對理解華人新移民社區具正面作用，特別對散居郊區，與主流密切聯繫的華人專業人士移民社區尤顯重要。這類移民社區往往並非以華埠作為文化聚合中心，因此「文化社區」即為該族裔社區重要表徵；（2）文化社區模式有助華裔移民更加了解文化認同議題，並透過集體認同符號如中文學校、宗教組織及社會文化單元等，凝聚族裔文化認同；（3）文化社區加速華裔社區涵化，並顯示華裔群體在美國同化歷程，已由實體存在的華埠，逐漸衍生為不受地區範圍制約的華裔社會文化組織及其活動。「文化社區」加速華裔社區與主流社會的接軌，並促成雙重文化優點兼蓄。參見 Huping Ling, *Chinese St. Louis：From Enclave to Cultural Community*, pp.12～13.

「清國奴」（Chink）等侮稱華人。〔註79〕美國華裔作家黃玉雪（Jade Snow Wong）在其自傳式小說《華人五女》（Fifth Chinese Daughter）即記述幼時遭白人學童呼以："Chinky, Chinky, Chinaman"。〔註80〕其時，華人爲美國社會之邊緣族裔，聚居華埠，對美國社會之侮辱性稱謂只能逆來順受，再加上落葉歸根思想，亦頗以身爲「美籍華人」爲榮。1960年代後，隨著華人新移民崛起與「多元文化主義」（Multi-Culturalism）〔註81〕激盪，華人落地生根思維逐漸高漲，在華裔社會領導人士及華裔作家等倡導下，「華裔美國人」現已成爲大多數華人認同稱謂。如華裔作家湯亭亭（Maxine Hong Kingston）即主張"Chinese"爲形容詞，"American"爲名詞之"Chinese American"稱謂方式，肯定自己爲美國人，其先祖爲華人，兼顧歷史淵源和現實情境，較之一般慣用帶有連字的美國人（Hyphenated American）說法，即將連字號兩端文化意義等量齊觀之"Chinese-American"表達方式，更能代表大多數華人認同情況。〔註82〕因此，湯亭亭亦曾多次直言：「『因爲』我出生於加州，所以我『就是』美國女人。我也是華裔美國女人」。〔註83〕這種經過衝突、緩和再重新審視自身文化情境優點的認同模式，普遍見於第二代後華裔群體。近年，美國華裔文化發展更加多元，華人認同模式亦更百家齊放，如華裔作家兼評論家趙健秀（Frank Chin）主張擺脫白人種族主義對華裔之窠臼，呼籲華人不要再被視爲「黃皮膚的湯姆叔叔」（yellow

---

〔註79〕 吳仙標即認爲「Chinaman」一詞，從1853年美國歷史上禁止華人出庭作證開始，就是歧視、侮辱華裔的稱呼。他同時以在英文最有權威的Webster大字典爲例，明確指出：「Nigger指黑人，含有侮辱之意（Offensive），Chinaman則指華裔，也含有侮辱涵義。」參見《世界日報》，2004年4月29日，B4版。

〔註80〕 參見Jade Snow Wong, *Fifth Chinese Daughter*（New York, N.Y.：Harper & Brother, 1950），p.68.

〔註81〕 多元文化論最早提出者爲卡倫（Horace M. Kallen），他於1915年在《*The Nation*》刊物中，以*Democracy Versus the Melting-Pot*爲標題的兩篇論文，反對熔爐理論。後於1924年，他在*Culture and Democracy in the United States*論文中，結合「種族」（ethnicity）與「文化」（culture）概念，首次提出文化多元論（cultural pluralism），以人類不同種族的文化差異，來區別不同特質的族群，並主張各族群多元族群的社會將豐富美國的文化資產。見Milton M. Gordon, *Assimilation in American Life：The Role of Race, Religion, and National Origins*（New York, N.Y.：Oxford University Press, 1964），pp.141～148.

〔註82〕 單德興，《銘刻與再現：華裔美國文學與文化論集》（臺北：麥田出版，2000），頁173。

〔註83〕 單德興，《銘刻與再現：華裔美國文學與文化論集》，頁173。

Uncle Tom），重建美國華裔文化主體性，並進一步強調華人文化的陽剛面；〔註84〕美國華裔學者李又寧（Yu-ning Li）等則強調華族觀念，並訴諸世界各地華裔群體團結；〔註85〕湯亭亭則基於不刻意抹煞具有輕侮歧視聯想及如實面對華裔美國人歷史與現實態度下，另鑄新詞"China men，重新審視華人在美國的自我定位。因此，華裔美國人之文化認同覺醒，伴隨文化主體意識的建構，成爲聖谷華人文化社區的核心價值。

聖谷華人文化社區建立一方面得益於美國華人社會建構華裔文化認同價值的趨勢，另一方面則受惠於當地華人社區的滋養。一般而言，聖谷各華人聚居都市各有其文化活動，亦可視爲單獨存在之華人文化社區單元，如蒙市、阿凱迪亞市、聖瑪利諾市等都市華人組織皆甚完備，籌辦各種華人社會與文化活動能見度亦高。然而，另一方面，聖谷各都市華人文化社區單元儘管各自獨立發展，但彼此間密切聯繫，再加上中文學校、華文傳媒、華人宗教組織等之影響力皆爲全聖谷區域性，而聖谷華人住民亦朝建立全區性文化社區方向努力，故聖谷華人文化社區整體可視爲各華人聚居都市文化社區的加總及融合，其影響力不以聖谷爲限，而外擴至南加州地區乃至全美華人社會。

聖谷華人文化社區大體以蒙市爲中心，其華人文化意識較強，文化活動亦較興盛，諸如華人新年慶祝、雙十節升旗典禮、亞太裔傳統月、臺灣傳統週等華人各類活動，多於蒙市舉行，《洛杉磯時報》曾以「文化都會中心」（Megalopolis of Cultures）一詞形容蒙市華人文化的獨尊地位，可見一斑。〔註86〕近年隨著聖谷各都市華人社區的蓬勃，蒙市華人文化中心的絕對地位已較不明顯，取而代之者爲全聖谷華人文化多據點發展趨勢。

聖谷華人文化社區並不以單純華人文化自守自限，而呈現開放多元，具包容性特色。其本質以華人文化爲基礎，兼容各族裔文化元素，創造新型態華人文化多元風貌。此現象與聖谷多族裔共存，尊重彼此文化密切相關。以蒙市爲例，當地雖爲華人文化社區重鎮，但仍接納各式不同的文化，如1998

〔註84〕單德興，《銘刻與再現：華裔美國文學與文化論集》（臺北：麥田出版，2000），頁 214～230。

〔註85〕參見李又寧，《天外集刊——創刊號》（紐約：天外出版社，1997）前言。

〔註86〕Mark Arax, "San Gabriel Valley Asian Influx Alters Life in Suburbia Series：Asian Impact：First of two articles," *Los Angeles Times*（April 5, 1987）.

年開始舉辦之蒙市櫻花節（Cherry Blossom Festival）活動，雖爲弘揚日本民俗文化，但雅俗共賞，其活動並包括華人小吃攤位等，吸引聖谷地區華人住民參與共樂。〔註 87〕其他如美國國慶慶祝、萬聖節、耶誕節、蒙市慶祝 90 歲生日的「歡樂日」（Play Days）嘉年華會活動，及其他都市節慶如帕莎迪那市著名的「玫瑰花車大遊行」（Rose Bowl）、胡桃市已有 30 年歷史的「親子嘉年華會」（Walnut Family Festival）等，華人皆踴躍參與，親身體驗美國各族裔文化意義。因此，聖谷華人文化社區的包容性，呈現華人適應並進一步認同美國文化的特徵，亦顯示聖谷華人文化社區並非族裔文化內縮與排它的產物。

聖谷華人文化社區一方面吸納美國多元族裔文化元素，充實華人文化內涵，一方面亦回饋式介紹華人文化予美國主流社會，爲華人文化與美國主流文化搭建友善橋樑。如蒙市 1992 年開始，在當時華裔市市員姜國樑推動下，將每年 5 月 16 日訂爲「佛光日」，配合舉辦各式活動，向美國社會介紹佛教文化；艾爾蒙地市別稱「宗教街」之 Lower Azusa 街，林立各式華人寺廟，如眞佛宗洛杉磯威光雷藏寺（Waken Ray Tseng Temple）、戒光禪寺（Sino-America Ching-Chueh Buddhist Association）、美國洛杉磯全眞道院、光明聖道院等，即呈現艾爾蒙地市政府接受東方宗教開放觀念的象徵，〔註 88〕亦使當地居民更容易親炙華人文化。故聖谷華人文化社區價值在於一方面保存中華文化精華，使當地華裔住民得以維持原鄉文化，並向美國社會介紹中華文化價值，另一方面則持續吸納美國多元文化優點，豐富華人文化社區內涵，建構華人文化社區兼容並蓄的文化主體性。

總言之，隨著聖谷華人社區擴大，其發展日漸重要，不但陶鑄當地日眾之華裔第二代，且扮演全美華人社會文化領航者角色。近年隨著臺、港、中國等地移民日增，聖谷與亞洲地區文化交流更見頻繁，實爲可喜現象。聖谷文化社區的建立與成熟，使當地華人社會能跨越地域限制，一方面充當太平洋兩岸文化傳承橋樑，另一方面也使聖谷華人與美國主流文化建立更友善溝通途徑。

〔註87〕《星島日報》，2006 年 4 月 23 日。
〔註88〕《世界日報》，2004 年 1 月 5 日，B3 版。

圖 5-18　蒙市巴恩斯公園美國國慶慶祝情形

資料來源：筆者拍攝。

圖 5-19　蒙市巴恩斯公園美國國慶戶外慶祝音樂會

資料來源：筆者拍攝。

第六章　結　論

綜觀美國華人史演進，從 1850 年代金山夢，1860 年代參與美國太平洋鐵路開鑿，1870 年代成為美國經濟不景氣下之替罪羔羊，發生慘絕人寰之「一八七一年洛杉磯華人大屠殺」〔註1〕等慘劇，其後 1882 年《排華法案》施行，至 1920 年代舊金山「天使島」（Angel Island）埃崙悲歌，早期華人移民一方面如美國種族史學者高木（Ronald Takaki）教授在其大著《來自彼岸之陌路人：亞裔美國人歷史》〔註2〕中所闡述，不為美國社會接受，成為孤立無援的異鄉客，但一方面則如美國華裔作家徐忠雄（Shawn Wong）所讚許，具有「天堂樹」〔註3〕之堅忍不拔精神，譜下華人可歌可泣的史詩。

追循早期華人移民步伐，1965 年後華人新移民，或因留學至美，學成在美就業；或因專業技術獲得嘉許，而移民美國；或因財力雄厚，獲得商業移

〔註 1〕1870 年代加州經濟不景氣，許多白人勞工求職困難，相對下華人勞工吃苦耐勞，薪資要求亦僅白人勞工一半，故為雇主所優先任用，引起白人勞工不滿，再加上美國社會妖魔化下之華人形象如狡詐、骯髒、缺乏道德等形象深固，因此導致白人屠殺華人之多起血腥事件。其中發生於 1871 年 10 月 24 日之「一八七一年洛杉磯華人大屠殺」即為顯例。該事件起因於 2 名華人在爭吵中誤殺一名叫羅勃‧湯普森（Robert Thompson）白人男性，該日晚間，即發生約 500 名白人暴民屠殺 19 名華人，並將當地華人建築洗劫一空。參見 Smith Icy（鄧瑞冰），*The Lonely Queue：The Forgotten History of the Courageous Chinese Americans in Los Angeles*, p.14.

〔註 2〕Ronald Takaki, *Strangers from a Different Shore：A History of Asian Americans* （New York, N.Y.: Penguin Books, 1989）.

〔註 3〕天堂樹即樗樹，可適應各種風候，原產於中國，100 多年前亦移植於加州。天堂樹花朵並不起眼，但能夠生長於乾旱、熱風與各種艱難中。天堂樹移植加州與其特性，頗能代表早期華人移民。參見徐忠雄著、何文敬譯，《天堂樹——一個華裔美國家族四代的故事》（臺北：城邦文化事業股份有限公司，2001），頁 35。

民身份，在在憑藉其優異移民先天條件，以中產階級之優勢地位，打破移民需經數代努力方能在美立足之既定印象，迅速頭角崢嶸，爲美國華人社會注入新血，開創新局，亦使華人從聚居華埠之邊緣少數族裔，一舉成爲近年美國主流社會驚歎之「模範少數族裔」（model minority），〔註4〕在各領域皆有突出的成就。因此，華人新移民的出現，使美國華裔族群發展，邁入新的階段。

華人新移民在居住模式上即引領美國華人社會風騷，率先在美國各都市建立郊區社區。誠如美國華裔學者周敏教授指出，新移民未遵循先居住都市中，再移居郊區之模式，而是跨越傳統「過渡居住」階段，直接定居郊區，爲美國各族裔移民少見案例。〔註5〕而聖谷華人新移民經驗則爲華人郊區社區的典型代表。聖谷華人新移民透過 4 波移民階段，在摸索中學習與成長，逐步由蒙市擴而建立聖谷華人社區榮景，足堪美國華人社會之典範，並提供美國少數族裔立足郊區社區的寶貴經驗。

此外，聖谷華人社區自其建立之初，已展現開創新局的企圖心。1980 年代初期，蒙市華人社區建立伊始，當地華人新移民即扮演積極主動的優勢少數族裔角色，全面參與蒙市經濟、政治與社會文化領域，轉換當地成爲名實相符的「小臺北」。此現象顯示華人移民並非僅視蒙市爲單一功能的居住型社區。其後全聖谷華人社區的建立，始終朝向集居住、經濟、政治與社會文化功能爲一體之綜合性社區方向發展，並在華人社區逐漸分佈於全聖谷的態勢下，透過各式華人組織與網絡，於經濟、政治與社會文化等層面嶄露頭角，擴大華人群體在美國社會之影響力。

〔註 4〕美國學界近年對華人爲「模範少數族裔」說法提出若干質疑，如令狐萍教授即認爲該說法只描繪華裔美國人成功之瑰麗畫面，卻忽略存在於華裔中與成功經驗矛盾之事實。首先，華裔與其他亞裔雖進入美國中產階級社會階層，定居於美國郊區，享受主流社會生活方式，但仍有爲數極多之華人新移民侷限於美國大都市內的華人社區；其次，雖然與美國其他少數族裔和白人相比，有更高比例華裔與取得高等教育學位，但與具有同等教育程度之族裔相比，所得收入卻較低，且僅有極少數華裔專業人員能晉升至管理或領導職位，大多數皆受到「玻璃天花板」限制，以及美國社會對其內向性格的偏見，認爲他們不是理想領導者。另一美國華裔學者陳訓教授更直言，華人爲「模範少數族裔」說法，是「冠冕堂皇而毫無實質的恭維」。參見令狐萍，《金山謠——美國華裔婦女史》（北京：中國社會科學出版社，1999），頁 222～223；李其榮，〈華人新移民與後工業美國社會——兼論「模範少數族裔理論」〉，頁 39。

〔註 5〕周敏著，郭南審譯，《美國華人社會的變遷》（上海：三聯書店出版社，2006），頁 66～72。

在經濟活動上，由蒙市華人經濟圈至聖谷華人經濟圈的成型，顯示當地華人經濟活動分工及同國際貿易接軌的趨勢。華人傳統產業及各種華人新興經濟活動逐得以與時並進，並利用各都市商會、華人同業組織與臺美商會等華人經濟網路，彼此合作，迅速融入美國主流經濟體系；在政治上，華人移民漸次克服定居初期之族裔衝突困境，在蒙市「獨尊英語運動」與「罷免活動」中，學習政治運作，建立族裔政治合作的平臺，並透過一批批學養均佳之華裔菁英參政及各式華人政治團體的宣導，闡明華裔訴求，擴展華人政治版圖，進一步促使當地政府正視華人權益；在社會文化上，華人移民度過適應與同化的困頓期，積極推展其社會與文化活動，透過中文學校、華文傳媒、華人宗教組織、同鄉會與校友會等途徑，共同營造聖谷華人文化社區，一方面保存華人文化傳統，吸納美國多元族裔文化優點，使當地華裔住民兼取雙重文化精華，融入當地。另一方面則擔任文化載體，向美國社會傳佈華人文化，豐富美國多元文化體系內涵。上述種種成就，具體顯示聖谷華人社區多元化功能，及其積極擁抱美國主流社會的作為，印證聖谷華人移民經驗並非傳統華埠經驗之複製，而是一種現代進行式之全新移民經驗的積累與學習。

華人移民由蒙市發展至全聖谷華人社區變遷趨勢，反應其適應與同化過程的演進，並展現其認同且生根於美國社會的決心。而聖谷華人社區經過多年發展，業已建立其主體性，並進入成熟階段。近年，聖谷華人成功經驗，更隨著部分華人移民向橙縣（Orange County）、河濱縣（Riverside County）與聖伯納蒂諾縣（San Bernardino County）等南加州縣區遷移定居而外擴，顯示當地華人移民社區的擴張動力，依然持續進行，而聖谷則成為連結南加州華人社區的中心區域，在美國華人社會的地位日趨重要。此趨勢印證 1987 年《洛杉磯時報》斷言聖谷將成為「全美華人社會中樞」（Nationwide Hub）之令譽。〔註6〕

再者，聖谷乃至南加州地區持續不斷的華人移民湧入，不但促成當地華人社區持續茁壯，亦使聖谷置於華人移民母國與美國間，在政治、經濟與社會文化領域溝通合作的有利地位，成為聯繫太平洋兩岸的交流平臺。此趨勢可由聖谷眾多都市與亞洲各國締造姐妹市，及聖谷官方與華人民間團體同亞洲地區彼此互動頻繁證明之。因此，筆者認為聖谷華人社區未來發展方向，

〔註6〕Mark Arax, "San Gabriel Valley Asian Influx Alters Life in Suburbia Series：Asian Impact：First of Two Articles," *Los Angeles Times*（April 5, 1987）.

對內將漸次成為美國華人社會的重心，發揮美國華人群體影響力，並豐富美國多元族裔社會；對外則將透過華人移民居間柔性的協調聯絡，擔任太平洋兩岸合作中介的橋樑，建立美國與亞洲地區間，更友善的交流互動管道。

參考書目

一、英文部分

（一）專書

1. Bonacich, Edna. and Appelbaum Richard P. *Behind the Label：Inequality in the Los Angeles Apparel Industry*（Berkeley, CA：University of California Press, 2000）.

2. Brownstone, David M. *The Chinese-American Heritage*（Chappaqa, N.Y.：Facts on File, 1988）.

3. Chang, Iris. *The Chinese in America：A Narrative History*（New York, N.Y.：Penguin Books, 2004）.

4. Chee, Maria W. L. *Taiwanese American Transnational Families：Women and Kin Work*（New York, N.Y.：Routledge & Francis Group, 2005）.

5. Chen, Hsiang-shui. *Chinatown No More：Taiwan Immigrants in Contemporary New York*（Ithaca, N.Y.：Cornell University Press, 1992）.

6. Chow, Claire S. *Leaving Deep Water：Asian American Woman at the Crossroads of Two Cultures*（New York, N.Y.：Penguin Putnam Inc., 1998）.

7. Chu, Carl. *Find Chinese in Los Angeles：A Guide to Chinese Regional Cuisines*（Manhattan Beach：Crossbridge Publishing Company, 2003）.

8. Chun, Gloria Heyung. *Of Orphans & Warriors：Inventing Chinese American Culture & Identity*（New Jersey, CA：Rutgers University Press, 2000）.

9. City of Monterey Park. *Monterey Views：Draft Environmental Impact Report*（Monterey Park, CA：City of Monterey Park, 1992）.

10. Clark, William A.V. *Immigrants and the American Dream：Remaking the Middle Class*（New York, N.Y.：The Guilford Press, 2003）.

11. Coppa, Frank J. and Curran, Thomas J. *The Immigrant Experience in America*（Boston, MA：G.K. Hall& Co., 1976）.

12. Crouch, Winston W. and Beatrice, Dinerman. *Southern California Metropolis：A Study in Development of Government for a Metropolitan Area*（Los Angeles, CA: University of California Press, 1964）.

13. Dyer, Richard L. *The Growth and Development of Monterey Park, California Between 1906 and 1930*（Los Angeles, CA：Los Angeles State College, 1961）.

14. Fong, Timothy Patrick. *The First Suburban Chinatown：The Remaking of Monterey Park, California*（Philadelphia, PA：Temple University Press, 1995）.

15. Fong, Timothy Patrick. *Monterey Park oral history：Frances Wu*（Monterey Park, CA：The Historical Society of Monterey Park and Monterey Park Historical Commission, 1990）.

16. Gordon, Milton M. *Assimilation in American Life：The Role of Race, Religion, and National Origins*（New York, N.Y.：Oxford University Press, 1964）.

17. Gruver, Gene Scott. *Monterey Park in the forties*（Monterey Park, CA：G. Gruver, 1962）.

18. Guest, Kenneth J. *God in Chinatown：Religion and Survival in New York's Evolving Immigrant Community*（New York, N.Y.：New York University Press, 2003）.

19. Hoobler, Dorothy and Thomas. *The Chinese American：Family Album*（New York, N.Y.：Oxford University Press, 1994）.

20. Horton, John. *The Politics of the Diversity：Immigration, Resistance, and Change in Monterey Park, California*（Philadelphia, PA：Temple University Press, 1995）.

21. Icy, Smith.（鄧瑞冰）*The Lonely Queue：The Forgotten History of the Courageous Chinese Americans in Los Angeles*（Los Angels, CA：East West Discovery Press, 2000）.

22. Jan, Lin. *Reconstructing Chinatown：Ethnic Enclave, Global Change*（Minneapolis, MN：University of Minnesota Press, 1998）.

23. Kibria, Nazli. *Becoming Asian American：Second-Generation Chinese and Korean American Identities*（Baltimore, MD：The Johns Hopkins University Press, 2002）.

24. Larson, Louise Leung. *Sweet Bamboo：A Memoir of a Chinese American Family*（Berkeley, CA：University of California Press, 1989）.

25. Light, Ivan. *Ethnic Enterprise in America：Business and Welfare among Chinese, Japanese, and Blacks*（Berkeley, CA：University of California Press, 1972）.

26. Light, Ivan. and Carolyn, Rosenstein. *Race, Ethnicity, and Entrepreneurship in Urban America*（New York, N.Y.：Aldine De Gruyter, 1995）.

27. Ling, Huping. *Chinese St. Louis：From Enclave to Cultural Community*（Philadelphia, PA：Temple University Press, 2004）.

28. Light, Ivan. and Steven J, Gold. *Ethnic Economies*（San Diego, CA：Academic Press, 2000）.

29. López-Garza, Marta. and David R, Diaz. *Asian and Latino Immigrants In A Restructuring Economy：The Metamorphosis of Southern California*（Stanford, CA: Stanford University Press, 2001）.

30. Louie, Vivian S. *Compelled to Excel：Immigration, Education, and Opportunity among Chinese Americans*（Stanford, CA：Stanford Univeristy Press, 2004）.

31. Lum, Casey Man Kong. *In Search of a Voice：Karaoke and the Construction of Identity in Chinese America*（Mahwah, NJ：Lawrence Erlbaum Associates Inc., 1996）.

32. Min, Pyong Gap. *The Second Generation：Ethnic Identity among Asian American*（New York, N.Y.：A Division of Rowman & Littlefield Publishers Inc., 2002）.

33. Monterey Park 75th Anniversary Committee and Historical Society of Monterey Park, *Reflections, from 1916: Monterey Park's Past, Present and Future*（Monterey Park, CA: Monterey Park 75th Anniversary Committee, 1996）.

34. Ng, Franklin. *Asian Americans：Reconceptualizing, Culture, History, Politcs*（New York, N.Y.：Garland Publishing Inc., 1997）.

35. Ng, Franklin. *The Taiwanese American*（Westport C.T.：Greenwood Press, 1998）.

36. Novas, Himilce. and Lan, Cao. *Everything You Need to Know about Asian American History*（New York, N.Y.：Penguin Group, 2004）.

37. Pomeroy, Elizabeth. *Lost and Found：Historic and Natural Landmarks of the San Gabriel Valley*（Pasadena, CA：Many Moons Press, 2000）.

38. Sandmeyer, Elner Clarence. *The Anti-Chinese Movement in California*（Chicago, IL：University of Illinois Press, 1973）.

39. Yang, Fenggang. *Chinese Christians in America：Conversation, Assimilation, and Adhesive Identities*（University Park, PA：The Pennsylvania State University Press, 1999）.

40. Palinkas, Lawrence A. *Rhetoric and Religious Experience：The Discourse of Immigrant Chinese Churches*（Fairfax, VA：George Mason University Press, 1989）.

41. Romald, Takaki. *A Different Mirror: A History of Multicultural America*（London, UK ：Little, Brown & Company Limited, 1993）.

42. Saito, Leland T. *Race and Politics：Asian Americans, Latinos, and Whites in a Los Angeles Suburb*（Chicago, IL ：University of Illinois Press, 1998）.

43. Studer, Robert P. *The Historical Volume and Reference Works：Including Alhambra · Monterey Park · Rosemead · San Gabriel · South San Gabriel · Temple City*（Los Angeles, CA：Historical Publishers, 1962）.

44. Takaki, Ronald. *Strangers from a Different Shore：A History of Asian Americans*（New York, N.Y.：Penguin Books, 1989）.

45. Tseng, Yen-Fen. et al. *Asian Migration：Pacific Rim Dynamics*（Taipei：National Taiwan University, Interdisciplinary Group for Australian Studies [IGAS], 1999）.

46. Tung, May Paomay. *Chinese Americans and Their Immigrant Parents Conflict, Identity, and Values*（New York, N.Y.：The Haworth Clinical Practice Press, 2000）.

47. Williams, Patrick. and Laura, Chrisman. ed. *Colonial Discourse and Post-Colonial Theory：A Reader*（New York, N.Y.：Columbia University Press, 1994）.

48. Wong, Jade Snow. *Fifth Chinese Daughter*（New York, N.Y.：Harper & Brother, 1950）.

49. Wong, Wayne Hung. *American Paper Son：A Chinese Immigrant in the Mideast*（Chicago, IL：University of Illinois Press, 2006）.

50. Zhou, Min. *Chinatown：The Socioeconomic Potential of an Urban Enclave*（Philadelphia, PA：Temple University Press, 1992）.

（二）期刊論文

1. Gary, Painter. and Lihong, Yang. and Zhou, Yu.“Homeownership Determinants for Chinese Americans：Assimilation, Ethnic Concentration and Nativity,” *Real Estate Economics* Vol.32, No.3（Fall 2004）, pp.509～539.

2. Horton, John.“The Politics of Ethnic Change：Grassroots Responses to Economic and Demographic Restructuring in Monterey Park, California,” *Urban Geography* Vol.10, No.6（1989）, pp.578～592.

3. Lai, James S. et al.“Asian Pacific-American Campaigns, Elections, and Elected Officials,”*Political Science & Politics* Vol.34, No.3（Sep. 2001）, pp618～624.

4. Lien, Pei-te."Behind the Numbers：Talking Politics with Foreign-born Chinese Americans," *International Migration* Vol.42, No.2（2004）, pp. 87 ～112.

5. Light, Ivan."Immigrant Place Entrepreneurs in Los Angeles, 1970～99," *International Journal of the Urban and Regional Research* Vol.26, No.2（June 2002）, pp.215～228.

6. Ling-chi Wang. "Roots and Changing Identity of the Chinese in the United States,"*Daedalus*（spring 1991）, pp.181～205.

7. Li, Wei. "Anatomy of a New Ethnic Settlement：The Chinese Ethnoburb in Los Angeles,"*Urban Studies* Vol.35, No.3（March 1998）, pp.479～501.

8. Li, Wei."Building Ethnoburbia：The Emergence and Manifestation of the Chinese Ethnoburb in Los Angeles' San Gabriel Valley,"*Journal of Asian American Studies* Vol.2, No.1（1999）, pp.1～28.

9. Li, Wei. Et al.,"Chinese-American Banking and Community Development in Los Angeles County,"*Annals of the Association of American Geography* Vol .92, No.4（2002）, pp.777～796.

10. Newbold, K. Bruce."Chinese Assimilation across America：Spatial and Cohort Variations,"*Growth and Change* Vol.35, No.2（spring 2004）, pp.198 ～219.

11. Pitta, Julie."Silicon Valley South,"*Forbes* Vol.162, Iss.11（Nov 16, 1998）, pp.214～215

12. Tseng, Yen-Fen."Beyond "Little Taipei"：The development of Taiwanese immigrant businesses in Los Angeles,"*The International Migration Review* Vol.29, Iss.1（Spring 1995）, pp.33～58。

13. Waters, Mary. and Karl, Eschbach."Immigration and Ethnic and Racial Inequality in the United States,"*Annual Review of Sociology* Vol.21（1995）, pp.419～446.

（三）學位論文

1. Fong, Timothy Patrick. *The Unique Convergence：A Community Study of Monterey Park, California*（Berkeley, CA：University of California at Berkeley, 1992, dissertation）.

2. Tseng, Yen-Fen. *Suburban Ethnic Economy：Chinese Business Communities in Los Angeles*（Los Angeles, CA：University of California Los Angeles, 1994, dissertation）.

3. Li, Wei. *Spatial Transformation of an Urban Ethnic Community From Chinatown to Chinese Ethnoburb in Los Angeles*（Los Angeles, CA：University of Southern California, 1997, dissertation）.

4. Yu, Zhou. *Ethnic Networks as Transactional Networks：Chinese Networks in the Producer Service Sectors of Los Angeles*（Twin Cities, MI：University of Minnesota, 1996, dissertation）．

5. 林奕伶，《《從中國姥》到《典型的美國人》：華裔美國人的美國夢》（*From China Men to Typical American：An American Dream for Chinese Americans*）（臺中：國立中興大學外國語文學系，1998，碩士論文）。

（四）報紙周刊

1. Los Angeles Times."Battle over Peking Duck Heating Up,"*Los Angeles Times*（March 3, 1982）．

2. Stewart, Jill. "Chinese in San Marino：Isolation," *Los Angeles Times*（June 8, 1984）．

3. Leyva. Renee, etc. "Proposition 38,"*Los Angeles Times*（Nov. 15, 1984）．

4. Arax, Mark. "San Gabriel Valley Asian Influx Alters Life in Suburbia Series：Asian Impact：First of Two Articles," *Los Angeles Times*（April 5, 1987）．

5. Arax, Mark. "Monterey Park Nation's 1st Suburban Chinatown Series：Asian Impact," *Los Angeles Times*（April 6, 1987）．

6. Arax, Mark."Families Send Their Children to Go It Alone in New Land Series：Asian Impact ,First of four Parts,"*Los Angeles Times*（April 9, 1987）．

7. Woo, Elaine." Ethnic Diversity School Districts to Test Series：Asian Imapct：First of Four Parts,"*Los Angeles Times*（April 9, 1987）．

8. Perez, Ray. "A City Is Divided by Its Languages English-Only plan for Signs Stirs Opposition," *Los Angles Times*（April 10, 1987）．

9. Arax, Mark. "Selling out, Moving on," *Los Angeles Times*（April 12, 1987）．

10. Arax, Mark. "Taiwan Native Pursues American Ways A Woman of Independent Mind Series：Asian Impact," *Los Angeles Times*（April 16, 1987）．

11. Arax, Mark. "Asian Criminals Prey on Federal but Silent Victims Series：Asian Impact：Fourth of Four Parts," *Los Angles Times*（April 19, 1987）．

12. Hager, Philip. "Court Upholds Death Sentence for Slayer of 4," *Los Angles Times*（April 12, 1988）．

13. Hudson, Berkeley. "Paris' Restaurant Closes Doors, Ends Era for Monterey Park," *Los Angeles Times*（Dec. 29, 1988）．

14. Yoshihara, Nancy. "Taiwan Move in U.S. Banking is Just a Start Investment：Group from Taiwan are Buying Banks to Help Support the Growing Taiwanese Business Community Here. The Diversification Marks a Change in Their Strategy," *Los Angeles Times*（May 14, 1990）．

15. Chang, Irene. "A Sisterly Visit Monterey Park Gives Taiwan Guests a Taste if Chinatown," *Los Angles Times*（Feb. 3, 1991）.

16. Kotkin, Joel. "The Chinese Connection Who Are These Spacemen? They Regular Shuttle between Taiwan and California, Bringing Money," *Los Angeles Times*（Dec. 22, 1991）.

17. Winton, Richard. "Monterey Park Ban on Billboard Remains in Effect, Pending Election ," *Los Angeles Times*（May 4, 1995）.

18. Winton, Richard. "Monterey Park Billboard Ban Stays," *Los Angeles Times*（May 7, 1995）.

19. Hubler, Shawn. "A Feeding Frenzy in the New Chinatown,"*Los Angeles Times*（Dec. 5, 1995）.

20. Kelin, K. E."At Home in America," *Los Angeles Times*（April 20, 1997）.

21. Hamilton, Denise. "99 and Counting：Roger Chen's Chain of Ranch Market is Growing by Leaps and Bounds, Thanks to His Cross-cultural Strategy of Offering Traditional Asian Foods in a Western-style Setting," *Los Angeles Times*（April 27, 1997）.

22. Kotkin, John. "California Becoming a Favorite Chinese Investment", *Los Angeles Times*（June 29, 1997）.

23. Oliver, Myrna. "Developer Who Saw Monterey Park as Chinese Beverly Hills' Dies," *Los Angeles Times*（August 12, 1999）.

24. Winton, Richard. "Chu Is Known as Bridge-Builder Assembly：The Politician Earned Her Experience as an Activist, Eventually Serving on the Monterey Park City Council for 13 Years," *Los Angles Times*（May 18, 2001）.

25. Pierson, David. "Mainlanders Make Mark among Chinese Emigrants," *Los Angeles Times*（August 13, 2003）.

26. Weinstein, Henry. "Attorneys for Stanley Tookie Williams Ask Schwarzenegger to Commute His Death Sentence. He is Scheduled to be Executed Dec. 13," *Los Angles Times*（Nov. 9, 2005）.

27. Pierson, David. "Pushing to Make the A-List：Chinese American Community Leaders are Working to Alter the Attitudes of Restaurant Owners and Patrons Regarding Food Safety," *Los Angeles Times*（Oct. 5, 2005）.

28. Pierson, David. "Political Power Couple Facing New Dynamic：Some Question Whether Judy Chu and Mike Eng Still Represent an Asian Community Far Different Than When They Entered Political in the 1980s," *Los Angles Times*（June 2, 2006）.

29. Neuman, Johanna. "Voting Rights Act Renewal Wins House Approval：Republican Leaders Side with the Democrats to Quash GOP Moves to Revise the Measure," *Los Angles Times*（June 14, 2006）.

30. Deady, Tim."City of Industry Fast Becoming Silicon Valley South,"*Los Angeles Business Journal*（May 3, 1993）.

31. Trief, Jaymes."Local Asian Banks Try to Break out of Ethnic Niches：Spanish-speaking Staffs Hired to Serve Hispanic Clients—Banking and Finance Special Report, "*Los Angeles Business Journal*（May 9, 1994）.

32. Darmiento, Laurence."Cathay Bank,"*Los Angeles Business Journal*（Dec. 11, 2000）.

33. Satzman, Darrell. "Onslaught of Small Banks Fighting for Piece of Market," *Los Angeles Business Journal*（Dec. 11, 2000）.

34. Bronstad, Amanda."Computer Firm Moves Headquarters to Industry—Acer Communication and Multimedia America Inc.,"*Los Angeles Business Journal*（July 23, 2001）.

35. Oskin, Becky. "Keeping Light of Tradition Burning Chinese Lantern Festival Marks End of New Year ," *San Gabriel Valley Tribune*（Feb. 25, 2002）.

36. Rester, Michelle. "City's Council Gets New Majority：Members Represent City's Population," *San Gabriel Valley Tribune*（March 16, 2003）.

37. Rester, Michelle. "Monterey Park Council Members Deny Tribal Casino Claims, Market Place Rumors Flying," *San Gabriel Valley Tribune*（Sep. 5, 2003）.

38. Kosareff, Jason. "Police Academy Taught in Mandarin," *San Gabriel Valley Tribune*（Dec. 20, 2004）.

39. Lewis, Marilyn. "Monterey Park's Cross-Cultural Coalition May Hint at a New Order in California Unlocking Power of Ethnic Alliances," *San Jose Mercury News*（June 1 , 1994）.

40. Anderson, Kurt. "New Ellis Island：Immigrants from All Over Change the Beat, Bop, and Character of Los Angeles," *Times*（June 13, 1983）.

41. Spector, Amy. "L.A. Earns Global Aura as Chinese Cuisine Mecca," *Nation's Restaurant News*（Sep. 1, 2003）.

42. Tanzer, Andrew. "Little Taipei," *Forbes Magazine*（May 6, 1985）.

二、中文部分

（一）檔案資料

1. 僑務委員會,《臺灣移居美國僑民長期追蹤第三（2005）年調查報告》（臺北：中華民國僑務委員會，2006）。

2. 僑務委員會,《中華民國僑務統計九十年版》（臺北：僑務委員會，2001年）。

3. 僑務委員會,《臺灣地區移居美國僑民長期追蹤調查制度與方法》(臺北:僑務委員會,2004)。

4. 僑務委員會,《各國華人人口專輯》(臺北:僑務委員會,2003)。

5. 僑務委員會,《華僑經濟年鑑:美洲篇》(臺北:僑務委員會,2002年10月)。

6. 僑務委員會,《臺灣及兩岸三地華人人口推估方法:理論構建與實證探討:以美國爲例》(臺北:僑務委員會,2002)。

7. 僑務委員會編印,《中華民國僑務統計》(臺北:僑務委員會,2000年7月)。

8. 僑務委員會委託研究,蕭新煌主持,《臺灣地區移民及其在美國的調適過程與回流轉向以洛杉磯及紐約爲例》(臺北:僑務委員會,1994)。

(二) 專書

1. 王桂榮,《王桂榮回憶錄——一個臺美人的移民奮鬥史》(臺北:遠流出版社,1999)。

2. 令狐萍,《金山謠——美國華裔婦女史》(北京:中國社會科學出版社,1999)。

3. 成露茜等著,吳元黎編,《美國華人社會——華裔美國人社會的自畫像》(華盛頓:東亞研究所,1992)。

4. 吳前進,《美國華僑、華人文化變遷論》(上海:上海社會科學院出版社,1998)。

5. 吳劍雄,《海外移民與華人社會》(臺北:允晨文化,1993)。

6. 李明歡,《當代海外華人社團研究》(廈門:廈門大學,1995)。

7. 李天福編,《自由的呼喚:臺美人的心聲》(臺北:前衛出版社,2000)。

8. 汪樹華,《美國華人政治參與之研究》(臺北:財團法人海華文教基金會,2002)。

9. 周敏著,郭南審譯,《美國華人社會的變遷》(上海:三聯書店出版社,2006)。

10. 林秀玲,《當前僑營中餐館業發展概況、面臨問題與改進之研究》(臺北:財團法人海華文教基金會,2001)。

11. 林昭燦,《美國政府與政治新論》(臺中:捷太出版社,2006)。

12. 施振榮著,《再造宏碁》(臺北:天下文化出版,1996)。

13. 夏誠華著,《民國以來的僑務與僑務研究(一九一二～二〇〇四)》(新竹:玄奘大學海外華人研究中心,2005)。

14. 孫甄陶、張希哲,《美國華僑史略與美國華僑社會之發展》(臺北:華僑協會總會,1997)。

15. 徐乃力,《北美洲的華人與華僑》(臺北:淡江大學出版中心,1990)。

16. 徐忠雄著、何文敬譯，《天堂樹——一個華裔美國家族四代的故事》（臺北：城邦文化事業股份有限公司，2001）。

17. 郝時遠，《海外華人研究論文集》（北京：中國社會科學出版社，2002）。

18. 馬克任，《報壇耕耘六十年：從臺灣《聯合報》到北美《世界日報》》（臺北：聯經出版事業股份有限公司，2006）。

19. 張慶松，《美國百年排華內幕》（上海：人民出版社，1998）。

20. 梁初鴻、鄭民編，《華僑華人史研究論集（一）》（北京：海洋出版，1989）。

21. 梁初鴻、鄭民編，《華僑華人史研究論集（二）》（北京：海洋出版社，1989）。

22. 梁茂信，《美國移民政策研究》（中國：東北師範大學出版社，1996）。

23. 許烺光（Francis L. K. Hsu）著，徐隆德譯，《中國人與美國人》（臺北市：南天書局有限公司，2002 年）。

24. 許烺光著、單德興譯，《美國夢的挑戰——在美國的華人》（臺北：南天書局有限公司，1997）。

25. 陳祥水，《紐約皇后區新華僑的社會結構》（臺北：中央研究院民族學研究所，1995）。

26. 陳靜瑜，《紐約曼哈頓華埠——一個美國華人社區之個案研究》（臺北：稻鄉出版社，2000）。

27. 陳靜瑜，《從落葉歸根到落地生根—美國華人社會史論文集》（臺北：稻鄉出版社，2003）。

28. 陳依範著，殷志鵬、廖慈節譯，《美國華人發展史》（香港：三聯書店有限公司，1984 年第一版）。

29. 陳李琬若著，《臺灣女孩美國市長陳李琬若自述傳奇生平》（臺北：城邦文化，2003）。

30. 陳懷東，《美國華人經濟現況與展望》（臺北：世華經濟出版社，1991）。

31. 陳香梅，《陳香梅自傳》（臺北：天下文化出版股份有限公司，1995）。

32. 陳榮儒編著，《臺美人的民間外交》（臺北：前衛出版社，2001）。

33. 麥禮謙，《從華僑到華人—二十世紀美國華人社會發展史》（香港：三聯書局，1992）。

34. 單德興，《銘刻與再現：華裔美國文學與文化論集》（臺北：麥田出版，2000）。

35. 單純，《海外華人經濟研究》（深圳：海天出版社，1999）。

36. 單驥、王弓，《科技產業聚落之發展：矽谷、新竹與上海》（桃園：中央大學臺灣經濟發展研究中心，2003）。

37. 曾嬿芬，《移民、跨國經濟與資本流動：臺灣商業移民的研究》（臺北：臺灣大學社會研究所，1997 年 5 月）。

38. 楊遠薰，《咱的故事——16對海外臺灣人夫妻的人生》（臺北：望春風文化事業股份有限公司，2001）。

39. 楊遠薰，《北美洲臺灣人的故事——《咱們的故事》第二冊》（臺北：望春風文化事業股份有限公司，2006）。

40. 葛永光，《文化多元主義與國家整合：兼論中國認同的形成與挑戰》（臺北：正中書局，1991）。

41. 翟文柏、吳仙標、王碚著，《力爭上游——華人在美參與政治的問題》（臺北：時報文化出版企業有限公司，1986）。

42. 蒙特利公園市政府，《蒙特利公園市市政服務指南》（洛杉磯：蒙特利公園市政府，2003）。

43. 劉伯驥，《美國華僑史（續編）》（臺北：黎明文化事業股份有限公司，1981）。

44. 劉伯驥，《美國華僑史》（臺北：黎明文化事業股份有限公司，1982）。

45. 劉伯驥，《美國華僑逸史》（臺北：黎明文化事業股份有限公司，1984）。

46. 劉曉莉，《大贏家——100位頂尖華人》（臺北：遠流出版事業股份有限公司，1995）。

47. 劉曉莉，《田長霖的柏克萊之路——華裔校長的輝煌歲月》（臺北：天下文化，1997）。

48. 劉曉莉，《軟體靈龍——王嘉廉與CA電腦王國》（臺北：遠流出版事業股份有限公司，1995）。

49. 劉曉莉，《相信就會實現——成功華人圓美國夢》（臺北：遠流出版事業股份有限公司，1994）。

50. 劉柏川著、尹萍譯，《偶然生為亞裔人——一位ABC的成長心路》（臺北：天下遠見出版股份有限公司，1999）。

51. 蔡文輝，《美國社會與美國華僑》（臺北：東大圖書出版社，1989）。

52. 營志宏，《美國移民法》（臺北：揚智文化事業股份有限公司，2004）。

53. 譚仲民著，《大顯神通：臺灣電腦業開路先鋒的故事》（臺北：商周文化事業股份有限公司，1995）。

54. 譚恩美著、于人瑞譯，《喜福會》（臺北：聯合文學出版社，1990）。

55. 譚恩美著、施清真譯，《接骨師的女兒》（臺北：時報文化，2002）。

（三）期刊論文

1. 王季深、戎濟方、潘文珍，〈當代海外華人經濟的崛起與發展趨勢〉，《淡江史學》，第6期（1994年6月），頁219～228。

2. 王繼林，〈美國第一位華人女市長：趙美心〉，《江海僑聲》，第 12 期（1998 年），頁 43。

3. 王春光，〈溫州人在巴黎：一種獨特的社會融入模式〉，《中國社會科學》，第 6 期（1999 年），頁 106～119。

4. 吳沛林，〈一代華人菁英崛起在美國〉，《江海僑聲》，第 2 期（1999 年），頁 4～9。

5. 吳坤暉，〈一九九八年美國加州地區廢除雙語教育之探討〉，《淡江人文社會學刊》，第 6 期（2000 年 11 月），頁 189～217。

6. 吳翎菁，〈1.5 代現象：美華裔新傳奇〉，《亞洲週刊》，第 18 卷第 44 期（2004 年 1 月），頁 26～31。

7. 李其榮，〈戰後美國華人社會的發展與困擾〉，《華僑華人歷史研究》，第 1 期（1996 年），頁 34～46。

8. 李其榮，〈華人新移民與後工業美國社會——兼論「模範少數族裔理論」〉，《世界民族》，第 3 期（2001 年），頁 34～41。

9. 李其榮、易小剛，〈美國現代化與華人社會的調適〉，《世界民族》，第 2 期（1997 年），頁 42～48。

10. 李盈慧，〈1949 年以來中華民國的華僑教育政策〉，《暨大學報》，第 1 期（1997 年 3 月），頁 165～194、334～335。

11. 杜巧霞，〈海外華人在臺灣經濟發展中的角色與前瞻〉，《臺灣銀行季刊》，第 45 期（1994 年 6 月），頁 122～137。

12. 沈立新，〈美國華人參政的歷史與現狀〉，《社會科學》，第 11 期（1994 年），頁 57～60。

13. 沈燕清，〈美國華人零售業發展回顧〉，《八桂僑刊》，第 1 期（2001 年）頁 24～28。

14. 沈燕清，〈美國華人房地產業發展回顧〉，《八桂僑刊》，第 1 期（2003 年），頁 48～52。

15. 沈燕清，〈百人會與美國華人社會〉，《華僑華人歷史研究》，第 1 期（2004 年），頁 28～34。

16. 周敏，〈華裔美國人的菁英群體〉，《社會學研究》，第 5 期（2000 年），頁 48～63。

17. 周敏、林閩鋼，〈族裔資本與美國華人移民社區的轉型〉，《社會學研究》，第 3 期（2004 年），頁 36～46。

18. 周敏、林閩鋼，〈從新移民和新華人移民聚居區看美國華人移民社區的變遷〉，《華夏人文地理》，第 17 期（2003 年），頁 115～120。

19. 周敏，〈少數族裔經濟理論在美國的發展:共識與爭議〉，《思想戰線》，第 5 期（2004 年），頁 44～50。

20. 周敏,〈美國華裔人口發展趨勢和多元化〉,《人口與經濟》,第 3 期（2004年）,頁 17～21。

21. 周敏,蔡國萱,〈美國華文媒體的發展及其對華人社區的影響〉,《社會學研究》,第 5 期（2002 年）,頁 83～97。

22. 周敏、黎熙元,〈族裔特性、社會資本與美國華人中文學校──從美國華人中文學校和華僑輔助性教育體系的發展看美國華人移民的社會適應〉,《世界民族》,第 4 期（2005 年）,頁 30～40。

23. 周玉忠,〈美國的語言政策及雙語教學簡述〉,《語言與翻譯》,第 4 期（2002年）,頁 26～32。

24. 林啓文,〈加州華人的政治發展〉,《僑協雜誌》,第 40 期（1993 年 4 月）,頁 24～28。

25. 林啓文,〈美國亞裔的政治參與〉,《問題與研究》,第 4 期（1993 年 4 月）,頁 77～87。

26. 胡明揚,〈華人逃稅技倆風行美國──蒙特利公園市大力取締逃漏稅,《財訊》,第 58 期（1987 年 1 月）,頁 70～71。

27. 胡明揚,〈洛杉磯蒙特利公園市的發跡傳奇──謝叔綱炒熱了「小臺北」,《財訊》,第 64 期（1987 年 7 月）,頁 140～146。

28. 胡明揚,〈蒙特利公園市暗潛種族衝突危機──小臺北的新隱憂〉,《財訊》,第 64 期（1987 年 7 月）,頁 147～151。

29. 唐鎔,〈紐約「小臺北」──法拉盛〉,《光華（中英文國內版）》,第 15期（1990 年 6 月）,頁 44～51。

30. 夏誠華,〈當前僑務政策之分析〉,《玄奘人文學報》,第 1 期（2003 年 7月）,頁 217～242。

31. 張四德,〈融爐（Melting Pot）或多元文化（Pluralism）：從種族史觀點論美國社會的特質及十九世紀的排華運動〉,《西洋史集刊》,第 8 期（1989年）,頁 111～133。

32. 張其祿,〈我國人口外移政策之初探與展望〉,《中國行政評論》,第 12 期（2002 年 12 月）,頁 137～151。

33. 梁培熾,〈美國華文教育發展的新理念〉,《珠海學報》,第 17 期（2001年 8 月）,頁 25～43。

34. 梁威,〈美國基礎教育考察概述〉,《教育科學研究》,第 4 期（1999 年）,頁 80～85。

35. 梅偉強,〈世界之交的美國華人：從漠視政治到積極參政〉,《華僑華人歷史研究》,第 4 期（1997 年）,頁 51～57。

36. 莊國土,〈再論海外華人資本與臺灣經濟發展的關系〉,《華僑華人歷史研究》,第 1 期（1994 年）,頁 58～62。

37. 莊國土，〈從移民到選民：1965 年以來美國華人社會的發展變化〉，《世界歷史》，第 2 期（2004 年），頁 66～77。

38. 許木柱，〈少數民族的社會心理適應——以加州華人為例的人類學探討〉，《海外華人研究》，第 1 期（1989 年 6 月），頁 89～105。

39. 郭岱宗，〈美國華人參與政治之研究〉，《淡江學報》，第 33 期（1994 年 3 月），頁 657～669。

40. 陳宗文，〈亞洲大趨勢中之華商角色——兼談僑務委員會之努力方向〉，《華商經貿月刊》，第 356 期（1996 年 4 月），頁 2～13。

41. 陳祥水，〈紐約市皇后區華人移民小商家〉，《中央研究院民族學研究所集刊》，第 76 期（1994 年 4 月），頁 97～136。

42. 陳祥水，〈紐約皇后區華人參政活動〉，《歐美研究》，第 23 期（1993 年 9 月），頁 61～101。

43. 陳祥水，〈紐約新華僑的社會結構與適應〉，《中央研究院民族學研究所集刊》，第 57 期（1985 年 6 月），頁 31～55。

44. 陳靜瑜，〈芝加哥華埠的近貌及其面臨的問題〉，《海外華人研究》，第 3 期（1995 年 12 月），頁 211～231。

45. 陳靜瑜，〈美國臺灣移民的社會結構、適應與認同析探（1980～2000）（上）〉，《海華與東南亞研究》夏季號（2003 年 7 月），頁 1～37。

46. 陳靜瑜，〈美國臺灣移民的社會結構、適應與認同析探（1980～2000）（下）〉，《海華與東南亞研究》秋季號（2003 年 10 月），頁 37～72。

47. 陳靜瑜，〈第二次世界大戰後美國華人的地位變遷〉，《興大歷史學報》第 9 期（1999 年 6 月），頁 117～159。

48. 陳雪明，〈美國城市化和郊區化歷史回顧及對中國城市的展望〉，《國外城市規劃》，第 1 期（2003 年），頁 51～56。

49. 麥禮謙，〈走向多元化的當代美國華人社會：在變化中的美國華人地緣性社團系統〉，《華僑華人歷史研究》，第 3 期（1996 年），頁 1～11。

50. 麥禮謙著、肖烽衛譯，〈傳承中華傳統：在美國大陸和夏威夷的中文學校〉，《華僑華人歷史研究》，第 4 期（1999 年），頁 55～69。

51. 曾嬿芬，〈居留權的商品化：臺灣的商業移民市場〉，《臺灣社會研究季刊》，第 27 期（1997 年 9 月），頁 37～67。

52. 曾嬿芬，〈Ethnic Resources as Forms of Social Capital：A Study On Chinese Immigrant Entrepreneurship in Los Angeles〉，《臺灣社會學研究》，第 1 期（1997 年 12 月），頁 169～205。

53. 焦仁俠，〈美國華盛頓州長駱家輝的一英里傳奇〉，《光華》9 月號（2004 年），頁 106～111。

54. 項定榮，〈華人在美地位的兩起兩落──談海外四十年的感受〉，《僑協雜誌》，第 11 期（1985 年 12 月），頁 9～11。

55. 項秋萍，〈開創華人在美參政風氣之先──加州蒙特利公園市女市長李琬若〉，《家庭》，第 89 期（1984 年 2 月），頁 122～127。

56. 黃儀娟，〈臺裔移民在美之文化適──邊緣化的適應心態〉，《教育社會學通訊》，第 22 期（2000 年 5 月），頁 22～28。

57. 黃昆章，〈美國的臺灣移民〉，《華僑華人歷史研究》，第 2 期（1994 年），頁 10～14。

58. 楊澤恒，〈美國雙語教育的歷史和現狀〉，《大理學院學報》，第 1 卷第 2 期（2002 年 3 月），頁 80～83。

59. 楊再平、何馥行、鄭嘉蕙，〈新僑民‧新風貌〉，《海華雜誌》，第 89 期（1992 年 9 月），頁 11～15。

60. 萬曉宏，〈「80/20 促進會」與美國華人參政新策略〉，《華僑華人歷史研究》，第 3 期（2003 年 9 月），頁 40～46。

61. 趙巧萍，〈美國華人餐飲業今昔談〉，《工會理論與實踐》，第 5 期（2003 年 10 月），頁 66～71。

62. 趙巧萍，〈淺析美國華人餐飲業的現狀〉，《工會理論與實踐》，第 1 期（2004 年 2 月），頁 66～71。

63. 劉冰，〈美國長青書局發行人暢談創業史〉，《華文出版》，第 357 期（2003 年 1 月），頁 29。

64. 劉愛莉，〈一手打造長青書局：劉冰，一部中國出版史!〉，《商業時代》，第 109 期（2002 年 12 月），頁 36～37。

65. 蔡振翔，〈從華文教育到華語教育〉，《華僑華人歷史研究》，第 2 期（1996 年），頁 31～34。

66. 蔡瑋，〈中共僑務政策的回顧與發展趨勢〉，《中國大陸研究》，第 43 期（2000 年 6 月），頁 21～33。

67. 鄭瑞林，〈臺灣移民的特點和貢獻〉，《華僑華人歷史研究》，第 1 期（1995 年），頁 37～40。

68. 蕭新煌，〈透視臺灣移民現象：事實和因應對策〉，《勞工之友》，第 533 期（1995 年 5 月），頁 20～23。

69. 薛光祖，〈中、美雙重文化的認同與移民心態的調適〉，《臺灣教育》，第 598 期（2000 年 10 月），頁 4～8。

70. 薛繼光，〈在美國的日子──臺灣銀髮族移民記〉，《光華》，第 23 期（1998 年 5 月），頁 24～35。

（四）報紙、期刊、社團會刊

1、報紙

1. 《世界日報》（洛杉磯）
2. 《星島日報》（洛杉磯）
3. 《臺灣時報》（洛杉磯）
4. 《工商時報》（臺灣）

2、社團會刊

1. 南加州臺灣旅館同業公會，《南加州臺灣旅館同業公會三十週年紀念專輯》（聖蓋博市：南加州臺灣旅館同業公會，2005 年 7 月）。
2. 南加州臺灣旅館同業公會，《南加州臺灣旅館同業公會旅館會刊》第 111 期（聖蓋博市：南加州臺灣旅館同業公會，2004 年 9 月）。
3. 南加州臺灣旅館同業公會，《南加州臺灣旅館同業公會旅館會刊》第 113 期（聖蓋博市：南加州臺灣旅館同業公會，2005 年 3 月）。
4. 南加州臺灣旅館同業公會，《南加州臺灣旅館同業公會旅館會刊》第 115 期（聖蓋博市：南加州臺灣旅館同業公會，2005 年 9 月）。
5. 南加州臺灣旅館同業公會，《南加州臺灣旅館同業公會旅館會刊》第 116 期（聖蓋博市：南加州臺灣旅館同業公會，2005 年 12 月）。
6. 南加州臺灣旅館同業公會，《南加州臺灣旅館同業公會旅館會刊》第 117 期（聖蓋博市：南加州臺灣旅館同業公會，2006 年 3 月）。
7. 臺灣會館，《臺灣會館 2000 年年鑑》（柔似蜜市：臺灣會館，2000 年 5 月）。
8. 臺灣會館，《臺灣會館 2002 年年鑑》（柔似蜜市：臺灣會館，2002 年）。
9. 臺灣會館，《大洛杉磯臺灣會館 2004 年年鑑》（柔似蜜市：臺灣會館，2004 年）。
10. 楊乃莊主編，《全美中文學校聯合總會聯合會刊第 10 期》（Macon（喬治亞州）：全美中文學校聯合總會，2005 年 10 月）。
11. 南加州中文學校聯合會，《南加州中文學校聯合會 26 週年紀念：2002 年年刊》（洛杉磯：南加州中文學校聯合會，2002 年 9 月）。
12. 王信心主編，《好牧者臺灣基督教長老教會二十五周年紀念特刊：1980 ～2005》（蒙市：好牧者臺灣基督長老教會，2005 年 12 月）。
13. 僑心國語學校，《僑心國語學校 1999 年創刊號》（蒙市：僑心國語學校，1999）。
14. 僑心國語學校，《僑心國語學校 2000～2001 年年刊》（蒙市：僑心國語學校，2001）。

15. 僑心國語學校,《僑心國語學校 2004 年年刊》(蒙市:僑心國語學校,2004)。
16. 黃(馬兆)麟主編,《天主教鳴遠中文學校十週年特刊》(蒙市(加州):鳴遠中文學校,1997)。

(五)學位論文

1. 朱苑綺,《美國大洛杉磯地區中文學校之探討──以洛杉磯郡和橘郡爲例(1965〜2005)》(臺中:國立中興大學歷史所,2006)。
2. 呂萍芳,《二次大戰後紐約皇后區的臺灣移民社會(1945〜2000)》(臺中:國立中興大學歷史所,2004,碩士論文)。
3. 林啓文,《華裔美人參與政治活動之研究:一九六五年至一九九三年》(臺北:國立政治大學民族研究所,1993,碩士論文)。
4. 陳菁菁,《美國洛杉磯地區臺灣移民之華文報業(1980〜2004)》(臺中:國立中興大學歷史所,2006,碩士論文)。
5. 曾美琪,《雙語教育對美國族裔之以影響:案例研究:加州阿罕布拉學區(Alhambra District)》(臺北:淡江大學美國研究所,1997,碩士論文)。
6. 潘相印,《美國加州矽谷地區之臺灣移民(1965〜2000)》(臺中:國立中興大學歷史所,2004,碩士論文)。

三、網路資料

1. 美國人口普查局,網址:http://www.census.gov/。
2. 美國公民身份及移民服務局,網址:http://uscis.gov/graphics/indexhtm。
3. 中華民國僑務委員會,網址:http://www.ocac.gov.tw。
4. 聖蓋博谷政府聯合會,網址:http://www.sgvcog.org/。
5. 蒙特利公園市市府,網址:http://www.ci.monterey-park.ca.us/。
6. 阿罕布拉市市府,網址:http://www.cityofalhambra.org/。
7. 柔似蜜市市府,網址:http://www.cityofrosemead.org/。
8. 聖蓋博市市府,網址:http://www.sangabrielcity.com/。
9. 亞凱迪亞市市府,網址:http://www.ci.arcadia.ca.us/home/。
10. 聖瑪利諾市市府,網址:http://www.ci.san-marino.ca.us/。
11. 帕莎迪那市市府,網址:http://www.ci.pasadena.ca.us/。
12. 南帕莎迪那市市府,網址:http://www.ci.south-pasadena.ca.us/。
13. 艾爾蒙地市市府,網址:http://www.ci.el-monte.ca.us/。
14. 天普市市府,網址: http://www.ci.temple-city.ca.us/。

15. 鑽石吧市市府，網址：http://www.ci.diamond-bar.ca.us/。

16. 胡桃市市府，網址：http://ci.walnut.ca.us/。

17. 西科維那市市府，網址：http://www.westcov.org/。

18. 亞凱迪亞市華人協會，網址：http://arcadiachineseassociation.org/。

19. 鑽石吧市華人聯誼協會，網址：http://www.dbcaa.com/。

20. 美華協會，網址：http://www.ocanatl.org。

21. 美華協會大洛杉磯分會，網址：http://www.oca-gla.org。

22. 臺灣人公共事務會，網址：http://www.fapa.org/。

23. 臺美公民協會，網址：http://www.tacl.org/。

24. 百人會，網址：http://www.committee100.org/。

25. 亞美政聯，網址：http://www.causeusa.org/。

26. 80/20 促進會，網址：http://80-20initiative.blogspot.com/。

27. 臺灣會館，網址：http://www.taiwancenter.org/。

28. 星島環球網，網址：http://www.singtaonet.com:82/。

29. 世界日報，網址：http://www.worldjournal.com/wjindex.php

30. 大紀元時報，網址：http://www.epochtimes.com/b5/ncnews.htm。

31. 新華網，網址：http://big5.xinhuanet.com/。

32. 多維新聞網，網址：http://www5.chinesenewsnet.com/。

33. 國泰銀行，網址：http://www.cathaybank.com/。

34. 聯合銀行，網址：http://www.ibankunited.com。

35. 美國社會安全局，網址：http://www.ssa.gov/pubs/11000.html#part1。

36. 長庚健康中心，網址：http://www.sunnydayhealthcare.com/。

37. 慈濟，網址：http://www2.tzuchi.org.tw/。

38. 法印寺，網址：http://www.dharmaseal.org/index.html。

39. 佛光西來學校，網址：
    http://www.hsilai.org/chinese/elementary/HsiLai/index.htm。

40. 加州教育局，網址：http://www.cde.ca.gov/ta/ac/ap/。

41. U. S. English, Inc.，網址：http://www.us-english.org/。